***ACCESO GRATIS** a la Lectura en la Nube*

Para visualizar el libro electrónico en la nube de lectura envíe junto a su nombre y apellidos una fotografía del código de barras situado en la contraportada del libro y otra del ticket de compra a la dirección:

ebooktirant@tirant.com

En un máximo de 72 horas laborales le enviaremos el código de acceso con sus instrucciones.

La visualización del libro en **NUBE DE LECTURA** excluye los usos bibliotecarios y públicos que puedan poner el archivo electrónico a disposición de una comunidad de lectores. Se permite tan solo un uso individual y privado

DERECHO ADMINISTRATIVO III

CONTRATOS, MEDIOS Y RESPONSABILIDAD

DERECHO ADMINISTRATIVO III:

CONTRATOS, MEDIOS Y RESPONSABILIDAD

Coordinador
JUAN JOSÉ MONTERO PASCUAL

Autores
JESÚS ÁNGEL FUENTETAJA PASTOR
RAMÓN PAIS RODRÍGUEZ
JORGE GARCÍA ANDRADE GÓMEZ

tirant lo blanch
Valencia, 2024

EDITA: TIRANT LO BLANCH
C/ Artes Gráficas, 14 - 46010 - Valencia
TELFS.: 96/361 00 48 - 50
FAX: 96/369 41 51
Email: tlb@tirant.com
www.tirant.com
Librería virtual: www.tirant.es
DEPÓSITO LEGAL: V-4165-2023
ISBN: 978-84-1197-796-8

Si tiene alguna queja o sugerencia, envíenos un mail a: *atencioncliente@tirant.com*. En caso de no ser atendida su sugerencia, por favor, lea en *www.tirant.net/index.php/empresa/politicas-de-empresa* nuestro procedimiento de quejas.

Responsabilidad Social Corporativa: http://www.tirant.net/Docs/RSCTirant.pdf

Índice

Capítulo 1

INTRODUCCIÓN A LA CONTRATACIÓN DEL SECTOR PÚBLICO

JUAN JOSÉ MONTERO PASCUAL

Capítulo 2

PREPARACIÓN Y ADJUDICACIÓN DE LOS CONTRATOS

JUAN JOSÉ MONTERO PASCUAL

Capítulo 3
EJECUCIÓN Y EXTINCIÓN DEL CONTRATO
JUAN JOSÉ MONTERO PASCUAL

Capítulo 4
LOS BIENES PÚBLICOS DEMANIALES
JORGE GARCÍA-ANDRADE GÓMEZ

Capítulo 5

LOS BIENES PÚBLICOS PATRIMONIALES Y OTRAS CATEGORÍAS. EL RÉGIMEN DE PROTECCIÓN DE LOS BIENES PÚBLICOS EN GENERAL

JORGE GARCÍA-ANDRADE GÓMEZ

Capítulo 6

LA EXPROPIACIÓN FORZOSA

RAMÓN PAIS RODRÍGUEZ

Capítulo 8

LA RELACIÓN FUNCIONARIAL (I): NACIMIENTO, CARRERA, SITUACIONES Y EXTINCIÓN

Jesús Fuentetaja Pastor

Capítulo 9
LA RELACIÓN FUNCIONARIAL (II): DERECHOS Y OBLIGACIONES. CONTROL Y RESPONSABILIDAD

Jesús Fuentetaja Pastor

Capítulo 10
LA RESPONSABILIDAD PATRIMONIAL DE LA ADMINISTRACIÓN

Ramón Pais Rodríguez

Capítulo 1

INTRODUCCIÓN A LA CONTRATACIÓN DEL SECTOR PÚBLICO

JUAN JOSÉ MONTERO PASCUAL

SUMARIO:

RESUMEN: En este Capítulo se estudia la introducción a la contratación del sector público, el ámbito objetivo y subjetivo de la Ley de Contratos del Sector Público, los diferentes regímenes jurídicos establecidos en la Ley (contratos administrativos, privados, etc.), y el marco institucional para su ejecución.

PALABRAS CLAVE: Contratos del sector público, contratos típicos, contratos sujetos a regulación armonizada, contratos administrativos, contratos privados, contratos menores, medios propios.

I. EVOLUCIÓN HISTÓRICA Y PRINCIPIOS RECTORES DE LA LEY 9/2017

1. Orígenes históricos

La Administración siempre ha hecho uso de la institución contractual para obtener la colaboración de los privados para la consecución de sus fines. Los ejércitos del monarca contrataban con privados los suministros para la guerra e incluso los servicios de mercenarios, y los contratos concesionales fueron ampliamente utilizados en la conquista y posterior administración de la Indias.

El régimen propio de los contratos administrativos, diferenciado del régimen de contratación civil, no surge hasta el siglo XIX con la consolidación del Estado liberal en España. Si, por una parte, se crearon y consolidaron cuerpos de funcionarios para la gestión directa de un número creciente de servicios, por otra parte, se definieron procedimientos para la contratación de servicios prestados por privados. Especial atención se dedicó a los procedimientos y reglas para la selección del contratista. Unos "limites estrechos" en forma de anuncio previo de la licitación, con publicidad de las condiciones de contratación, para la posterior subasta "solemne y pública", con ofertas presentadas en pliegos cerrados, evitarían "los abusos fáciles de cometer en una materia de peligrosos estímulos", como señaló la primera norma moderna sobre contratos públicos: el Real Decreto de 27 de febrero de 1852.

La circunstancia que desencadenó la diferenciación del régimen jurídico de los contratos públicos fue su sujeción a la jurisdicción contencioso-administrativa, y no a la civil. El Real Decreto de 27 de febrero de 1852 confirmó la aplicación de la vía contencioso-administrativa creada en 1845 y encarnada en el Consejo de Estado. Como consecuencia de las limitaciones de dicha jurisdicción, quedó reconocido el privilegio de autotutela de la Administración: en caso de falta de cumplimiento por el contratista, la Administración ejecutaría las garantías y demás cautelas previstas en el pliego de condiciones generales para la contratación: "disposiciones que serán ejecutivas, quedando a salvo el derecho de los contratistas para dirigir sus reclamaciones y demandas por la vía contencioso-administrativa" (art. 9).

2. *La consolidación de los contratos públicos*

La práctica administrativa y forense consolidó el régimen exorbitante de privilegio de la Administración En virtud de lo dispuesto en los pliegos de contratación, la Administración tendría el privilegio de interpretar, modificar y anular los contratos, siempre en defensa del interés público. Los contratistas, quedarían protegidos por la posterior intervención, en caso de necesidad, de la jurisdicción contencioso-administrativa. Debe subrayarse que este régimen exorbitante surgió no como resultado de una norma sustantiva que así lo definiese de forma explícita y sistemática. Por el contrario, fue el mero resultado del privilegio de autotutela de la Administración en materia de contratación pública, con un control por el orden contencioso-administrativo. Por eso en países como Alemania e Italia, donde la contratación pública fue competencia del orden civil, no se consolidó un régimen exorbitante como el español.

Sólo en el siglo XX se codificó el exorbitante privilegio de la Administración en la contratación del sector público, mediante la adopción primero del Reglamento de contratación de las corporaciones locales en 1955 y la Ley de contratos del Estado en 1965. El contrato administrativo quedaba ya definitivamente diferenciado del privado. La diferencia empezaba en su causa, el interés público, y seguía por toda una serie de privilegios de la Administración, desde la interpretación del contrato, hasta su prerrogativas unilateral y motivos de extinción, llegándose a negar al contratista la *exceptio non adimpleti contractus*: el contratista no puede negarse al cumplimiento de sus obligaciones por el incumplimiento previo de la Administración, por ejemplo, por falta de pago. Si el contrato privado se caracteriza por la igualdad de las partes, el contrato administrativo se caracterizó por el privilegio de la Administración.

Las últimas décadas del siglo XX observaron dos evoluciones en materia de contratación pública. Por una parte, el auge de posiciones ideológicas liberales puso en duda la eficiencia de la Administración en la gestión directa de servicios. Como resultado, bienes y servicios antes gestionados directamente por la Administración, pasaron a ser contratados a privados. Por otra parte, se produjo la denominada "huida del Derecho administrativo", y en concreto, del régimen de la contratación administrativa. Los "estrechos límites" de las reglas de adjudicación de los contratos fueron considerados a menudo un tedioso obstáculo para una actividad pública eficiente. La solución fue migrar la actividad de la Administración a organismos públicos exentos de la aplicación del régimen de la contratación administrativa. El resultado de ambos procesos fue una menor aplicación del estricto régimen del contrato administrativo, a pesar del incremento del uso de la técnica contractual en el sector público.

3. La influencia del derecho de la Unión Europea

La contratación del sector público ha sido radicalmente afectada por las normas de la Unión Europea en materia de contratación pública. Las instituciones europeas adoptaron las primeras directivas en materia de contratación en 1971. Posteriormente han sido reforzadas mediante paquetes de directivas en 1993 y 2004, estando ahora en vigor la Directiva 2014/24/UE sobre contratación pública, la Directiva 2014/23/UE, relativa a la adjudicación de contratos de concesión, y la Directiva 2014/25/UE, relativa a la contratación por entidades que operan en los sectores del agua, la energía, los transportes y los servicios postales (sectores excluidos).

Las Directivas retoman el que fue punto de partida de la legislación de contratos en el Estado liberal: la transparencia en el procedimiento de preparación y adjudicación de los contratos. Esta aproximación se realiza en el marco de la construcción del denominado mercado único. El objetivo es reducir las barreras al comercio entre Estados, creando regímenes de contratación pública más homogéneos y reduciendo las barreras a empresas de otros Estados miembros. Más allá, se persigue reforzar la competencia en la contratación pública, eliminando restricciones desproporcionadas a la participación en las licitaciones, en la tradición de eliminación de restricciones a las libertades de circulación.

Las Directivas superan el formalismo de la legislación española, incluyendo en su ámbito de aplicación cualquier manifestación de poder público, independientemente de la forma que adopte. Se supera así el debate sobre la "huida del Derecho administrativo", al menos en este ámbito. Las Directivas refuerzan las garantías en materia de anuncio de las licitaciones, la transparencia en las adjudicaciones, los recursos contra adjudicaciones indebidas, etc.

La trasposición de las Directivas de contratación en España ha sido lenta y problemática. Las leyes se han ido sucediendo a medida que los paquetes de directivas se han ido aprobando. La Ley de contratos del Estado de 1965 fue derogada, tras 30 años en vigor, por la Ley 13/1995, de contratos de las Administración Públicas, que dio paso al texto refundido de la Ley de contratos de las Administraciones Públicas adoptado por el Real Decreto Legislativo 2/2000, posteriormente a la Ley 30/2007 de contratos del sector público, más tarde al texto refundido aprobado por el Real Decreto Legislativo 3/2011, y finalmente a la Ley 9/2017, de contratos del sector público, hoy vigente.

El Legislador español ha sido reacio a reformar el tradicional régimen de contratación pública. Ha sido necesaria la reiterada intervención del Tribunal de Justicia de la Unión Europea para incorporar a nuestro derecho las novedades previstas en las Directivas. El Tribunal de Justicia ha constatado reiteradamente incumplimientos del Reino de España en materias como el ámbito subjetivo de la legislación en materia de contratos, los medios propios, las modificaciones de los contratos, el recurso especial en materia de contratación, etc. El Legislador nacional ha tendido a hacer una trasposición de mínimos, intentando mantener en vigor el tradicional régimen de contratación al tiempo que se introducían las novedades impuestas por la Unión.

El resultado es una Ley 9/2017, de contratos del sector público, compleja y confusa. Es compleja porque se ha pretendido incorporar las Directivas europeas sin modificar más que en lo imprescindible la normativa nacional preexistente, lo que ha llevado a una norma excesivamente larga y detallada, con innumerables excepciones al régimen general. Es confusa porque en la Ley conviven la tradición nacional, con sus privilegios exorbitantes para la Administración, con los objetivos propios de las Directivas, que son diferentes, cuando no antitéticos. Además, la "europeización" de nuestro derecho de los contratos públicos ha incorporado una ulterior dificultad, cual es el dinamismo propio de la aplicación jurisprudencial del principio de proporcionalidad. Las restricciones aceptables a las libertades de circulación en el régimen de mercado único van evolucionando a medida que el Tribunal de Justicia y las Directivas va incorporando nuevas razones de interés general, como el respeto al medio ambiente, cláusulas sociales, etc. Las libertades de circulación no son absolutas, y tampoco lo es el régimen de protección de dichas libertades en materia de contratación. Este dinamismo jurisprudencial, ajeno a nuestra tradición jurídica, introduce un ulterior grado de dificultad en la interpretación de la Ley 9/2017.

4. Principios rectores de la Ley 9/2017

La Ley 9/2017 responde a principios tradicionales en nuestro derecho de la contratación pública, como es el **principio de la trasparencia**. Se impone la obligación de publicar el anuncio de cada licitación, a fin de que todos los interesados puedan participar. Igualmente, debe ser publicada la adjudicación de los contratos, su modificación, etc. Más allá de la tradicional publicación en los boletines oficiales, la transparencia se ha visto incrementada gracias a las nuevas tecnologías. Así, se impone la obligación de que los poderes adjudicadores dispongan de un espacio web para incrementar la transparencia y publicidad de sus actuaciones en materia de contratación, bajo el nombre de "perfil del contratante".

Según afirma el TJUE, "el principio de transparencia, que constituye el corolario del principio de igualdad de trato, tiene esencialmente por objeto garantizar que no exista riesgo de favoritismo y arbitrariedad por parte de la entidad adjudicadora" (Sentencia de 16 de septiembre de 2013). Los **principios de igualdad de trato** y **no discriminación** entre potenciales contratantes deben informar toda actuación contractual de las entidades del sector público. Estos son principios que tradicionalmente han informado la contratación pública en España. La aplicación de las Directivas ha reforzado estos principios, a la luz de las normas relativas al mercado único: se pretende garantizar la posibilidad de que empresas de toda la Unión puedan contratar con el sector público de todos los Estados miembros.

Es más, el **principio de competencia** se erige en el principal principio rector en la contratación. La competencia entendida como derecho de las empresas a participar en los procesos de licitación, y también como instrumento para que el sector público se beneficie de las mejores condiciones en la contratación de bienes y servicios.

El **principio de proporcionalidad** se erige como instrumento clave para enjuiciar las restricciones a la competencia, y muy en particular, las restricciones a la participación de empresas en los procesos de licitación. El Tribunal de Justicia de la Unión Europea ha desarrollado una copiosa jurisprudencia en relación con la proporcionalidad de las restricciones a la libre circulación en el mercado único. Se exige que las restricciones resulten necesarias por razones imperiosas de interés general (juicio de necesidad), que sea adecuadas para alcanzar dichas razones (juicio de adecuación), y que las restricciones se limiten a lo imprescindible para satisfacer el interés general, no existiendo otras medidas menos restrictivas que puedan alcanzar el mismo objetivo (juicio de proporcionalidad en sentido estricto).

La aplicación de un estricto juicio de proporcionalidad ha exigido la revisión de ciertas prácticas tradicionales en la contratación del sector público en España. Se han relajado los requerimientos formales para acreditar la solvencia técnica y económica, la aplicación de las prohibiciones de contratar, etc.

El principio de proporcionalidad es flexible y permite acomodar razones de interés general que restrinjan la competencia en la contratación. Este es crecientemente el caso de la toma en consideración de criterios medioambientales, sociales y laborales. La contratación del sector público tiene un peso determinante en la actividad económica, y no debe renunciarse a que dicha contratación sea utilizada como instrumento de promoción de buenas prácticas, siempre que se supere el juicio de proporcionalidad.

II. ÁMBITO DE APLICACIÓN DE LA LEY 9/2017

El ámbito de aplicación de las normas en materia de contratación del sector público se ha definido tradicionalmente en función de criterios subjetivos, esto es, de la delimitación de las entidades a las que es de aplicación. En España, el régimen de contratación pública se circunscribía a la Administración, delimitando lo que se consideraba "contratos administrativos". Las limitaciones de los contratos administrativos podían esquivarse simplemente mediante la creación de entidades que no tuviesen calificación de Administración, fenómeno conocido como "huida del Derecho administrativo".

El derecho de la Unión Europea ha superado el formalismo de la legislación española en materia de contratos. Las Directivas son aplicables a los "poderes adjudicadores", categoría que incluye no sólo la tradicional Administración, sino también lo que se denomina "organismos de Derecho público". De esta forma se pretende incluir en el ámbito subjetivo de las normas de contratación pública aquellas entidades que, independientemente de su forma o calificación, comparten ciertas características con la Administración tradicional. Se impide así la "huida".

La Directiva 2014/24/UE define los siguientes criterios para calificar a una entidad como **organismo de Derecho público**: 1) que se haya creado específicamente para satisfacer necesidades de interés general que no tengan carácter industrial o mercantil; 2) que esté dotado de personalidad jurídica propia; y 3) que esté financiado mayoritariamente por una Administración u otros organismos de Derecho público, o cuya gestión esté sujeta a la supervisión de dichas autoridades, o que tenga un órgano de administración, de dirección o de supervisión, en el que más de la mitad de los miembros sean nombrados por dichas autoridades.

Las Directivas no tienen vocación de aplicación a las empresas públicas con carácter industrial o mercantil. Un organismo que opera en condiciones normales de mercado tiene ánimo de lucro y soporta las pérdidas derivadas del ejercicio de su actividad no debe ser considerado un "organismo de Derecho público", ya que puede considerarse que las necesidades de interés general para satisfacer las cuales ha sido creado, o que se le ha encargado satisfacer, tienen carácter industrial o mercantil.

La Ley 9/2017, en su artículo 3, define su ámbito subjetivo. Incluye las entidades previstas en las Directivas, pero va más allá, incluyendo entidades que no son poderes adjudicadores pero que quedan incluidos en la más amplia categoría de "sector público". Se extiende de esta forma el ámbito subjetivo de la legislación nacional más allá de lo previsto en las Directivas.

Si bien todas estas entidades quedan incluidas en el ámbito subjetivo de la Ley 9/2017, no debe entenderse que todas quedan sujetas al mismo régimen jurídico. Por el contrario, las diferentes categorías son importantes, pues cada una quedará sometidas a obligaciones diferentes, más exigentes para las Administraciones, menos para el resto del sector público.

1. Administraciones públicas

El ámbito subjetivo de la Ley 9/2017 incluye todas las Administraciones Públicas, según definición de la propia Ley, que incluye las Administraciones territoriales y gran parte de la Administración institucional.

La Ley 9/2017 se aplica en primer lugar a las **Administraciones territoriales**, tanto a la estatal como a las subcentrales, en terminología de las Directivas: 1) la Administración General del Estado; 2) las Administraciones de las Comunidades Autónomas; 3) las Ciudades Autónomas de Ceuta y Melilla; 4) las entidades que integran la Administración Local (municipios, diputaciones, cabildos, entidades metropolitanas, etc.); y 4) las Diputaciones Forales y las Juntas Generales de los Territorios Históricos del País Vasco.

Más allá, se aplica a **otras Administraciones Públicas** como las autoridades administrativas independientes (por ejemplo, la Comisión Nacional de los Mercados y la Competencia-CNMC), las Universidades públicas (por ejemplo, la UNED), los organismos autónomos (por ejemplo, el Instituto Nacional de Estadística), y las Entidades Gestoras y los Servicios Comunes de la Seguridad Social.

Finalmente, se incluye en la categoría de Administración Pública los consorcios y otras entidades de derecho público que estén vinculados a una o varias Administraciones Públicas o dependientes de las mismas, que no se financien mayoritariamente con ingresos de mercado, y que tengan la consideración de poder adjudicador.

Los órganos competentes del Congreso de los Diputados, del Senado, del Consejo General del Poder Judicial, del Tribunal Constitucional, del Tribunal de Cuentas, del Defensor del Pueblo, de las Asambleas Legislativas de las Comunidades Autónomas y de las instituciones análogas al Tribunal de Cuentas y al Defensor del Pueblo ajustarán su contratación a las normas establecidas en la Ley 9/2017 para las Administraciones Públicas.

Esta categoría es importante, pues una parte importante de la Ley 9/2017, en especial lo que se refiere a los efectos y extinción de los contratos, es de aplicación a los contratos de las Administraciones Públicas y no al resto de los contratos del sector público.

2. *Poderes adjudicadores*

La Ley 9/2017 incorpora la categoría de poder adjudicador, prevista en la Directiva 2014/24/UE para delimitar su ámbito de aplicación. Para empezar, se especifica que son poder adjudicador todas las Administraciones Públicas, según la definición de la propia ley, que hemos identificado en el epígrafe anterior.

Se especifica igualmente que son poderes adjudicadores las mutuas colaboradoras con la Seguridad Social y las fundaciones públicas. Son fundaciones públicas aquellas que reúnan alguno de estos requisitos: 1) que se constituyan con una aportación mayoritaria de una o varias entidades integradas en el sector público, o bien reciban dicha aportación con posterioridad a su constitución; 2) que el patrimonio de la fundación esté integrado en más de un 50 por ciento por bienes o derechos aportados por sujetos integrantes del sector público con carácter permanente; y 3) que la mayoría de derechos de voto en su patronato corresponda a representantes del sector público

Finalmente, la Ley 9/2017 incluye una cláusula de cierre, que califica como poderes adjudicadores a todas las entidades que reúnan los requisitos definidos al efecto en la Directivas de las Unión Europea. Esto es, las entidades que reúnan estas tres condiciones; 1) que se haya creado específicamente para satisfacer necesidades de interés general que no tengan carácter industrial o mercantil; 2) que estén dotadas de personalidad jurídica propia; y 3) que estén financiadas mayoritariamente por el Estado, las autoridades regionales o locales, u otros organismos de Derecho público, o cuya gestión esté sujeta a la supervisión de dichas autoridades u organismos, o que tenga un órgano de administración, de dirección o de supervisión, en el que más de la mitad de los miembros sean nombrados por el Estado, las autoridades regionales o locales, u otros organismos de Derecho público.

Se desprende de la jurisprudencia que la existencia o la ausencia de una necesidad de interés general que no tenga carácter industrial o mercantil ha de apreciarse teniendo en cuenta todos los elementos jurídicos y fácticos pertinentes, tales como las circunstancias que hayan rodeado la creación del organismo de que se trate y las condiciones en que ejerce su actividad, incluidas, en particular, la falta de competencia en el mercado, la falta de ánimo de lucro como objetivo principal, la no asunción de los riesgos derivados de dicha actividad, así como la eventual financiación pública de la actividad de que se trate (STJUE de 16 de octubre de 2003).

La categoría de poder adjudicador es importante, pues es a estos contratos a los que se aplica el régimen previsto en la Directivas de la Unión Europea. La Ley 9/2017 extiende su ámbito de aplicación más allá de los poderes adjudicadores, pero el régimen más exigente en materia de preparación y adjudicación de los contratos se limita a las entidades consideradas como poder adjudicador.

3. Sector público

La Ley 9/2017 extiende su ámbito de aplicación más allá de los poderes adjudicadores, esto es más allá del ámbito subjetivo de las Directivas de la Unión Europea, creando al efecto la categoría del sector público. Esta categoría incluye a todos los poderes adjudicadores, y por tanto a todas las Administraciones Públicas, e incluye también otras entidades.

La Ley 9/2017 no incluye una lista de entidades del sector público que no son poder adjudicador, por lo que resulta necesario acudir a la lista de entidades del sector público del artículo 3.1 de la Ley e identificar las entidades de dicha lista que no son poderes adjudicadores.

Destaca el caso de las entidades públicas empresariales, aunque sólo si quedan fuera de la definición de poder adjudicador. Por ejemplo, Renfe-Operadora es una EPE no poder adjudicador, pero ADIF es una EPE poder adjudicador, en cuanto la mayoría de sus ingresos proceden del presupuesto público. Igualmente son entidades del sector público, pero no poder adjudicador los fondos sin personalidad jurídica, como el Fondo Nacional de Servicio Universal con el que se compensa a los operadores de telecomunicaciones la prestación del servicio universal).

4. *Ámbito objetivo*

La Ley 9/2017 define como contratos del sector público los contratos onerosos, es decir, aquellos en los que el contratista obtenga algún tipo de beneficio económico, cualquiera que sea su naturaleza jurídica, que celebren las entidades incluidas en su ámbito subjetivo de aplicación.

Las Directivas tienen un objeto más estrecho. Se limitan a ordenar los procedimientos de contratación, esto es la preparación y adjudicación de los contratos del sector público. Las Directivas se aplican excepcionalmente más allá de la adjudicación del contrato, por ejemplo, a la modificación de los contratos. Se persigue así limitar malas prácticas consistentes en la ampliación del objeto del contrato mediante modificaciones del mismo posteriores a la adjudicación, ya sin concurrencia de otros licitadores, que subvierten el régimen de concurrencia en la adjudicación. Las Directivas no ordenan los efectos, cumplimiento y extinción del contrato.

Más allá, las Directivas sólo son de aplicación a los contratos que superan ciertos **umbrales económicos**. Los contratos cuyo valor estimado no supera estos umbrales, no quedan sujetos a la regulación armonizada de las Directivas.

La Ley 9/2017 tiene un ámbito objetivo más amplio que las Directivas. Se aplica a los contratos, independientemente de su valor estimado. Del mismo modo, su objeto no es exclusivamente la preparación y adjudicación del contrato, sino que es más amplio, incluyendo toda la vida del contrato hasta su extinción. En este ámbito, la Ley 9/2017 no queda vinculada a la trasposición de normas de la Unión Europea, por lo que el Legislador nacional ha gozado de un más amplio margen de actuación, manteniéndose el régimen tradicional en España de la contratación pública.

La Ley 9/2017 enumera una serie de negocios jurídicos excluidos del ámbito de aplicación de la misma. Para empezar, se excluyen negocios jurídicos que no tienen como objeto la adquisición de bienes y servicios por el sector público, sino por el contrario, sea una entidad del sector público la que ponga a disposición de terceros bienes y servicios de titularidad pública. Es el caso de contratos concesionales o autorizaciones sobre bienes de dominio público, o contratos de explotación de bienes patrimoniales, o contratos de prestación de un servicio público.

Quedan igualmente excluidos del ámbito de la Ley 9/2017 negocios jurídicos sujetos a su propia normativa. Es el caso de los contratos que rigen los servicios de los funcionarios públicos, así como los sujetos a la legislación laboral. Igualmente quedan excluidos los contratos con otros Estados, y en general, los que quedan sujetos al Derecho internacional.

Quedan excluidos los convenios y encomiendas de gestión entre entidades del sector público siempre que se respeten tres condiciones: 1) Las entidades intervinientes no han de tener vocación de mercado, la cual se presumirá cuando realicen en el mercado abierto un porcentaje igual o superior al 20% de las actividades objeto de colaboración; 2) que el convenio establezca una cooperación con la finalidad de garantizar que los servicios públicos se prestan de modo que se logren los objetivos que tienen en común; y 3) que el desarrollo de la cooperación se guíe únicamente por consideraciones relacionadas con el interés público.

Finalmente, se excluyen contratos por su objeto: contratos en el ámbito de la defensa y la seguridad; contratos en el ámbito de la investigación el desarrollo y la innovación, contratos en el ámbito financiero, siempre tal y como quedan delimitados en la propia ley.

5. Los medios propios

La Ley 9/2017 no incluye en su ámbito de aplicación, en cuanto no son contratos, los encargos que una entidad del sector público realice a sus medios propios personificados. Las entidades del sector público tienen la libertad de autoorganizarse, incluyendo la libertad de crear entidades con personalidad jurídica propia para el desarrollo de sus funciones. Estas entidades son denominadas medios propios personificados. En cuanto carecen de una voluntad propia, diferente a la de la entidad que las creó, no pueden realmente contratar con ella, sino meramente ejecutar los encargos que aquella desee encomendarle.

La jurisprudencia del Tribunal de Justicia siempre aceptó la realidad de que los encargos a medios propios no son contratos sujetos a las Directivas en materia de contratación. Las normas de la Unión Europea no pretendían interferir en la potestad de autoorganización de la Administración. No obstante, la jurisprudencia del Tribunal (asuntos *Tekal* y *TRAGSA*, entre muchos otros) identificó que los medios propios podrían llegar a subvertir el régimen de competencia en la contratación pública si acabasen convirtiéndose en competidores en el mercado.

La Directiva 2014/24/UE codificó la jurisprudencia en materia de medios propios, incorporando tres condiciones desarrolladas por el Tribunal de Justicia para considerar que un negocio jurídico es un mero encargo a un medio propio, un mero "contrato *in-house*": 1) Que la entidad que confiere el encargo tenga un control sobre el supuesto medio propio análogo al que ostentaría sobre sus propios servicios; 2) que la parte esencial de la actividad del medio propio (el menos un 80%) provenga de encargos de la entidad encomendante; y 3) que la totalidad del capital o patrimonio del supuesto medio propio sea de titularidad o aportación pública, en el caso de que tenga forma jurídico-privada (una sociedad mercantil, por ejemplo).

Con el tiempo, la jurisprudencia y la legislación han ido adaptándose a la compleja realidad de los medios propios. Así, se ha reconocido que una entidad puede ejercer de medio propio conjunto de varias entidades del sector público. Se ha admitido igualmente que los encargos de la entidad controlada a la entidad controlante tampoco son contratos del sector público.

La Ley 9/2017 impone ulteriores requisitos, siendo más exigente que la Directiva y la jurisprudencia del Tribunal de Justicia. Entre otras exigencias, la condición de medio personificado propio deberá reconocerse expresamente en los estatutos o acto de creación del medio propio, así como en su perfil del contratante, donde deberán publicarse todos los encargos oportunamente formalizados. Los encargos serán retribuidos de acuerdo con tarifas fijadas por la entidad controlante que representen los costes reales.

III. REGÍMENES JURÍDICOS

1. Contratos típicos

La Ley 9/2017 identifica, siguiendo lo dispuesto en las directivas, cinco contratos típicos. Conviene diferenciar entre los contratos públicos regulados en la Directiva 2014/24/UE (contrato de obras, de suministro y de servicios), y los contratos concesionales recogidos en la Directiva 2014/23/UE (contrato de concesión de obras y contratos de concesión de servicios).

Son **contratos de obras** aquellos que tienen por objeto: 1) la ejecución de una obra, aislada o conjuntamente con la redacción del proyecto; 2) la realización, por cualquier medio, de una obra que cumpla los requisitos fijados por la entidad del sector público contratante que ejerza una influencia decisiva en el tipo o el proyecto de la obra. Por obra se entenderá el resultado de un conjunto de trabajos de construcción o de ingeniería civil, destinado a cumplir por sí mismo una función económica o técnica, que tenga por objeto un bien inmueble.

Son **contratos de suministro** los que tienen por objeto la adquisición, el arrendamiento financiero, o el arrendamiento, con o sin opción de compra, de productos o bienes muebles. No tendrán la consideración de contrato de suministro los contratos relativos a propiedades incorporales o valores negociables, con la excepción de la contratación de programas de ordenador, que se incluye en esta categoría siempre que no se trate de programas desarrollados a medida.

Son **contratos de servicios** aquellos cuyo objeto son prestaciones de hacer consistentes en el desarrollo de una actividad o dirigidas a la obtención de un resultado distinto de una obra o suministro, incluyendo aquellos en que el adjudicatario se obligue a ejecutar el servicio de forma sucesiva y por precio unitario.

Son **contratos de concesión de obra** los que tienen por objeto la ejecución de obras, cuya contrapartida es bien el derecho a explotar las obras objeto del contrato únicamente, o este mismo derecho en conjunción con un pago.

Son **contratos de concesión de servicios** los que tienen por objeto la prestación y la gestión de servicios cuya contrapartida es bien el derecho a explotar los servicios objeto del contrato únicamente, o este mismo derecho en conjunción con un pago.

La adjudicación de las concesiones de obras o servicios implicará la transferencia al concesionario de un **riesgo operacional** en la explotación de dichas obras o servicios abarcando el riesgo de demanda o el de suministro, o ambos. Se considerará que el concesionario asume un riesgo operacional cuando no esté garantizado que, en condiciones normales de funcionamiento, vaya a recuperar las inversiones realizadas ni a cubrir los costes que haya contraído para explotar las obras o los servicios que sean objeto de la concesión. La parte de los riesgos transferidos al concesionario supondrá una exposición real a las incertidumbres del mercado que implique que cualquier pérdida potencial estimada en que incurra el concesionario no es meramente nominal o desdeñable.

La Ley 9/2017 define un régimen jurídico general para todos los contratos típicos, al que se suman las especificidades previstas para cada uno de los contratos típicos. La Ley permite fusionar prestaciones correspondientes a diferentes contratos típicos cuando se encuentren directamente vinculadas y deben ser tratadas como una unidad funcional. Son los **contratos mixtos**. Cuando un contrato contenga prestaciones correspondientes a varios contratos típicos, la regla general será de aplicación del régimen jurídico del contrato tipo correspondiente a la prestación principal.

2. *Contratos sujetos a regulación armonizada y contratos menores*

Las Directivas en materia de contratación limitan su ámbito de aplicación a los contratos que superen ciertos umbrales en su valor estimado. Las Directivas definen umbrales diferentes para cada uno de los contratos típicos. Los contratos que superen dichos umbrales están sujetos al régimen jurídico previsto en las Directivas. En otras palabras, son **contratos sujetos a regulación armonizada** (o en frecuente acrónimo, los contratos SARA).

Las directivas definen varios supuestos de contratos típicos que, incluso cuando superan los umbrales en su valor estimado, no quedan sujetos a regulación armonizada. Son los contratos excluidos, que ya vimos en el epígrafe anterior, en la definición del ámbito objetivo de la Ley 9/2017.

La Ley 9/2017 incorpora al Derecho nacional el régimen jurídico previsto en las Directivas para los contratos sujetos a regulación armonizada. Pero la Ley

9/2017 va más allá e introduce el régimen previsto para los contratos que no están sujetos a regulación armonizada por no alcanzar los umbrales en su valor estimado o por estar excluidos.

Especialmente interesante es el caso de los **contratos menores**. Es esta una categoría definida en la legislación española, no en las Directivas de contratación. Se consideran contratos menores los contratos de valor estimado inferior a 40.000 euros, cuando se trate de contratos de obras, o a 15.000 euros, cuando se trate de contratos de suministro o de servicios. Son umbrales muy por debajo de los previstos en las Directivas para los contratos sujetos a regulación armonizada.

Los contratos menores se pueden beneficiar de un régimen de adjudicación simplificado, incluso de la adjudicación directa sin licitación. Se requiere informe del órgano de contratación que justifique que no se está fragmentado el contrato para esquivar los umbrales legales. Para evitar abusos, los contratos menores no podrán tener una duración superior a un año, ni ser objeto de prórroga.

3. Contratos administrativos y contratos privados

La Ley 9/2017 contempla regímenes jurídicos diferenciados para los contratos administrativos y para los contratos privados, respectivamente, con importantes diferencias incluso en relación con el orden jurisdiccional que debe conocer de los recursos relativos a esta materia. Esta distinción no aparece en las Directivas, sino que corresponde a la legislación nacional.

Son contratos administrativos los contratos típicos que se celebren por una Administración Pública, según la definición de la propia Ley 9/2017 y ya analizada en un epígrafe anterior, con algunas excepciones: ciertos servicios financieros, de creación artística y literaria y los de espectáculos, o aquellos cuyo objeto sea la subscripción a revistas y bases de datos.

Los contratos administrativos se regirán, en cuanto a su preparación, adjudicación, efectos, modificación y extinción, por la Ley 9/2017 y sus disposiciones de desarrollo. Supletoriamente se aplicarán las restantes normas de derecho administrativo y, en su defecto, las normas de derecho privado.

Por el contrario, son contratos privados: 1) los celebrados por entidades del sector público que no sean poder adjudicador; 2) los celebrados por poderes adjudicadores que no son Administración Pública; y 3) los celebrados por Administraciones Públicas que específicamente sean excluidos de la calificación de contratos administrativos, como se expuso en los párrafos anteriores.

Los contratos que celebren las entidades del Sector Público que no posean la condición de poder adjudicador, y por ello ajenas a la aplicación de las Directivas, quedan sujetos, por lo que respecta a su preparación y adjudicación, al liviano régimen previsto en artículos 321 y 322 de la Ley 9/2017. En lo fundamental, estas entidades aprobarán unas instrucciones en las que regulen los procedimientos de contratación de forma que quede garantizada la efectividad de los principios de publicidad, concurrencia, transparencia, confidencialidad, igualdad y no discriminación, así como que los contratos se adjudiquen a quienes presenten la mejor oferta. Los efectos, modificación y extinción de los contratos se regularán por las normas de derecho privado que les resulten de aplicación.

Los contratos privados que celebren los poderes adjudicadores que no pertenezcan a la categoría de Administraciones Públicas se regirán, en cuanto a su preparación y adjudicación, por el régimen general de la Ley 9/2017, que incorpora el régimen previsto en las Directivas. En cuanto a sus efectos y extinción les serán aplicables las normas de derecho privado.

Los contratos privados que celebren las Administraciones Públicas se regirán, en cuanto a su preparación y adjudicación, por el régimen general de la Ley 9/2017, igual que los contratos administrativos. En lo que respecta a su efectos, modificación y extinción, estos contratos se regirán por el derecho privado.

Serán competencia del orden jurisdiccional contencioso-administrativo las siguientes cuestiones: 1) las relativas a la preparación, adjudicación, efectos, modificación y extinción de los contratos administrativos; 2) las que se susciten en relación con la preparación y adjudicación de los contratos privados de las Administraciones Públicas; 3) Las referidas a la preparación, adjudicación y modificaciones contractuales, cuando se entienda que dicha modificación debió ser objeto de una nueva adjudicación de los contratos celebrados por los poderes adjudicadores que no tengan la consideración de Administración Pública; 4) las relativas a la preparación y adjudicación de los contratos de entidades del sector público que no tengan el carácter de poderes adjudicadores; 5) los recursos interpuestos contra las resoluciones que se dicten por los órganos administrativos de resolución de los recursos especiales en materia de contratación; y 6) las cuestiones que se susciten en relación con la preparación, adjudicación y modificación de los contratos subvencionados.

El orden jurisdiccional civil será el competente para resolver: 1) las controversias que se susciten entre las partes en relación con los efectos y extinción de los contratos privados de las entidades que tengan la consideración de poderes adjudicadores, sean o no Administraciones Públicas; 2) de las cuestiones referidas a efectos y extinción de los contratos que celebren las entidades del sector público que no tengan el carácter de poderes adjudicadores; 3) el conocimiento de las cuestiones litigiosas relativas a la financiación privada del contrato de concesión de obra pública o de concesión de servicios, salvo en lo relativo a las actuaciones en ejercicio de las obligaciones y potestades administrativas que, con arreglo a lo dispuesto en esta Ley, se atribuyen a la Administración concedente, y en las que será competente el orden jurisdiccional contencioso-administrativo.

IV. LA ADMINISTRACIÓN DE LOS CONTRATOS

1. La tradicional administración de los contratos administrativos

Los órganos de contratación de la Administración disponían tradicionalmente de un aparataje institucional con la función, por una parte, de dales apoyo, y por otra parte, de fiscalizar su actuación para evitar abusos.

Así, el órgano de contratación dispone del apoyo de una **mesa de contratación**. La mesa es un órgano de asistencia técnica especializada, en el que nunca pueden participar cargos públicos representativos, ni personal eventual, ni personal que haya participado en la elaboración de la documentación técnica del contrato. La mesa califica la documentación aportada por los licitadores para acreditar su capacidad de contratar, valora las proposiciones, propone la calificación de las proposiciones como "anormalmente bajas" y propone al órgano de contratación la adjudicación del contrato a uno de los licitadores.

Tradicionalmente se consideró conveniente la centralización de la contratación en una **Junta de Contratación** común para varios órganos de contratación en un mismo Ministerio u organismo. Al tratarse de un órgano especializado, no es necesario el apoyo de una mesa de contratación. Las Juntas de contratación, sin embargo, pueden recabar el asesoramiento de expertos independientes con conocimientos acreditados en las materias relacionadas con el objeto del contrato. Las funciones de contratación del sistema estatal de contratación centralizada corresponden a la **Junta de Contratación Centralizada** del Ministerio de Hacienda.

La **Junta Consultiva de Contratación Pública del Estado** ejerce funciones de regulación y consulta en materia de contratación pública. Es un órgano colegiado, abierto a la participación del sector privado, adscrito al ministerio de Hacienda. Puede aprobar recomendaciones generales o informar sobre cuestiones que se sometan a su consideración, siendo preceptivo su informe sobre disposiciones normativas de rango legal o reglamentario. La Junta realiza múltiples informes, coordinando la relación con la Comisión Europea en materia de contratación. Las Comunidades Autónomas han creados órganos similares. En el seno de la Junta Consultiva de Contratación Pública del Estado se ha creado el **Comité de cooperación en materia de contratación pública**.

La **Intervención General de la Administración del Estado** (IGAE) es el órgano de control interno de la gestión económico-financiera del sector público estatal.

Es un órgano de la Secretaría de Estado de Presupuestos y Gastos del Ministerio de Hacienda, encargado de verificar, mediante el control previo de legalidad y el control financiero, que la actividad económico-financiera del sector público se adecua a los principios de legalidad, economía, eficiencia y eficacia. La Ley 9/2017 contempla que un Interventor forme parte de las mesas de contratación, y más allá, atribuye a la Intervención de cada Administración potestades de control en materia de compromiso del gasto, modificaciones del contrato, recepción de las prestaciones, etc.

El **Tribunal de Cuentas** fiscaliza los contratos celebrados por la Administración del Estado y las entidades del sector público. A tal efecto, los órganos de contratación tienen la obligación de remitirle los contratos formalizados, así como un extracto del expediente. Además de la fiscalización, el Tribunal de Cuentas tiene la potestad de declarar la responsabilidad por los daños y perjuicios creados por acciones u omisiones contrarias a la Ley que menoscaben los caudales públicos, y exigir su indemnización. Existen órganos similares de fiscalización externa en las Comunidades Autónomas.

Finalmente, los **órganos jurisdiccionales** ejercen el control de legalidad, sean los juzgados y tribunales del orden contencioso-administrativo o los del orden civil, según la naturaleza del contrato. Cabe también la intervención del orden penal en caso de delito o falta en la tramitación de los expedientes relativos a la contratación.

2. *La nueva administración de los contratos del sector público*

En las últimas leyes de contratación se han creado nuevos organismos de apoyo y control a los órganos de contratación. Desgraciadamente, estos nuevos órganos no sustituyen a los tradicionales, sino que se suman a los mismos, configurando un pesado andamiaje institucional entorno a la contratación del sector público.

La **Oficina Independiente de la Regulación y Supervisión de la Contratación** es un órgano colegiado adscrito al Ministerio de Hacienda, con plena independencia orgánica y funcional. Está integrada por un presidente y cuatro vocales, designados por el Consejo de Ministros entre funcionarios del Subgrupo A1, por un periodo de seis años durante el cual serán inamovibles. Entre sus funciones está coordinar la supervisión en materia de contratación y velar por el cumplimiento de la legislación sectorial. La Oficina tiene la potestad de aprobar la **Estrategia Nacional de Contratación Pública**, instrumento jurídico vinculante, con un horizonte temporal de cuatro años, que partiendo del análisis de los datos sobre la contratación por el sector público, y de los mecanismos de control de legalidad ex ante y ex post, definirá objetivos y prioridades para el ejercicio del control de legalidad, propondrá medidas prioritarias para la corrección de disfunciones de buenas prácticas, definirá buenas prácticas o guías de actuación. La estrategia se eleva a la Comisión Europea.

La Oficina tiene, entre otras, las siguientes competencias: 1) aprobar instrucciones fijando las pautas de interpretación y aplicación de la legislación de la contratación pública; 2) elaborar recomendaciones generales o particulares a los órganos de contratación, que serán obligatorias para dichos órganos; 3) elaborar informes de supervisión, que serán remitidos a la Junta Consultiva de Contratación Pública del Estado, con las patologías identificadas en la contratación pública. Las diferentes Intervenciones remitirán informes anuales a la Oficina, que serán tomados en consideración para la elaboración de sus propios informes.

La **Oficina Nacional de Evaluación** es un órgano colegiado integrado en la Oficina Independiente de la Regulación y Supervisión de la Contratación, que tiene como finalidad analizar la sostenibilidad financiera de los contratos de concesiones de obra y contratos de concesión de servicios, evacuando informe preceptivo antes de la licitación de dichos contratos, así como en los supuestos de acuerdos para el restablecimiento del equilibrio del contrato.

El **Comité de cooperación en materia de contratación pública** es un órgano colegiado en el seno de la Junta Consultiva de Contratación Pública del Estado, que tiene como finalidad coordinar la actividad de los diferentes organismos estatales, y en primer lugar la propia Junta, con las Comunidades Autónomas y las Administraciones locales. Sus principales funciones son: 1) elaborar la propuesta de Estrategia Nacional de Contratación Pública, para su aprobación por la Oficina Independiente de la Regulación y Supervisión de la Contratación; y 2) supervisar el funcionamiento de la Plataforma de Contratación del Sector Público y el Registro Oficial de Licitadores y Empresas Clasificadas del Sector Público.

La **Plataforma de Contratación del Estado** es un instrumento electrónico que permite la difusión en Internet, en un portal único, de los perfiles del contratante de todo órgano de contratación del sector público estatal y de las Comunidades Autónomas y Administraciones Locales que se adhieran voluntariamente. Permite igualmente dar soporte a la gestión electrónica de los procedimientos de adjudicación de contratos del sector público. La Plataforma constituye un instrumento de creciente protagonismos en la gestión de los contratos del sector público.

El **Registro Oficial de Licitadores y Empresas Clasificadas del Sector Público (ROLECE)** tiene por objeto la inscripción de los datos relevantes para acreditar las condiciones de aptitud de los empresarios para contratar con el sector público estatal, incluyendo la acreditación de las facultades de sus representantes y apoderados. En el Registro se inscribirán: 1) los datos relativos a las clasificaciones de las empresas; 2) las prohibiciones de contratar; y 3) los datos relativos a la personalidad y capacidad de obrar de las empresas, sus títulos habilitantes y acreditaciones profesionales, los datos relativos a su solvencia técnica y financiera, cuando así lo soliciten los interesados.

En el **Registro de Contratos del Sector Público**, dependiente del Ministerio de Hacienda, se inscriben los datos básicos de los contratos adjudicados por las entidades del sector público sujetas a la Ley 9/2017. Los poderes adjudicadores remitirán al Registro los datos básicos de los contratos por ellos adjudicados (identidad del adjudicatario, importe de la adjudicación) así como las modificaciones, prórrogas y la extinción de los contratos.

3. El Tribunal Administrativo Central de Recursos Contractuales

Especial atención merece el Tribunal Administrativo Central de Recursos Contractuales, un organismo ajeno a nuestra tradición, impuesto por la Directiva 89/665/CEE, para resolver los recursos especiales en materia de contratación, unos recursos administrativos previstos en las Directivas para la resolución ágil y rápida de ciertos conflictos relativos fundamentalmente a la adjudicación de los contratos.

El referido Tribunal es un organismo de naturaleza administrativa, adscrito al Ministerio de Hacienda, aunque con plena independencia funcional en el ejercicio de sus competencias. El presidente y los vocales son designados por el Gobierno por un mandato de seis años no prorrogables, siendo inamovibles durante dicho periodo. La Directiva 89/665/CEE exige que el nombramiento de los miembros y la terminación de su mandato estén sujetos a las mismas condiciones aplicables a los jueces en lo relativo a la autoridad responsable de su nombramiento, la duración de su mandato y su revocabilidad.

Las Comunidades Autónomas y el resto del sector público no estatal pueden crear sus propios tribunales o atribuir la competencia al Tribunal Administrativo Central de Recursos Contractuales.

BIBLIOGRAFÍA: GIMENO FELIU, J. M. (2015): "La "codificación" de la contratación pública mediante el derecho pretoriano derivado de la jurisprudencia del TJUE", Revista Española de Derecho Administrativo, nº 172, pp. 81-122. PARADA VÁZQUEZ, *Los orígenes del contrato administrativo en el derecho español*, Universidad de Sevilla, 1963; DEL SAZ, La nueva ley del contratos del sector público. ¿Un nuevo traje con las mismas rayas?, *Revista de Administración Pública*, nº 174, pp. 335-366; SOSA WAGNER, ¿Pueden los contratos quedarse en casa? La polémica europea sobre la contratación in-house, *La Ley*, nº 3 2007, pp. 1669-1680.

Capítulo 2

PREPARACIÓN Y ADJUDICACIÓN DE LOS CONTRATOS

JUAN JOSÉ MONTERO PASCUAL

SUMARIO:

RESUMEN: En este Capítulo se estudia el régimen de preparación del contrato, su adjudicación y formalización, con especial atención a la figura del órgano de contratación y del contratista.

PALABRAS CLAVE: Órgano de contratación, perfil del contratante, pliegos, anuncios, prohibiciones de contratación, duración del contrato, garantías, procedimientos de adjudicación, oferta anormalmente baja, formalización del contrato.

I. EL ÓRGANO DE CONTRATACIÓN Y LA PREPARACIÓN DEL CONTRATO

1. El órgano de contratación

La competencia para contratar en el seno de cada entidad del sector público corresponderá al **órgano de contratación** (u órganos) que sea designado por norma legal o reglamentaria, o por disposición propia de la entidad en cuestión. Por ejemplo, un Ministerio puede disponer de varios órganos de contratación, en función de su objeto o del valor del contrato. Los órganos de contratación pueden ser unipersonales o colegiados.

El órgano de contratación debe designar para cada contrato un **responsable del contrato**, una persona física o jurídica, a la que corresponderá supervisar su ejecución y adoptar las decisiones y dictar las instrucciones necesarias con el fin de asegurar la correcta realización de la prestación pactada. En los contratos de obras será el Director Facultativo.

Los órganos de contratación difunden a través de Internet su **perfil de contratante**, donde se agrupa la información y documentos relativos a su actividad contractual al objeto de asegurar la transparencia y el acceso público a los mismos. Deberá contener tanto la información de tipo general que puede utilizarse para relacionarse con el órgano de contratación como puntos de contacto, números de teléfono y de fax, dirección postal y dirección electrónica, como informaciones, anuncios y documentos generales, tales como las instrucciones internas de contratación y modelos de documentos, así como la información particular relativa a los contratos que celebre. Más allá, deberá publicar información específica para cada uno de los contratos que realice, incluyendo la memoria justificativa del contrato, el pliego de cláusulas administrativas particulares, el pliego de condiciones técnicas, el objeto detallado del contrato, su duración, el presupuesto base de licitación y el importe de adjudicación, los anuncios de información previa, convocatoria, adjudicación, formalización y modificación de los contratos, así como las actas e informes de valoración.

Los órganos de contratación deben tomar las medidas adecuadas para luchar contra el fraude, el favoritismo y la corrupción, y prevenir, detectar y solucionar de modo efectivo los conflictos de intereses. Se entiende por **conflicto de interés** cualquier situación en la que el personal al servicio del órgano de contratación que participe en el desarrollo del procedimiento de licitación, o pueda influir en el resultado del mismo, tenga directa o indirectamente un interés financiero, económico o personal que pudiera parecer que compromete su imparcialidad e independencia en el contexto del procedimiento de licitación. Aquellas personas o entidades que tengan conocimiento de un posible conflicto de interés deberán ponerlo inmediatamente en conocimiento del órgano de contratación.

2. *Preparación del contrato*

La celebración de contratos por parte de las Administraciones Públicas requerirá la previa tramitación del correspondiente **expediente de contratación**, que se iniciará por el órgano de contratación motivando la necesidad del contrato y que deberá ser publicado en el perfil de contratante. Las entidades del sector público no podrán celebrar otros contratos que aquellos que sean necesarios para el cumplimiento y realización de sus fines institucionales. La Ley 9/2017 extiende el régimen de preparación de los contratos por las Administraciones Públicas a la adjudicación de contratos sujetos a regulación armonizada por poderes adjudicadores que no sean Administraciones Públicas (art. 317).

Los órganos de contratación podrán realizar estudios de mercado y dirigir **consultas preliminares del mercado** a los operadores económicos con la finalidad de preparar la licitación e informar a los operadores acerca de sus planes y de los requisitos que exigirán para concurrir al procedimiento. Para ello los órganos de contratación podrán valerse del asesoramiento de terceros. En ningún caso las consultas preliminares deben falsear la competencia o de vulnerar los principios de no discriminación y transparencia.

En el expediente se justificará adecuadamente toda una serie de opciones como el procedimiento de licitación, la clasificación que se exija a los participantes, los criterios de solvencia técnica y económica, el valor estimado del contrato o la decisión de no dividir en lotes el objeto del contrato. Al expediente se incorporarán el pliego de cláusulas administrativas particulares y el de prescripciones técnicas que hayan de regir el contrato.

El **pliego de cláusulas administrativas particulares** es el documento en el que se establecen los criterios y condiciones para la adjudicación y posterior ejecución del contrato, siempre en el marco de la Ley 9/2017. El pliego es aprobado unilateralmente por el órgano de contratación, previo informe de su servicio jurídico, y al gozar del privilegio de autotutela, es el instrumento por el que la Administración impone las condiciones de contratación.

La Ley 9/2017 contiene múltiples referencias al contenido que debe tener el pliego, por ejemplo, en relación con los criterios de adjudicación, la modificación del contrato, la previsión de cesión del contrato, o la cesión de datos personales. Puede informar sobre las obligaciones relativas a la fiscalidad, a la protección del medio ambiente, y a las disposiciones vigentes en materia de protección del empleo, igualdad de género, condiciones de trabajo y prevención de riesgos laborales e inserción sociolaboral de las personas con discapacidad, y a la obligación de contratar a un número o porcentaje específico de personas con discapacidad que serán aplicables a los trabajos efectuados en la obra o a los servicios prestados durante la ejecución del contrato. Igualmente, el pliego debe incluir información sobre las condiciones de los contratos de los trabajadores a los que afecte la subrogación que resulte necesaria, para permitir una exacta evaluación de los costes laborales que implicará tal medida.

El pliego sólo puede ser modificado con posterioridad a la licitación del contrato en caso de error material, de hecho, o aritmético. En otro caso, la modificación conllevará la retroacción de actuaciones al inicio de la licitación. El contrato se ajustará al contenido del pliego, cuyas cláusulas se consideran parte integrante del contrato. Es común la afirmación de que el pliego constituye la ley de contrato, a la que deben sujetarse los licitadores, así como el propio órgano de contratación.

Una técnica de armonización de las condiciones de los pliegos de cláusula administrativas particulares es la aprobación de **pliegos de cláusulas administrativas generales** por el Consejo de Ministros (o por las Comunidades Autónomas). Los órganos de contratación sólo podrán apartarse de dichos pliegos, e incluir estipulaciones contrarias a los mismos en pliegos de cláusula administrativas particulares, previo informe de la Junta Consultiva de Contratación Pública del Estado. Los órganos de contratación también pueden aprobar modelos de pliegos particulares para determinadas categorías de contratos de naturaleza análoga.

El **pliego de prescripciones técnicas** es el documento que contiene las instrucciones de carácter técnico con arreglo a las cuales debe ejecutarse el contrato. Ha sido frecuente en el pasado que las instrucciones de carácter técnico fuesen utilizadas espuriamente para excluir de la contratación a ciertas empresas en beneficio de otras. Por eso la Ley 9/2017, incorporando lo previsto en las Directivas, exige que las prescripciones técnicas garanticen acceso en condiciones de igualdad al procedimiento de contratación y no creen obstáculos injustificados a la apertura de la contratación pública a la competencia. Para ello, las prescripciones técnicas se formularán en términos de rendimiento o de exigencias funcionales o haciendo referencia a normas técnicas, preferentemente europeas, pero no atendiendo a un procedimiento concreto que caracterice a los productos o servicios ofrecidos por un empresario determinado, o a marcas, patentes o tipos, o a un origen o a una producción determinados, con la finalidad de favorecer o descartar ciertas empresas o ciertos productos.

El expediente contratación deberá incluir ulterior contenido. Por una parte, debe incorporarse al expediente el **certificado de existencia de crédito**. Es un documento contable, emitido por el Interventor, que certifica la existencia de crédito presupuestario y que el propuesto es el adecuado a la naturaleza del gasto u obligación que se proponga contraer. Por otra parte, debe justificarse adecuadamente la decisión de no **dividir en lotes** el objeto del contrato, en su caso. El principio de competencia exige no acumular en un único contrato prestaciones que pueden ser divididas, ya que limita la participación en el mercado de las pequeñas empresas, y concentra el mercado. Cabe incluso que el pliego excluya que todos los lotes de un contrato sean adjudicados a una misma empresa. Por el contrario, se admite el lote único si la no división en lotes incrementa la eficiencia en la ejecución del contrato.

Completado el expediente, el órgano de contratación dicta resolución motivada para la **aprobación del expediente de contratación** y disponiendo la apertura del procedimiento de adjudicación. En algunos casos, la aprobación del expediente requiere una previa autorización por otro órgano administrativo. Por ejemplo, el Consejo de Ministros debe dar su autorización para contratar cuando el valor estimado del contrato supere los 12 millones de euros. Los Secretarios de Estado pueden imponer la autorización para contratar a los órganos de contratación bajo su tutela jerárquica.

Cuando la celebración del contrato responda a una necesidad inaplazable o cuya adjudicación sea preciso acelerar por razones de interés público, podrá acudirse a la **tramitación urgente del expediente de contratación**. A tales efectos, el expediente deberá contener la declaración de urgencia hecha por el órgano de contratación, debidamente motivada. El plazo de inicio de la ejecución del contrato no podrá exceder de un mes, contado desde la formalización Como consecuencia de la tramitación de urgencia, se aceleran los trámites tanto de aprobación del expediente de contratación (reducción de los plazos para informe), como los plazos para la licitación, adjudicación y formalización del contrato.

Cuando la Administración tenga que actuar de manera inmediata a causa de acontecimientos catastróficos, de situaciones que supongan grave peligro o de necesidades que afecten a la defensa nacional, puede aplicar el régimen excepcional de la **tramitación de emergencia**. El órgano de contratación, sin obligación de tramitar expediente de contratación, podrá ordenar la ejecución de lo necesario para remediar el acontecimiento producido o satisfacer la necesidad sobrevenida, o contratar libremente su objeto, en todo o en parte, sin sujetarse a los requisitos formales establecidos en la presente Ley, incluso el de la existencia de crédito suficiente. El plazo de inicio de la ejecución de las prestaciones no podrá ser superior a un mes. De excederse, deberá tramitarse el expediente por un procedimiento ordinario

Instrumento garante de la transparencia y la competencia en el procedimiento ordinario y en la tramitación urgente, una vez aprobado el expediente de contratación, es el obligado **anuncio de licitación para la adjudicación de contratos**. La obligación de publicar este anuncio no se limita a las Administraciones Públicas, sino que alcanza a todo el sector público. Los anuncios constituyen una técnica ya prevista en España para la contratación administrativa en el siglo XIX, pero ha sido reforzada por la Directivas, haciendo uso de las nuevas tecnologías de la información.

El anuncio, a excepción de los procedimientos negociados sin publicidad, se publicará en el perfil de contratante, en el Boletín Oficial del Estado en el caso de contratos del sector público estatal, y en el Diario Oficial de la Unión Europea cuando se trate de contratos sujetos a regulación armonizada. El anuncio de licitación deberá contener la información detallada en el Anexo III de la Ley 9/2017, que incluye: 1) los datos de contacto del órgano de contratación; 2) la dirección electrónica en la que están disponibles los Pliegos; 3) la descripción del objeto de la licitación; 4) las condiciones de participación; 5) el procedimiento de adjudicación; 6) los lotes; y 7) los criterios de adjudicación.

Los órganos de contratación podrán publicar un **anuncio de información previa** con el fin de dar a conocer aquellos contratos de obras, suministros o servicios que, estando sujetos a regulación armonizada, tengan proyectado adjudicar como máximo en los próximos 12 meses. La publicación se realizará en el perfil del contratante o en el Diario Oficial de la Unión Europea, a elección del órgano de contratación La publicación del anuncio previo permite posteriormente reducir los plazos para la presentación de proposiciones en los concretos procedimientos abiertos y restringidos previamente anunciados. El plazo de inicio de la ejecución del contrato no podrá exceder de un mes, contado desde la formalización

II. EL CONTRATISTA.

Solo podrán contratar con el sector público las personas naturales o jurídicas, españolas o extranjeras, que 1) tengan plena capacidad de obrar; 2) no estén incursas en alguna prohibición de contratar; y 3) acrediten su solvencia económica y financiera y técnica o profesional o se encuentren debidamente clasificadas.

1. Capacidad de obrar

La **capacidad de obrar** de una persona física o jurídica no es objeto de ordenación específica en la Ley 9/2017, sino que se rige por las normas de derecho civil y mercantil. No obstante, hay algunas especificidades previstas en la Ley 9/2017.

La capacidad de obrar de las **personas jurídicas** se acredita mediante la escritura o documento de constitución, los estatutos o el acta fundacional, en los que consten las normas por las que se regula su actividad, debidamente inscritos en el Registro público que corresponda. Las personas jurídicas asolo podrán ser adjudicatarias de contratos cuyas prestaciones estén comprendidas dentro de los fines, objeto o ámbito de actividad que, a tenor de sus estatutos o reglas fundacionales, les sean propios (art. 66). Deberá coincidir el objeto del contrato con el objeto social de las sociedades mercantiles, aunque la coincidencia no necesita ser literal, debiéndose interpretar el objeto social de forma amplia, siendo suficiente que exista una coincidencia directa, indirecta o parcial. No debe realizarse una interpretación tan estricta que se limite la competencia.

La Ley 9/20017 contempla escenarios de **sucesión del contratista** persona jurídica. En los casos de fusión de empresas en los que participe la sociedad contratista, continuará el contrato vigente con la entidad absorbente o con la resultante de la fusión, que quedará subrogada en todos los derechos y obligaciones dimanantes del contrato. Igualmente, en los supuestos de escisión, aportación o transmisión de empresas o ramas de, continuará el contrato con la entidad a la que se atribuya el contrato, que quedará subrogada en los derechos y obligaciones, siempre que reúna las condiciones de capacidad, ausencia de prohibición de contratar, y la solvencia. Si no pudiese producirse la subrogación por no reunir la entidad a la que se atribuya el contrato las condiciones de solvencia necesarias, se resolverá el contrato, considerándose a todos los efectos como un supuesto de resolución por culpa del adjudicatario.

Las **empresas de Estados de la Unión Europea** o de los Estados signatarios del Acuerdo sobre el Espacio Económico Europeo (EEE) tendrán capacidad para contratar con el sector público español. A fin de hacer efectiva la contratación, no cabe exigir a estas empresas requisitos formales nacionales como la clasificación. Recordemos que el objeto principal de las Directivas de contratación es la construcción del mercado único, y que para ello es imprescindible eliminar los obstáculos formales a la contratación con empresas de otros Estados miembros.

Las **empresas de Estados no pertenecientes a la Unión Europea** (o el EEE) sólo podrán contratar con el sector público si está garantizada la reciprocidad, esto es, que las empresas españolas pueden contratar con el sector público del Estado en cuestión. A tal efecto, la empresa extrajera deberá aportar informe al efecto de la Oficina Económica y Comercial de España. En los contratos sujetos a regulación armonizada se prescindirá del informe sobre reciprocidad en relación con las empresas de Estados signatarios del Acuerdo sobre Contratación Pública de la Organización Mundial de Comercio.

La Ley 9/2017 define normas específicas para las **Uniones Temporales de Empresas (UTEs)** en su art. 69. Las UTEs son uniones de empresarios que se constituye para contratar con el sector público, sin que sea necesaria la formalización de la unión hasta que sea haya efectuado la adjudicación del contrato. A efectos de la licitación, los empresarios que deseen concurrir integrados en una UTE deberán indicar los nombres y circunstancias de los que la constituyan y la participación de cada uno, así como asumir el compromiso de constituirse formalmente en unión temporal en caso de resultar adjudicatarios del contrato. Si durante la tramitación de un procedimiento y antes de la formalización del contrato se produjese la modificación de la composición de la UTE, esta quedará excluida del procedimiento, también cuando alguna o algunas de las empresas que la integren quedase incursa en prohibición de contratar. Una vez se haya adjudicado el contrato, la UTE deberá formalizarse en escritura pública. Las empresas integrantes quedan obligadas solidariamente. Deberán nombrar un representante único.

A fin de evitar conflictos de interés, la legislación impone **condiciones especiales de compatibilidad** para la adjudicación de contratos. El órgano de contratación garantizará que la participación en la licitación de las empresas que hubieran participado previamente en la elaboración de las especificaciones técnicas o de los documentos preparatorios del contrato o hubieran asesorado al órgano de contratación durante la preparación del procedimiento de contratación, no falsee la competencia. Entre esas medidas podrá llegar a establecerse que las citadas empresas puedan ser excluidas de dichas licitaciones, cuando no haya otro medio de garantizar el cumplimiento del principio de igualdad de trato. Así, los contratos que tengan por objeto la vigilancia, supervisión, control y dirección de la ejecución de cualesquiera contratos, así como la coordinación en materia de seguridad y salud, no podrán adjudicarse a las mismas empresas adjudicatarias de los correspondientes contratos, ni a las empresas a estas vinculadas.

2. *Prohibiciones de contratar*

La Ley 9/2017 define una serie de circunstancias que excluyen a los operadores económicos de la contratación con el sector público, estableciendo lo que se denomina **prohibiciones de contratar** (arts. 71-73). Las circunstancias son muchas y variadas, pero cabe diferencias dos regímenes diferentes en función del procedimiento para la apreciación de la existencia de la prohibición. Hay prohibiciones que son apreciadas por cada órgano de contratación en el marco de la adjudicación de cada contrato, y otras que deben ser apreciadas en un procedimiento administrativo al efecto. Más allá de la apreciación de la existencia de una prohibición, debe atenderse a la duración y al alcance de la prohibición, esto es, a qué entidades del sector público alcanza.

Por una parte, existen **prohibiciones apreciadas directamente por cada órgano de contratación**. En el marco de cada procedimiento de adjudicación, el órgano de contratación ha de identificar si existen prohibiciones de contratar y excluir del procedimiento a los operadores económicos sujetos a estas prohibiciones. Estas causas alcanzan a todo el sector público, y subsisten mientras concurran las circunstancias que determinan la prohibición de contratar. Son causas de este tipo de prohibición las siguientes:

Primero, haber solicitado la declaración de concurso voluntario, haber sido declarado insolvente, hallarse declarado en concurso, salvo que en este haya adquirido eficacia un convenio o se haya iniciado un expediente de acuerdo extrajudicial de pagos, estar sujeto a intervención judicial o haber sido inhabilitado sin que haya concluido el período de inhabilitación fijado en la sentencia de calificación del concurso. La causa de exclusión debe operar antes de la formalización del contrato, pero no con posterioridad, ya que no es una causa de resolución del contrato.

Segundo, no hallarse al corriente en el cumplimiento de las obligaciones tributarias o de Seguridad Social y en el caso de empresas de 50 o más trabajadores, no cumplir el requisito de que al menos el 2% de sus empleados sean trabajadores con discapacidad, o en el caso de empresas de más de 250 trabajadores, no cumplir con la obligación de contar con un plan de igualdad. El momento en el que se debe estar al corriente de los pagos es el de presentación de la oferta y hasta la formalización del contrato. Se considera que las empresas se encuentran al corriente del cumplimiento de sus obligaciones cuando las deudas estén aplazadas, fraccionadas o suspendidas, pero no cuando meramente se haya solicitado el aplazamiento, fraccionamiento o suspensión y este pendiente la resolución al efecto.

Tercero, estar afectado por una prohibición de contratar impuesta en virtud de sanción administrativa firme, con arreglo a la Ley 38/2003 General de Subvenciones, o a la Ley 58/2003, General Tributaria. La prohibición dejará de aplicarse cuando el órgano de contratación compruebe que la empresa ha cumplido sus obligaciones de pago de la sanción.

Cuarto, estar incursa la persona física o los administradores de la persona jurídica en alguno de los supuestos de incompatibilidad de la Ley 3/2015, del ejercicio del alto cargo de la Administración General del Estado o de la Ley 53/1984, de 26 de diciembre, de Incompatibilidades, o haber contratado a personas con las referidas incompatibilidades. Se evita así el conflicto de interés.

Por otra parte, existen **prohibiciones que requieren un procedimiento instruido al efecto** para definir su alcance y duración. Se trata fundamentalmente de malas prácticas en la contratación. Son causas de este tipo de prohibición las siguientes:

Primero, haber incurrido en falsedad al efectuar la declaración responsable según el formulario del documento europeo único de contratación en relación con el cumplimiento de los requisitos previos de contratación.

Segundo, haber retirado indebidamente su proposición en un procedimiento de adjudicación, o haber imposibilitado la adjudicación del contrato a su favor por no aportar la documentación tras haber resultado adjudicatario, si media dolo, culpa o negligencia.

Tercero, haber dejado de formalizar el contrato que ha sido adjudicado a su favor, por causa imputable al adjudicatario.

Cuarto, haber incumplido las cláusulas que son esenciales en el contrato, cuando dicho incumplimiento hubiese sido definido en los pliegos o en el contrato como infracción grave, concurriendo dolo, culpa o negligencia en el empresario, y siempre que haya dado lugar a la imposición de penalidades o a la indemnización de daños y perjuicios.

Quinto, haber dado lugar, por causa de la que hubiesen sido declarados culpables, a la resolución firme de cualquier contrato celebrado con una entidad del sector público.

En estos supuestos, el órgano de contratación afectado directamente por la mala práctica debe instruir un procedimiento específico. Debe otorgar un trámite de audiencia a la empresa, garantía frente a la limitación de derechos derivada de la declaración de la prohibición de contratar. La duración y extensión de la prohibición de contratación se determinará en la resolución que pone fin al procedimiento, atendiendo, en su caso, a la existencia de dolo o manifiesta mala fe del empresario y a la entidad del daño causado a los intereses públicos, respetando el principio de proporcionalidad. La decisión sobre la prohibición de contratar se trasladará el Registro Oficial de Licitadores, produciendo efectos desde el momento de su inscripción en el mismo.

La duración de la prohibición de contratar no podrá exceder los tres años. En principio, la prohibición de contratar se extenderá exclusivamente al órgano de contratación en cuyo ámbito se produjo el incidente que desencadena la prohibición, aunque podrá extenderse a todo el sector público en que se integre el órgano de contratación (al sector estatal, o autonómico, etc.), e incluso a la totalidad del sector público en España, aunque la decisión sobre la extensión no corresponde al órgano de contratación, sino, en el caso estatal, al Ministro de Hacienda previa propuesta de la Junta Consultiva de contratación Pública del Estado.

Finalmente, cuando la **prohibición deriva de la infracción de normas penales o administrativas,** cabe que la sentencia o resolución administrativa sancionadora se pronuncie expresamente sobre la prohibición de contratar si dicho pronunciamiento está en el ámbito de sus competencias. En estos casos, la prohibición será efectiva a partir de la fecha en la que devenga firme la sentencia o resolución administrativa sancionadora, y se extenderá a todo el sector público.

Pero en el caso de que la sentencia o la resolución administrativa no se pronuncie sobre la prohibición de contratar, el alcance y duración de la prohibición deberá determinarse mediante procedimiento instruido al efecto. La entidad que impone la sanción remitirá la resolución o sentencia a la Junta Consultiva de Contratación Pública del Estado (o su equivalente autonómico), que instruirá el expediente al efecto (pudiendo imponer medidas provisionales), y tras un trámite de audiencia, propondrá el alcance y duración de la prohibición, para decisión por el Ministro de Hacienda. La prohibición se inscribirá en el Registro Oficial de Licitadores, momento en el cual producirá efectos. Son causas de este tipo de prohibición las siguientes:

Primero, haber sido condenado mediante sentencia judicial firme por delitos de terrorismo, constitución o integración de una organización o grupo criminal, asociación ilícita, financiación ilegal de los partidos políticos, trata de seres humanos, corrupción en los negocios, tráfico de influencias, cohecho, fraudes, delitos contra la Hacienda Pública y la Seguridad Social, delitos contra los derechos de los trabajadores, prevaricación, malversación, negociaciones prohibidas a los funcionarios, blanqueo de capitales, delitos relativos a la ordenación del territorio y el urbanismo, la protección del patrimonio histórico y el medio ambiente, o a la pena de inhabilitación especial para el ejercicio de profesión, oficio, industria o comercio. En estos casos, la duración de la prohibición de contratar podrá alcanzar un máximo de cinco años.

Segundo, haber sido sancionado por infracción administrativa con carácter firme por infracción grave en materia profesional que ponga en entredicho su integridad, de disciplina de mercado, de falseamiento de la competencia, de integración laboral y de igualdad de oportunidades y no discriminación de las personas con discapacidad, o de extranjería; o por infracción muy grave en materia, o por infracción muy grave en materia laboral o social. En estos casos, la duración de la infracción podrá alcanzar un máximo de tres años.

Debe subrayarse que la prohibición de contratar no tiene naturaleza de sanción, sino de "limitación anudada a la imposición de una sanción" (STS de 14 de septiembre de 2021), que responde a la necesidad de proteger el interés público mediante la exclusión de los licitadores que no están en posición de garantizar la satisfacción de dicho interés. Por eso, las prohibiciones de contratar, y en especial la definición de su duración y alcance, deben tener en consideración no el daño al interés público infringido en el pasado, sino el daño potencial que puede causarse en futuros contratos. Por eso, rige el principio de competencia y se debe dar prioridad a la participación lo más amplia posible en futuras licitaciones.

3. Solvencia

Para celebrar contratos con el sector público no basta con tener capacidad de obrar y no incurrir en prohibición de contratar. Más allá, se exige unas condiciones mínimas de aptitud para asegurar que el contratista tiene las capacidades necesarias para llevar a cabo el contrato (arts. 74-76 Ley 9/2017). Se distingue entre requisitos de solvencia económica y financiera, a fin de asegurar que el contratista está en situación de asumir los costes de su prestación y las posibles responsabilidades derivadas de la misma, y requisitos de solvencia técnica o profesional, que tienen por objeto garantizar que el contratista dispone de los medios y cualificación para realizar la prestación.

La Ley 9/2017 recoge los siguientes criterios para la acreditación de la **solvencia económica y financiera**: 1) el volumen anual de negocios del licitador o candidato, que referido al año de mayor volumen de negocio de los tres últimos concluidos deberá ser al menos una vez y media el valor estimado del contrato cuando su duración no sea superior a un año, y al menos una vez y media el valor anual medio del contrato si su duración es superior a un año; 2) un compromiso vinculante de suscripción, en caso de resultar adjudicatario, de un seguro de indemnización por riesgos profesionales por importe no inferior al valor estimado del contrato, en los contratos cuyo objeto consista en servicios profesionales; y 3) patrimonio neto, o bien ratio entre activos y pasivos.

Los criterios para acreditar la **solvencia técnica y profesional**, también delimitados en la Ley 9/2017, dependen del objeto del contrato, pero pueden resumirse en la presentación de una relación de contratos similares realizados en los últimos años, indicación del personal técnico, títulos académicos y profesionales del empresario y de los directivos, presentación de muestras, certificados, etc.

La concreción de los requisitos mínimos de solvencia exigidos para un contrato, así como de los medios admitidos para su acreditación, se determinará discrecionalmente por el órgano de contratación. No obstante, la discrecionalidad tiene límites. Por una parte, hay limites formales, en cuanto el órgano de contratación está obligado a indicar los requisitos en el anuncio de licitación y a especificarlos de forma clara, precisa e inequívoca en el pliego. Los requisitos deben resultar en todo caso determinados. Por otra parte, hay limites sustantivos, en cuanto los requisitos deben estar relacionados con el objeto e importe del contrato, no resultar discriminatorios, y ser proporcionados, de forma que no restrinjan innecesariamente el número de licitadores, limitando la competencia.

Los licitadores que no estén en posición de acreditar su solvencia serán excluidos de la licitación sin que sus ofertas sean tomadas siquiera en consideración. No obstante, se permite la **integración de la solvencia con medios externos**. Los licitadores podrán basarse en la solvencia y medios de otras entidades siempre que la entidad a la que recurra no esté incursa en una prohibición de contratar, y se demuestre que durante toda la duración del contrato dispondrá efectivamente de esa solvencia y medios, mediante la presentación a tal efecto del compromiso por escrito de dichas entidades. El poder adjudicador podrá exigir formas de responsabilidad conjunta, incluso con carácter solidario.

4. Clasificación

Los operadores económicos pueden evitar la engorrosa acreditación de la solvencia económica y técnica en cada licitación procediendo a la obtención de la correspondiente clasificación. De esta forma, se reduce la carga burocrática en la presentación de ofertas.

Los acuerdos relativos a la clasificación de las empresas se adoptan por las Comisiones Clasificadoras de la Junta Consultiva de Contratación Pública del Estado. Estos acuerdos podrán ser objeto de recurso de alzada ante el Ministro de Hacienda.

El operador económico deberá acreditar su personalidad y capacidad de obrar, así como que se encuentra legalmente habilitado para realizar la correspondiente actividad, por disponer de las correspondientes autorizaciones o habilitaciones empresariales o profesionales, y reunir los requisitos de colegiación o inscripción u otros semejantes que puedan ser necesarios, y que no está incurso en prohibiciones de contratar

La clasificación de las empresas se hará en función de su solvencia, valorada conforme a los criterios establecidos en las normas para la acreditación de la solvencia. La clasificación determinará los contratos a cuya adjudicación puedan concurrir por razón de su objeto y de su cuantía. A estos efectos, los contratos se dividirán en grupos generales y subgrupos, por su peculiar naturaleza, y dentro de estos por categorías, en función de su cuantía. Por ejemplo,

Los acuerdos relativos a la clasificación de las empresas adoptados por las Comisiones Clasificadoras de la Junta Consultiva de Contratación Pública del Estado se inscribirán de oficio en el Registro Oficial de Licitadores y Empresas Clasificadas del Sector Público.

La clasificación de las empresas tendrá una vigencia indefinida en tanto se mantengan por el empresario las condiciones y circunstancias en que se basó su concesión. No obstante, para la conservación de la clasificación deberá justificarse anualmente el mantenimiento de la solvencia económica y financiera y, cada tres años, el de la solvencia técnica y profesional, a cuyo efecto el empresario aportará la correspondiente declaración responsable o en su defecto la documentación actualizada.

La clasificación sólo es exigible para la adjudicación a empresas de nacionalidad española de contratos de obras con un valor estimado superior a 500.000 euros. En el resto de contratos, y los operadores económicos extranjeros, podrán acreditar su solvencia por otros medios.

III. LAS CONDICIONES DEL CONTRATO

En los contratos del sector público pueden incluirse cualesquiera pactos, cláusulas y condiciones, siempre que no sean contrarios al interés público, al ordenamiento jurídico y a los principios de buena administración. La Ley 9/2017 exige un contenido mínimo del contrato, que debe incluir entre otras menciones, el objeto, el precio, la duración y las garantías.

1. Objeto

El objeto de los contratos del sector público deberá ser determinado. Lo definirá el órgano de contratación en atención a las necesidades concretas que se pretenden satisfacer.

Especialmente delicada es la delimitación del objeto del contrato, bien en contratos diferentes o en lotes. Por una parte, existe una tradicional preocupación por el **fraccionamiento del contrato** con la finalidad de disminuir la cuantía del mismo y eludir así los requisitos de publicidad o los relativos al procedimiento de adjudicación que correspondan, por ejemplo a fin de situar el valor estimado de los contratos resultantes por debajo de los umbrales de regulación armonizada, o a fin de calificar el contrato como menor. Esta práctica fraudulenta está prohibida.

Por el contrario, no sólo se permite, sino que se exige, la **división del contrato en lotes**, siempre que el objeto del contrato lo permita. La ejecución independiente de cada una de las partes del contrato mediante su división en lotes favorece la competencia, y en especial la participación de pequeñas empresas en la licitación. Por ello, el órgano de contratación podrá no dividir en lotes el objeto del contrato cuando existan motivos válidos, pero deberá justificarlo debidamente en el expediente de contratación. Más allá, podrá limitar el número de lotes para los que un mismo candidato o licitador puede presentar oferta y podrá también limitar el número de lotes que pueden adjudicarse a cada licitador. En los contratos adjudicados por lotes, y salvo que se establezca otra previsión en el pliego que rija el contrato, cada lote constituirá un contrato, salvo en casos en que se presenten **ofertas integradoras**, en los que todas las ofertas constituirán un contrato.

2. Condiciones económicas

La Ley 9/2017 contiene diferentes conceptos relativos a la cuantificación económica de los contratos del sector público. Es importante distinguir entre el presupuesto base de licitación, el valor estimado del contrato y el precio del contrato.

Por **presupuesto base de licitación** se entiende el límite máximo de gasto que en virtud del contrato puede comprometer el órgano de contratación, incluido el Impuesto sobre el Valor Añadido. Debe ser adecuado a los precios del mercado. A tal efecto, se desglosará indicando en el pliego de cláusulas administrativas particulares los costes directos e indirectos y otros eventuales gastos calculados para su determinación.

El **valor estimado del contrato** será determinado: 1) en el caso de los contratos de obras, suministros y servicios, en función del importe total, sin incluir el IVA, pagadero según estimaciones teniendo en cuenta los precios habituales en el mercado; y 2) en el caso de los contratos de concesión de obras y de concesión de servicios, en función del importe neto de la cifra de negocios, sin incluir el IVA, que según sus estimaciones, generará la empresa concesionaria durante la ejecución del mismo como contraprestación, así como de los suministros relacionados con estas obras y servicios. El valor estimado del contrato tiene importantes efectos, como la determinación de si el contrato está sujeto a regulación armonizada, o si se trata de un contrato menor. Por ello, la elección del método para calcular el valor estimado no podrá efectuarse con la intención de sustraer el contrato a la aplicación de las normas de adjudicación que correspondan, y deberá figurar en los pliegos.

El **precio del contrato** es la cantidad que el órgano de contratación debe satisfacer al contratista. Los contratos del sector público tendrán siempre un precio cierto, que se abonará al contratista en función de la prestación realmente ejecutada y de acuerdo con lo pactado. En el precio se entenderá incluido el importe a abonar en concepto de Impuesto sobre el Valor Añadido, que en todo caso se indicará como partida independiente

La Ley 9/2017 regula con detalle la **revisión de precios** (arts. 103-105). Los precios de los contratos del sector público solo podrán ser objeto de revisión periódica y predeterminada en los términos establecidos en la Ley. La revisión periódica y predeterminada de precios solo se podrá llevar a cabo en los contratos de obra, en los contratos de suministros de fabricación de armamento y equipamiento de las Administraciones Públicas, en los contratos de suministro de energía y en aquellos otros contratos en los que el período de recuperación de la inversión sea igual o superior a cinco años.

El pliego de cláusulas administrativas particulares podrá establecer el derecho a revisión periódica y predeterminada de precios y fijará la fórmula de revisión que deba aplicarse, que será invariable durante la vigencia del contrato. El Consejo de Ministros podrá aprobar, previo informe de la Junta Consultiva de Contratación Pública del Estado y de la Comisión Delegada del Gobierno para Asuntos Económicos, fórmulas tipo de revisión. El Instituto Nacional de Estadística elaborará los índices mensuales de los precios de los componentes básicos de costes incluidos en las fórmulas tipo de revisión de precios de los contratos.

La modificación de los precios se ha limitado extraordinariamente en la Ley 9/2017, en pos de una loable política de control de la inflación. No obstante, la realidad ha demostrado que la escasa flexibilidad de la norma para atender episodios inflacionarios tiene efectos negativos al forzar el abandono de los contratos por los contratistas.

3. Duración

La duración de los contratos del sector público deberá establecerse por el órgano de contratación en los pliegos, teniendo en cuenta la naturaleza de las prestaciones, las características de su financiación y la necesidad de someter periódicamente a concurrencia la realización de las mismas.

El contrato podrá prever una o varias **prórrogas** siempre que sus características permanezcan inalterables durante el período de duración de estas. La prórroga se acordará por el órgano de contratación y será obligatoria para el empresario, siempre que su preaviso se produzca al menos con dos meses de antelación a la finalización del plazo de duración del contrato. La prórroga del contrato no será obligatoria para el contratista cuando se dé causa de resolución por haberse demorado la Administración en el abono del precio más de seis meses. La Ley 9/2017 afirma taxativamente que “en ningún caso podrá producirse la prórroga por el consentimiento tácito de las partes” (art. 29), pero es un hecho que estas prórrogas implícitas son frecuentes, y que el contratista dispone de escasos instrumentos para hacer frente a la situación.

La Ley 9/2017 establece algunas limitaciones a la duración de los contratos: 1) los contratos de suministros y de servicios de prestación sucesiva no podrán tener una duración superior a cinco años incluyendo las posibles prórrogas; 2) los contratos de concesión de obras, y de concesión de servicios que comprendan la ejecución de obras y la explotación de servicio, no podrán tener una duración superior a 40 años; 3) los contratos de concesión de servicios sin ejecución de obras tendrán una duración máxima de 25 años; 4) los contratos de concesión de servicios que comprendan la explotación de un servicio cuyo objeto consista en la prestación de servicios sanitarios tendrán una duración máxima de 10 años; y 5) los contratos menores no podrán tener una duración superior a un año ni ser objeto de prórroga (art. 29).

Cuando se produzca demora en la ejecución de la prestación por parte del empresario, el órgano de contratación podrá conceder una ampliación del plazo de ejecución, sin perjuicio de las penalidades que en su caso procedan.

4. Garantías

En el procedimiento de contratación no procederá la exigencia de **garantía provisional**, salvo cuando de forma excepcional el órgano de contratación, por motivos de interés público, lo considere necesario y lo justifique motivadamente en el expediente. En este último caso, se podrá exigir a los licitadores la constitución previa de una garantía que responda del mantenimiento de sus ofertas hasta la perfección del contrato. El importe de la misma, que no podrá ser superior a un 3% del presupuesto base de licitación del contrato. La garantía provisional se extinguirá automáticamente y será devuelta a los licitadores inmediatamente después de la perfección del contrato. En todo caso, la garantía provisional se devolverá al licitador seleccionado como adjudicatario cuando haya constituido la garantía definitiva, pudiendo aplicar el importe de la garantía provisional a la definitiva o proceder a una nueva constitución de esta última.

La Ley 9/2017 contempla que los contratos de las Administraciones Publicas queden sujetos a **garantía definitiva** (arts. 107-113). Si la empresa no cumple el requisito de constitución de garantía, la Administración no efectuará la adjudicación a su favor. La cuantía de la garantía definitiva será de un 5% del precio final ofertado por el adjudicatario, excluido el Impuesto sobre el Valor Añadido. El órgano de contratación podrá eximir al adjudicatario de la obligación de constituir garantía definitiva, justificándolo en el pliego de cláusulas administrativas particulares, especialmente en el caso de suministros de bienes consumibles cuya entrega y recepción deba efectuarse antes del pago del precio, contratos que tengan por objeto la prestación de servicios sociales. Por el contrario, en casos especiales la cuantía podrá ampliarse hasta alcanzar el 10% del precio.

Las garantías podrán prestarse en alguna o algunas de las siguientes formas: 1) en efectivo o en valores de Deuda Pública; 2) mediante aval prestado por bancos, cajas de ahorros, cooperativas de crédito, establecimientos financieros de crédito y sociedades de garantía recíproca autorizados para operar en España; 3) mediante contrato de seguro de caución; y 4) mediante retención en el precio.

IV. LOS PROCEDIMIENTOS DE ADJUDICACIÓN

La Ley 9/2017 contempla varios procedimientos de adjudicación para la selección del contratista. Las Administraciones Públicas y el resto de poderes adjudicadores deberán seguir los procedimientos previstos en la Ley, con la excepción de los contratos menores, que pueden ser adjudicados directamente.

Las entidades del sector público que no sean poder adjudicador deberán garantizar los principios de publicidad, concurrencia, igualdad y o discriminación, publicando unas instrucciones en las que regulen procedimientos de adjudicación garantes de estos principios, procedimientos que contemplen el anuncio de la licitación, un plazo adecuado para presentar ofertas.

1. Procedimiento abierto

El **procedimiento abierto** es el más habitual y sencillo de los procedimientos de adjudicación de los previos en la Ley 9/2017 (arts. 156-159). Publicado el anuncio de licitación, incluyendo los pliegos, todo empresario interesado podrá presentar una proposición, quedando excluida toda negociación de los términos del contrato. El órgano de contratación seleccionará la mejor proposición de entre las presentadas.

Una primera garantía es la existencia de un plazo mínimo para presentar las proposiciones. Si se trata de contratos sujetos a regulación armonizada, el plazo de presentación de proposiciones no será inferior a treinta y cinco días, para los contratos de obras, suministros y servicios, y a treinta días para las concesiones de obras y servicios. Si el órgano de contratación aceptara la presentación de ofertas por medios electrónicos, puede reducirse el plazo general de presentación de proposiciones en cinco días, lo que se ha convertido en lo habitual. En los contratos de las Administraciones Públicas que no estén sujetos a regulación armonizada, el plazo de presentación de proposiciones no será inferior a quince días, contados desde el día siguiente al de la publicación del anuncio de licitación del contrato en el perfil de contratante. En los contratos de obras y de concesión de obras y concesión de servicios, el plazo será, como mínimo, de veintiséis días.

Presentadas las proposiciones, la mesa de contratación abrirá el **sobre 1**, que contiene la documentación acreditativa del cumplimiento de los requisitos previos (capacidad, prohibición de contratar y solvencia), procediéndose a la exclusión de los licitadores que no cumplan con dichos requisitos.

En el plazo de 20 días desde la fecha de finalización del plazo para presentar proposiciones, la mesa procederá a la apertura de las proposiciones. Cuando, se utilice una pluralidad de criterios de adjudicación, los licitadores deberán presentar la proposición en dos sobres: uno con la documentación que deba ser valorada conforme a los criterios cuya ponderación depende de un juicio de valor (**sobre 2**), y el otro con la documentación que deba ser valorada conforme a criterios cuantificables mediante la mera aplicación de fórmulas (**sobre 3**). No cabe abrir el sobre 3 hasta que se haya procedido a la valoración de la proposición del sobre 2, para lo que se podrá solicitar informes técnicos.

Cuando el único criterio para seleccionar al adjudicatario del contrato sea el del precio, la adjudicación deberá recaer en el plazo máximo de quince días a contar desde el siguiente al de apertura de las proposiciones. Cuando para la adjudicación del contrato deban tenerse en cuenta una pluralidad de criterios, el plazo máximo para efectuar la adjudicación será de dos meses a contar desde la apertura de las proposiciones, salvo que se hubiese establecido otro en el pliego de cláusulas administrativas particulares. De no producirse la adjudicación dentro de los plazos señalados, los licitadores tendrán derecho a retirar su proposición, y a la devolución de la garantía provisional.

Para los contratos no sujetos a regulación armonizada se contempla un **procedimiento abierto simplificado**. El anuncio de licitación del contrato únicamente precisará de publicación en el perfil de contratante del órgano de contratación. El plazo para la presentación de proposiciones se reduce a quince días a contar desde el siguiente a la publicación en el perfil de contratante del anuncio de licitación (20 días para los contratos de obras). Todos los licitadores que se presenten a estas licitaciones deberán estar inscritos en el Registro Oficial de Licitadores. La oferta se presentará en un único sobre o archivo electrónico en los supuestos en que en el procedimiento no se contemplen criterios de adjudicación cuya cuantificación dependa de un juicio de valor. En caso contrario, la oferta se presentará en dos sobres o archivos electrónicos. En los supuestos en que en el procedimiento se contemplen criterios de adjudicación cuya cuantificación dependa de un juicio de valor, la valoración de las proposiciones se hará por los servicios técnicos del órgano de contratación en un plazo no superior a siete días.

Una ulterior simplificación está prevista para los contratos de obras de valor estimado inferior a 80.000 euros, y para los contratos de suministros y de servicios de valor estimado inferior a 60.000 euros, excepto los que tengan por objeto prestaciones de carácter intelectual, constituyendo un procedimiento que podemos calificar de "**ultrasimplificado**". El plazo para la presentación de proposiciones no podrá ser inferior a diez días hábiles, a contar desde el siguiente a la publicación del anuncio de licitación en el perfil de contratante. No obstante lo anterior, cuando se trate de compras corrientes de bienes disponibles en el mercado el plazo será de 5 días hábiles. Se eximirá a los licitadores de la acreditación de la solvencia económica y financiera y técnica o profesional. La oferta se entregará en un único sobre. No se requerirá la constitución de garantía definitiva. La formalización del contrato podrá efectuarse mediante la firma de aceptación por el contratista de la resolución de adjudicación.

2. *Procedimiento restringido*

El **procedimiento restringido** (arts. 160-165) limita el número de ofertantes que pueden presentar proposición. El órgano de contratación publicará una convocatoria de licitación y cualquier empresa interesada podrá presentar una solicitud de participación. El órgano de contratación seleccionará entonces a empresarios en atención a criterios objetivos de solvencia, y sólo entonces, las empresas invitadas podrán presentar sus proposiciones.

El órgano de contratación señalará en el anuncio de licitación los criterios objetivos de solvencia que se utilizarán para la selección de candidatos y el número mínimo de empresarios a los que invitará a participar en el procedimiento, que no podrá ser inferior a cinco. Cuando el número de candidatos que cumplan los criterios de selección sea inferior a ese número mínimo, el órgano de contratación podrá continuar el procedimiento con los que reúnan las condiciones exigidas, sin que pueda invitarse a empresarios que no hayan solicitado participar en el mismo, o a candidatos que no posean esas condiciones.

El órgano de contratación, una vez comprobada la personalidad y solvencia de los solicitantes, seleccionará a los que deban pasar a la siguiente fase, a los que invitará, simultáneamente y por escrito, a presentar sus proposiciones. Las invitaciones indicarán la fecha límite para la presentación de ofertas; los documentos que se deben adjuntar; los criterios de adjudicación y su ponderación relativa o, en su caso, el orden decreciente de importancia atribuido a los mismos, si no figurasen en el anuncio de licitación; y el lugar, día y hora de la apertura de proposiciones.

El plazo general de presentación de proposiciones en los procedimientos restringidos relativos a contratos sujetos a regulación armonizada será el suficiente para la adecuada elaboración de las proposiciones en función del alcance y complejidad del contrato. En cualquier caso no será inferior a treinta días, contados a partir de la fecha de envío de la invitación escrita. El plazo podrá reducirse en 5 días si se admiten las proposiciones por medios electrónicos. En los procedimientos restringidos relativos a contratos no sujetos a regulación armonizada, el plazo para la presentación de proposiciones no será inferior a diez días.

En la adjudicación del contrato será de aplicación lo previsto en esta Ley para el procedimiento abierto. Al igual que en el procedimiento abierto, en este procedimiento estará prohibida toda negociación de los términos del contrato.

3. Procedimientos negociados

En los **procedimientos con negociación** (arts. 166-171) la adjudicación recaerá en el licitador justificadamente elegido por el órgano de contratación, tras negociar las condiciones del contrato con los candidatos. Este procedimiento sólo puede ser utilizado en casos tasados: 1) cuando resulte imprescindible que la prestación sea objeto de un trabajo previo de diseño o de adaptación por parte de los licitadores; 2) cuando la prestación incluya un proyecto o soluciones innovadoras; 3) cuando el contrato presente circunstancias específicas vinculadas a la naturaleza, la complejidad o la configuración jurídica o financiera de la prestación que constituya su objeto, o por los riesgos inherentes a la misma; 4) cuando el órgano de contratación no pueda establecer con precisión las especificaciones técnicas; 5) cuando en los procedimientos abiertos o restringidos seguidos previamente solo se hubieren presentado ofertas irregulares o inaceptables; y 6) cuando se trate de contratos de servicios sociales personalísimos que tengan por una de sus características determinantes el arraigo de la persona en el entorno de atención social, siempre que el objeto del contrato consista en dotar de continuidad en la atención a las personas que ya eran beneficiarias de dicho servicio.

El órgano de contratación publicará un anuncio de licitación. En el pliego de cláusulas administrativas particulares se determinarán los aspectos económicos y técnicos que, en su caso, hayan de ser objeto de negociación con las empresas; la descripción de las necesidades de los órganos de contratación y de las características exigidas para los suministros, las obras o los servicios que hayan de contratarse, así como el procedimiento que se seguirá para negociar, que en todo momento garantizará la máxima transparencia de la negociación, la publicidad de la misma y la no discriminación entre los licitadores que participen.

Se permite limitar el número de candidatos, siguiendo los trámites del procedimiento restringido, aunque en todo caso, deberán asegurarse de que el número mínimo de candidatos invitados será de tres. Cuando el número de candidatos que cumplan con los criterios de selección sea inferior a ese número mínimo, el órgano de contratación podrá continuar el procedimiento con los que reúnen las condiciones exigidas, sin que pueda invitarse a empresarios que no hayan solicitado participar en el mismo, o a candidatos que no posean esas condiciones

La negociación se puede articular en fases sucesivas, a fin de reducir progresivamente el número de ofertas a negociar, mediante la aplicación de los criterios de adjudicación señalados en el anuncio de licitación o en el pliego de cláusulas administrativas particulares. El número de soluciones que lleguen hasta la fase final deberá ser lo suficientemente amplio como para garantizar una competencia efectiva, siempre que se hayan presentado un número suficiente de soluciones o de candidatos adecuados.

Cuando el órgano de contratación decida concluir las negociaciones, informará a todos los licitadores y establecerá un plazo común para la presentación de ofertas nuevas o revisadas. A continuación, la mesa de contratación verificará que las ofertas definitivas se ajustan a los requisitos mínimos, y que cumplen todos los requisitos establecidos en el pliego, valorará las mismas con arreglo a los criterios de adjudicación, elevará la correspondiente propuesta, y el órgano de contratación procederá a adjudicar el contrato.

Se contempla la posibilidad de tramitar el procedimiento negociado **sin publicidad**. Esta opción se limita a supuestos muy excepcionales tasados en la Ley 9/2017, como por ejemplo, que no se haya presentado ninguna oferta en un procedimiento abierto o restringido anterior, el contrato sólo pueda ser encomendados a un empresario por no existir competencia (derechos exclusivos, etc.), o cuando se trate de la adquisición en mercados organizados o bolsas de materias primas de suministros que coticen en los mismos.

4. *Otros procedimientos de adjudicación*

En el **diálogo competitivo**, la mesa especial de diálogo competitivo dirige un diálogo con los candidatos seleccionados, previa solicitud de los mismos, a fin de desarrollar una o varias soluciones susceptibles de satisfacer sus necesidades y que servirán de base para que los candidatos elegidos presenten una oferta. Sólo puede utilizarse en los casos excepcionales previstos para el procedimiento negociado con publicidad, pero exige en todo caso la publicación del anuncio de licitación.

El órgano de contratación dará a conocer sus necesidades y requisitos en anuncio de licitación, al igual que los criterios objetivos de solvencia que se utilizarán para la selección de candidatos, y los criterios de adjudicación. Las empresas interesadas remitirán sus solicitudes de participación, y el órgano de contratación elegirá a las empresas que invitará a tomar parte en el dialogo, un mínimo de tres, siguiendo las normas previstas para el procedimiento restringido.

La mesa especial del diálogo competitivo desarrollará con los candidatos seleccionados un diálogo cuyo fin será determinar y definir los medios adecuados para satisfacer sus necesidades. En el transcurso de este diálogo, podrán debatirse todos los aspectos del contrato con los candidatos seleccionados.

La mesa proseguirá el diálogo hasta que se encuentre en condiciones de determinar la solución o soluciones que puedan responder a sus necesidades. Una vez determinada la solución, la mesa propondrá que se declare el fin del diálogo, así como las soluciones a adoptar, siendo invitados a la fase final los participantes que hayan presentado las mejores soluciones. Las ofertas deben incluir todos los elementos requeridos y necesarios para la realización del proyecto. La mesa evaluará las ofertas en función de los criterios de adjudicación y seleccionará la oferta que presente la mejor relación calidad-precio. La mesa podrá llevar a cabo negociaciones con el licitador cuya oferta se considere que presenta la mejor relación calidad-precio.

La **asociación para la innovación** es un procedimiento que tiene como finalidad el desarrollo de productos, servicios u obras innovadores y la compra ulterior de las soluciones resultantes, siempre que correspondan a los niveles de rendimiento y a los costes máximos acordados entre el órgano de contratación y los participantes.

El órgano de contratación determinará en los pliegos cuál es la necesidad de un producto, servicio u obra innovadores que no puede ser satisfecha mediante la adquisición de productos ya disponibles en el mercado. Indicará asimismo qué elementos de la descripción constituyen los requisitos mínimos que han de cumplir todos los licitadores, y definirá las disposiciones aplicables a los derechos de propiedad intelectual e industrial. Cualquier empresario podrá presentar una solicitud de participación. Solo los empresarios a los que invite el órgano de contratación podrán presentar proyectos de investigación e innovación destinados a responder a las necesidades señaladas por el órgano de contratación que no puedan satisfacerse con las soluciones existentes.

La asociación para la innovación se estructurará en fases sucesivas siguiendo la secuencia de las etapas del proceso de investigación e innovación, que podrá incluir la fabricación de los productos, la prestación de los servicios o la realización de las obras. La asociación para la innovación fijará unos objetivos intermedios que deberán alcanzar los socios y proveerá el pago de la retribución en plazos adecuados. Sobre la base de esos objetivos, el órgano de contratación podrá decidir, al final de cada fase, resolver la asociación para la innovación.

Finalizadas las fases de investigación y desarrollo, el órgano de contratación analizará si sus resultados alcanzan los niveles de rendimiento y costes acordados y resolverá lo procedente sobre la adquisición de las obras, servicios o suministros resultantes. Las posteriores adquisiciones derivadas de asociaciones para la innovación se realizarán en los términos establecidos en el pliego de cláusulas administrativas particulares.

Son **concursos de proyectos** los procedimientos encaminados a la obtención de planos o proyectos, principalmente en los campos de la arquitectura, el urbanismo, la ingeniería y el procesamiento de datos, a través de una selección que, tras la correspondiente licitación, se encomienda a un jurado

El órgano de contratación podrá limitar el número de participantes en el concurso de proyectos. Cuando este fuera el caso, el concurso constará de dos fases: en la primera el órgano de contratación seleccionará a los participantes de entre los candidatos que hubieren presentado solicitud de participación, y en la segunda el órgano de contratación invitará simultáneamente y por escrito a los candidatos seleccionados para que presenten sus propuestas de proyectos ante el órgano de contratación. Esta segunda fase podrá realizarse en dos sub-fases sucesivas, a fin de reducir el número de concursantes. En la primera sub-fase se invitará simultáneamente a los candidatos seleccionados para que presenten una idea concisa acerca del objeto del concurso ante el órgano de contratación. En una segunda sub-fase los participantes seleccionados serán invitados para que presenten sus propuestas de proyectos en desarrollo de la idea inicial. En cualquier caso el número mínimo de candidatos será de tres.

Una vez finalizado el plazo de presentación de las propuestas de proyectos, se constituirá un jurado cuyos miembros serán designados de conformidad con lo establecido en las bases del concurso. No habrá intervención de la mesa de contratación. Todas aquellas funciones administrativas o de otra índole no atribuidas específicamente al Jurado serán realizadas por los servicios dependientes del órgano de contratación. El jurado estará compuesto por personas físicas independientes de los participantes en el concurso de proyectos y su selección respetará los principios de profesionalidad, especialización en relación con el objeto del contrato, imparcialidad, ausencia de incompatibilidad e independencia.

El jurado adoptará sus decisiones o dictámenes con total autonomía e independencia, sobre la base de proyectos que le serán presentados de forma anónima, y atendiendo únicamente a los criterios indicados en el anuncio de licitación del concurso. Una vez que el jurado hubiere adoptado una decisión, dará traslado de la misma al órgano de contratación para que este proceda a la adjudicación del concurso de proyectos al participante indicado por el primero.

V. LA ADJUDICACIÓN Y FORMALIZACIÓN DEL CONTRATO

1. Criterios de adjudicación

La adjudicación de los contratos se realizará en base a la mejor relación calidad-precio. Se superan así automatismos en la adjudicación de contratos a la baja, tomando en consideración exclusivamente el precio ofertado en detrimento de la calidad de la prestación. No obstante, la Ley 9/2017 introduce cautelas para tomar en consideración criterios de calidad (arts. 145 y 146).

La mejor relación calidad-precio se evaluará con arreglo a criterios económicos y cualitativos, que podrán ser, entre otros, los siguientes: la calidad, las características estéticas y funcionales, las características sociales, medioambientales e innovadoras, la organización, cualificación y experiencia del personal adscrito al contrato, el servicio posventa y la asistencia técnica y condiciones de entrega, etc. En cualquier caso, los criterios de adjudicación deberán respetar los siguientes principios: 1) deberán estar vinculados al objeto del contrato; 2) deberán ser formulados de manera objetiva; y 3) deberán garantizar la posibilidad de competencia efectiva.

En los casos en los que se admite establecer un **único criterio de adjudicación**, deberá estar relacionado con los **costes** y no con la calidad. Lo habitual es que el criterio sea el precio, pero se admiten otros criterios basados en la rentabilidad, como el coste del ciclo de vida, que incluye todas las fases consecutivas o interrelacionadas que se sucedan durante su existencia y, en todo caso: la investigación y el desarrollo que deba llevarse a cabo, la fabricación o producción, la comercialización y las condiciones en que esta tenga lugar, el transporte, la utilización y el mantenimiento, la adquisición de las materias primas necesarias y la generación de recursos; todo ello hasta que se produzca la eliminación, el desmantelamiento o el final de la utilización.

No obstante, la Ley 9/2017 especifica que en una larga lista de contratos será obligatorio utilizar una **pluralidad criterio de adjudicación**, o dicho en otras palabras, que la adjudicación no puede depender sólo de criterios de costes (art. 145), como por ejemplo: los contratos de concesión de obras y de concesión de servicios; los contratos de suministros, salvo que los productos a adquirir estén perfectamente definidos y no sea posible variar los plazos de entrega ni introducir modificaciones de ninguna clase en el contrato, siendo por consiguiente el precio el único factor determinante de la adjudicación, y contratos de servicios, salvo que las prestaciones estén perfectamente definidas técnicamente y no sea posible variar los plazos de entrega ni introducir modificaciones de ninguna clase en el contrato, siendo por consiguiente el precio el único factor determinante de la adjudicación (expresamente se mencionan los servicios de ingeniería y arquitectura, contratos de servicios sociales, sanitarios o educativos y servicios intensivos en mano de obra.

En algunos supuestos excepcionales, la Ley 9/2017 exige que los criterios de calidad representen, al menos, el 51% de la puntuación asignable en la valoración de las ofertas, esto es, que tengan más peso que los criterios relativos a los costes: contratos de carácter intelectual, servicios jurídicos, de investigación y seguridad y el resto de los servicios previstos en el Anexo IV de la Ley 9/2017.

Cuando el pliego contemple una pluralidad de criterios se dará preponderancia a aquellos que puedan **valorarse mediante cifras o porcentajes obtenidos a través de la mera aplicación de las fórmulas** establecidas en los pliegos. Este es el caso de los precios, pero también de numerosos criterios de calidad.

No obstante, es inevitable que ciertos criterios de calidad no puedan ser apreciados más que de un **juicio de valor**, para lo que se definen ciertas garantías: 1) los criterios sujetos a juicios de valor no deben ser preponderantes; 2) los operadores económicos deben separar sus proposiciones: en un sobre se presentan la parte de las proposiciones que se someten a juicio de valor, y en otro sobre, la parte sujeta a valoración mediante cifras o porcentajes obtenidos a través de la mera aplicación de las fórmulas. El primer sobre se abre antes, y se valor antes de la apertura del último, para que el juicio de valor no se vea "contaminado" por la información relativa a los puntos necesarios en el juicio de valor para ganar la licitación (es más, si se incluye en el primer sobre información sobre la proposición sujeta a fórmula, el licitador debe ser excluido); y 3) Para el juicio de valor, se llega incluso a exigir, en algunos supuestos, que la valoración de la proposiciones sujetas a juicios de valor se realice por un comité formado por expertos con cualificación apropiada, que cuente con un mínimo de tres miembros, que podrán pertenecer a los servicios dependientes del órgano de contratación, pero en ningún caso podrán estar adscritos al órgano proponente del contrato.

Un posible criterio de adjudicación es la oferta de **mejoras**, definidas como prestaciones adicionales a las que figuraban definidas en el proyecto y en el pliego de prescripciones técnicas, sin que puedan alterar la naturaleza de las prestaciones, ni el objeto del contrato. Sólo podrán ser objeto de valoración si están expresamente previstas en el pliego como criterio de adjudicación y se fije, de manera ponderada, con concreción, los requisitos, límites, modalidades y características de las mismas, así como su necesaria vinculación con el objeto del contrato. No podrá asignarse una valoración superior al 2,5%. Las mejoras propuestas por el adjudicatario pasarán a formar parte del contrato y no podrán ser objeto de modificación.

Los órganos de contratación podrán establecer en los pliegos de cláusulas administrativas particulares **criterios de adjudicación específicos para el desempate** en los casos en que, tras la aplicación de los criterios de adjudicación, se produzca un empate entre dos o más ofertas. Si el Pliego no determina los criterios, se aplicarán los previstos en la Ley 9/2017: 1) mayor porcentaje de trabajadores con discapacidad o en situación de exclusión social; 2) menor porcentaje de contratos temporales; 3) mayor porcentaje de mujeres empleadas; y 4) el sorteo, en caso de que la aplicación de los anteriores criterios no hubiera dado lugar a desempate (art. 147).

2. *Ofertas anormalmente bajas*

El órgano de contratación sólo puede excluir una oferta por haber sido formulada en términos que la hacen anormalmente baja tras la instrucción del correspondiente procedimiento (art. 149). Ya no existen automatismos en la exclusión de estas ofertas, ya que se pretende proteger la concurrencia del mayor número de licitadores, y favorecer las ofertas con la mejor relación calidad-precio.

Corresponde a la mesa de contratación identificar las ofertas que se presuman anormalmente bajas de acuerdo con los criterios recogidos en los pliegos, que deberán ser objetivos y proporcionados. En relación con el precio, lo habitual es que el umbral de anormalidad se defina por referencia al conjunto de ofertas válidas que se hayan presentado (por ejemplo, las ofertas que sean inferiores en más de 20 puntos a la media aritmética de las ofertas presentadas).

Cuando la mesa de contratación identifique una oferta incursa en presunción de anormalidad, deberá requerir al licitador dándole plazo suficiente para que elimine la presunción demostrando la viabilidad de la oferta. La viabilidad se demuestra mediante la presentación de aquella información y documentos que resulten pertinentes, por ejemplo, desglosando razonada y detalladamente el bajo nivel de los precios.

Si el órgano de contratación, considerando la justificación efectuada por el licitador y los informes técnicos, estimase que la información recabada no explica satisfactoriamente el bajo nivel de los precios o costes propuestos por el licitador y que, por lo tanto, la oferta no puede ser cumplida como consecuencia de la inclusión de valores anormales, la excluirá de la clasificación. El órgano de contratación rechazará en todo caso la oferta si comprueba que es anormalmente baja porque vulnera la normativa sobre subcontratación o no cumple las obligaciones aplicables en materia medioambiental, social o laboral, nacional o internacional, incluyendo el incumplimiento de los convenios colectivos sectoriales vigentes.

Cuando una empresa que hubiese estado incursa en presunción de anormalidad hubiera resultado adjudicataria del contrato, al haber justificado el bajo precio, el órgano de contratación realiza un seguimiento pormenorizado de la ejecución del mismo, con el objetivo de garantizar la correcta ejecución del contrato sin que se produzca una merma en la calidad de las prestaciones.

3. Propuesta de adjudicación, adjudicación y formalización

Aplicados los criterios de adjudicación, la mesa de contratación clasificará, por orden decreciente, las proposiciones presentadas para posteriormente elevar la correspondiente **propuesta de adjudicación** al órgano de contratación. Para realizar la citada clasificación, se atenderá a los criterios de adjudicación en el pliego, pudiéndose solicitar para ello cuantos informes técnicos se estime pertinentes. La propuesta no es objeto de recurso, ya que es un mero acto de trámite

Si la mesa de contratación, o en su defecto, el órgano de contratación, tuviera indicios fundados de conductas colusorias en el procedimiento de contratación, en el sentido definido en la Ley 15/2007, de Defensa de la Competencia, los trasladará con carácter previo a la adjudicación a la Comisión Nacional de los Mercados y la Competencia o, en su caso, a la autoridad de competencia autonómica, a efectos de que a través de un procedimiento sumarísimo se pronuncie. La remisión de dichos indicios tiene efectos suspensivos en el procedimiento de contratación.

Una vez aceptada la propuesta de la mesa por el órgano de contratación, se requerirá al licitador que haya presentado la mejor oferta para que, dentro del plazo de diez días hábiles presente la documentación justificativa de la capacidad de contratar. De no cumplimentarse adecuadamente el requerimiento, se entenderá que el licitador ha retirado su oferta, exigiéndosele como penalidad el 3% del presupuesto base de licitación, IVA excluido, y se procederá a recabar la misma documentación al licitador siguiente, por el orden en que hayan quedado clasificadas las ofertas.

El órgano de contratación adoptará **resolución de adjudicación del contrato** dentro de los cinco días hábiles siguientes a la recepción de la documentación. La resolución de adjudicación deberá ser motivada y se notificará a los candidatos y licitadores, debiendo ser publicada en el perfil de contratante en el plazo de 15 días. Este acto es el que es objeto de recurso, y en particular del recurso especial en materia de contratación.

Los contratos que celebren las Administraciones Públicas requieren **formalización** en documento administrativo que se ajuste con exactitud a las condiciones de la licitación. Los contratos que celebren los poderes adjudicadores, a excepción de los contratos menores y de los contratos basados en un acuerdo marco y los contratos específicos en el marco de un sistema dinámico de adquisición, a los que nos referimos en el siguiente epígrafe, se perfeccionan con su formalización Si el contrato es susceptible de recurso especial en materia de contratación, la formalización no podrá efectuarse antes de que transcurran quince días hábiles desde que se remita la notificación de la adjudicación a los licitadores y candidatos. Las entidades del sector público no podrán contratar verbalmente, salvo que el contrato tenga, carácter de emergencia.

Salvo contadas excepciones, como los contratos menores, no podrá procederse a la ejecución del contrato con carácter previo a su formalización. Si el contrato no se formaliza por causa imputable al adjudicatario, se entenderá que el licitador ha retirado su oferta, exigiéndosele como penalidad el 3% del presupuesto base de licitación, y se procederá a recabar la misma documentación al siguiente licitador. Si las causas de la no formalización son imputables a la Administración, se indemnizará al contratista de los daños y perjuicios que la demora le pudiera ocasionar. La formalización de los contratos debe publicarse en el perfil de contratante del órgano de contratación.

En cualquier caso, el contratista podrá solicitar que el contrato se eleve a escritura pública, corriendo de su cargo los correspondientes gastos. En ningún caso se podrán incluir en el documento en que se formalice el contrato cláusulas que impliquen alteración de los términos de la adjudicación

4. Racionalización de la contratación

Los órganos de contratación del sector público podrán celebrar **acuerdos marco** con una o varias empresas con el fin de fijar las condiciones a que habrán de ajustarse los futuros contratos que pretendan adjudicar durante un período futuro de máximo cuatro años, en particular por lo que respecta a los precios, y en su caso, a las cantidades previstas (arts. 219-222). Adjudicado el acuerdo marco, debe perfeccionarse posteriormente un acuerdo basado en el acuerdo marco, acuerdo que se adjudicara según lo previsto en el acuerdo marco: bien directamente, bien con licitación. La licitación es necesaria si el acuerdo marco no contempla todos los términos de la prestación.

Los órganos de contratación podrán articular **sistemas dinámicos de adquisición** de obras, servicios y suministros de uso corriente cuyas características, generalmente disponibles en el mercado, satisfagan sus necesidades (arts. 223-226). El sistema dinámico de adquisición es un proceso totalmente electrónico, con una duración limitada y determinada en los pliegos, y debe estar abierto durante todo el período de vigencia a cualquier empresa interesada que cumpla los criterios de selección.

Las entidades del sector público podrán centralizar la contratación de obras, servicios y suministros, atribuyéndola a servicios especializados, denominados **centrales de contratación** (arts. 227-230). Las centrales de contratación actuarán adquiriendo suministros y servicios para otros entes del sector público, o adjudicando contratos o celebrando acuerdos marco y sistemas dinámicos de adquisición para la realización de obras, suministros o servicios destinados a los mismos. El Ministro de Hacienda puede imponer la contratación centralizada los suministros, obras y servicios que se contraten de forma general y con características esencialmente homogéneas determinando las condiciones en las que se producirá el proceso de centralización. El órgano de contratación del sistema estatal de contratación centralizada es la Junta de Contratación Centralizada, adscrita a la Dirección General de Racionalización y Centralización de la Contratación del Ministerio de Hacienda.

BIBLIOGRAFÍA: MEDINA ARNAIZ, *Las prohibiciones de contratar desde una perspectiva europea*, Aranzadi, 2018; PALOMAR OLMEDA, *Contratación administrativa electrónica*, Aranzadi, 2018; VÁZQUEZ MATILLA y RAZQUÍN LIZARRAGA, *La adjudicación de los contratos públicos en la nueva Ley de Contratos del Sector Público*, Aranzadi, 2017;

Capítulo 3

EJECUCIÓN Y EXTINCIÓN DEL CONTRATO

JUAN JOSÉ MONTERO PASCUAL

SUMARIO:

RESUMEN: En este Capítulo se estudia el régimen de ejecución del contrato con especial atención a su precio y a la cesión y subcontratación y a las prerrogativas de la Administración, en especial la modificación del contrato. Se estudia también las patologías que llevan a la extinción anticipada del contrato o a su invalidez.

PALABRAS CLAVE: Precio, cesión del contrato, subcontratación, modificación del contrato, resolución del contrato, invalidez, revisión de oficio, recurso especial en materia de contratación.

I. LA EJECUCIÓN DEL CONTRATO

1. Ejecución

Los contratos de las Administraciones Públicas se rigen, en cuanto a sus efectos, por la Ley 9/2017, sus disposiciones de desarrollo y, supletoriamente, se aplicarán las restantes normas de derecho administrativo y, en su defecto, las normas de derecho privado. Recordamos que las Directivas se limitan a ordenar la preparación y adjudicación de los contratos del sector público, no sus efectos, con excepción de la modificación de los contratos, en cuanto pueden llegar a subvertir las normas en materia de adjudicación.

Los efectos de los contratos celebrados por los poderes adjudicadores que no pertenecen a la categoría de Administraciones Públicas se rigen por normas de derecho privado, con excepciones en las que es de aplicación del régimen previsto en la Ley 9/2017 para los contratos de las Administraciones Públicas: 1) las normas sobre las condiciones de pago; 2) la modificación del contrato; 3) la cesión; y 4) la subcontratación.

Los efectos de los contratos de las entidades del Sector Público que no ostenten la condición de poder adjudicador se regulan por las normas de derecho privado que les resulten de aplicación.

La regla general es que la ejecución del contrato se realizará a riesgo y ventura del contratista (art. 197). El contratista tiene la obligación de ejecutar las prestaciones previstas en los pliegos. Los órganos de contratación tomarán las medidas pertinentes para garantizar que en la ejecución de los contratos los contratistas cumplen las obligaciones aplicables en materia medioambiental, social o laboral establecidas en el derecho de la Unión Europea, el derecho nacional, los convenios colectivos o por las disposiciones de derecho internacional medioambiental, social y laboral que vinculen al Estado.

El contratista es **responsable** y debe indemnizar todos los daños y perjuicios que se causen a terceros como consecuencia de la ejecución del contrato (art. 196). Cuando los daños y perjuicios se ocasionen como consecuencia inmediata y directa de una orden de la Administración, será ésta responsable. Los terceros pueden requerir previamente, dentro del año siguiente a la producción del hecho, al órgano de contratación para que este, oído el contratista, informe sobre a cuál de las partes contratantes corresponde la responsabilidad de los daños. El ejercicio de esta facultad interrumpe el plazo de prescripción de la acción.

2. *Abono del precio*

A cambio de su prestación, el contratista tiene derecho al abono del precio convenido por la Administración. El pago del precio puede hacerse de manera total, pero también de forma parcial, mediante abonos a cuenta o, en el caso de contratos de tracto sucesivo, mediante pago en cada uno de los vencimientos que se hubiesen estipulado.

El abono del precio por la entidad contratante deberá producirse dentro de los treinta días siguientes a la fecha de aprobación de las certificaciones de obra o de los documentos que acrediten la conformidad con lo dispuesto en el contrato de los bienes entregados o servicios prestados. Para que inicie el cómputo del plazo de treinta días, el contratista deberá haber cumplido la obligación de presentar la factura electrónica ante el registro administrativo correspondiente, en tiempo y forma, en el plazo de treinta días desde la fecha de entrega efectiva de las mercancías o la prestación del servicio.

Si la entidad contratante se **demora** en el pago más de treinta días, debe abonar al contratista los intereses de demora y la indemnización por los costes de cobro en los términos previstos en la Ley 3/2004 por la que se establecen medidas de lucha contra la morosidad en las operaciones comerciales. Transcurrido el plazo, los contratistas podrán reclamar por escrito a la Administración contratante el cumplimiento de la obligación de pago. Si, transcurrido el plazo de un mes, la Administración no hubiera contestado, se entenderá reconocido el vencimiento del plazo de pago y los interesados podrán formular recurso contencioso-administrativo contra la inactividad de la Administración, pudiendo solicitar como medida cautelar el pago inmediato de la deuda. El órgano judicial adoptará la medida cautelar, salvo que la Administración acredite que no concurren las circunstancias que justifican el pago o que la cuantía reclamada no corresponde a la que es exigible, en cuyo caso la medida cautelar se limitará a esta última. La sentencia condenará en costas a la Administración demandada en el caso de estimación total de la pretensión de cobro.

Si la demora en el pago fuese superior a cuatro meses, el contratista podrá proceder a la suspensión del cumplimiento del contrato, debiendo comunicarlo a la Administración, con un mes de antelación. Si la demora de la Administración fuese superior a seis meses, el contratista tendrá derecho, asimismo, a resolver el contrato y al resarcimiento de los perjuicios que como consecuencia de ello se le originen

El contratista puede **ceder** a terceros el derecho de cobro. Es requisito imprescindible la notificación fehaciente a la Administración del acuerdo de cesión. Una vez que la Administración tenga conocimiento del acuerdo de cesión, el mandamiento de pago habrá de ser expedido a favor del cesionario.

3. Ejecución de los contratos típicos

El **contrato de obras** presenta algunas particularidades en su ejecución (arts. 231 y ss.). Elemento fundamental es el **proyecto de la obra**, que puede realizar el órgano de contratación, pero que por regla general se contrata para su realización por un tercero, y de forma separada a la ejecución de la obra. El proyecto incluye el pliego de prescripciones técnicas para el posterior contrato de obras, planos, presupuesto, programa de desarrollo de los trabajos, etc. Aprobado el proyecto, se realiza el **replanteo**, que consiste en comprobar los elementos básicos para el contrato de obras a celebrar, como la disponibilidad de los terrenos.

Formalizado el contrato de obras, la ejecución comienza con el **acta de comprobación del replanteo**: el órgano de contratación, con la presencia del contratista, comprobará que el replanteo se realizó correctamente, y se levantará acta firmada por ambas partes. Si todo es correcto, el contratista debe presentar un **programa de trabajo**, de acuerdo con lo previsto en los pliegos. El contratista puede entonces empezar los trabajos, bajo las instrucciones de la **Dirección facultativa** de las obras, que irá interpretando los pliegos, y que podrá dirigir instrucciones por escrito al contratista.

La regla general es que el contratista ejecuta las obras a su **riesgo y ventura**, pero a diferencia del contrato civil de obra, en los contratos del sector público el órgano de contratación indemnizará al contratista por los daños y perjuicios ocasionados por fuerza mayor. Como regla general, con carácter mensual el órgano de contratación expide certificaciones de la obra ejecutada e irá realizando pagos a cuenta. Cuando se complete la obra, concurre un facultativo designado por el órgano de contratación, la dirección facultativa y el contratista para aprobar la **certificación final** de las obras, se levanta acta al efecto, y se procede al abono de la cuenta de liquidación. El contratista es responsable de los vicios ocultos por un plazo de 15 años a partir de la recepción de la obra.

También el **contrato de concesión de obras** presenta especificidades (arts. 247 y ss.), a fin de garantizar que el concesionario está en posición de asumir el coste total o parcial de las obras con los ingresos derivados de su explotación. Un ejemplo son las concesiones de autopistas, que incluyen la construcción de la obra y la posterior explotación de la misma imponiendo peajes para satisfacer el coste de construcción y mantenimiento de la obra. Para empezar, el contrato debe ir precedido de un **estudio de viabilidad** en el que el órgano de contratación las ventajas de utilizar este contrato, previsiones de demanda, riesgos, coste y financiación y evaluación del riesgo operacional. Podrá seguir, si la concesión es compleja, un **anteproyecto de construcción y explotación**, antes de la redacción, aprobación y replanteo del **proyecto de obras**.

La ejecución de las obras se realizará según lo previsto para el contrato de obras. Específico es el régimen concesional, que otorga al contratista. El contratista estará obligado a 1) la conservación de las obras; 2) admitir la utilización de las obras por todo usuario de acuerdo con los principios de igualdad, universalidad y no discriminación; 3) indemnizar los daños que se ocasionen a terceros por causa de la ejecución de las obras o de su explotación, cuando le sean imputables; 4) asumir el **secuestro** o intervención de la concesión por el órgano de contratación que, siempre de forma temporal, explotará la obra y cobrará la tarifa, en los casos en que el concesionario no pueda hacer frente, temporalmente y con grave daño social, a la explotación de la obra por causas ajenas al mismo o incurriese en un incumplimiento grave de sus obligaciones que pusiera en peligro dicha explotación; y 5) asumir el **rescate** de la concesión: declaración unilateral del órgano contratante, adoptada por razones de interés público, por la que dé por terminada la concesión, no obstante la buena gestión de su titular, para su gestión directa por la Administración. El rescate de la concesión requerirá la acreditación de que dicha gestión directa es más eficaz y eficiente que la concesional.

El contratista tiene los siguientes derechos: 1) el derecho a explotar las obras y percibir la **tarifa** por uso prevista en el contrato durante el tiempo de la concesión como contraprestación económica (la tarifa tiene naturaleza de prestación patrimonial pública de carácter no tributario); 2) el derecho a ceder la concesión y a hipotecar la misma, como instrumentos de financiación de las obras; y 3) el derecho al mantenimiento del **equilibrio económico** de la concesión cuando el órgano de contratación modifique el contrato, se adopte una medida pública que afecte al contrato (una ley, por ejemplo) o por fuerza mayor. El equilibrio puede alcanzarse incrementando la tarifa, alargando la duración del contrato u otras medidas.

El **contrato de servicios** no presente grandes peculiaridades en su ejecución, salvo en aquellos supuestos en los que incluya prestaciones directas a favor de la ciudadanía (art. 312). Sería el caso, por ejemplo, de un servicio de transporte público en autobús en el que el riesgo lo asume el órgano contratante, que retribuye un fijo al contratista por cada trayecto, independientemente del número de viajeros. En estos casos, antes de proceder a la contratación debe declararse expresamente que la actividad queda asumida por la Administración como propia de la misma, determinar el alcance de las prestaciones en favor de los administrados, y regular los aspectos de carácter jurídico, económico y administrativo relativos a la prestación del servicio.

El adjudicatario está sujeto a las obligaciones de prestar el servicio con la continuidad convenida y garantizar a los particulares el derecho a utilizarlo en las condiciones que hayan sido establecidas y mediante el abono en su caso de la contraprestación económica fijada; de cuidar del buen orden del servicio; de indemnizar los daños que se causen a terceros como consecuencia de las operaciones que requiera el desarrollo del servicio, con la salvedad de aquellos que sean producidos por causas imputables a la Administración; y de entregar, en su caso, las obras e instalaciones a que esté obligado con arreglo al contrato en el estado de conservación y funcionamiento adecuados. Si del incumplimiento por parte del contratista se derivase perturbación grave y no reparable en el servicio y la Administración no decidiese la resolución del contrato, podrá acordar el secuestro o intervención. La Administración conservará los poderes de policía necesarios para asegurar la buena marcha de los servicios.

El **contrato de concesión de servicios** se diferencia del contrato de servicios, especialmente del que incluye prestaciones directas a favor de la ciudadanía, en que el riesgo operativo es asumido por el contratista, y no por el órgano contratante (arts. 284-297). Sería el caso de servicios de transporte público en autobús en los que el riesgo de que haya más o menos viajeros es asumido por el contratista. Al contrato de concesión de servicios se le aplica supletoriamente el régimen del contrato de concesión de obras. Estos contratos permiten a la Administración gestionar indirectamente los servicios de su titularidad que no implique el ejercicio de autoridad pública.

Antes de proceder a la contratación de una concesión de servicios, en los casos en que se trate de servicios públicos, deberá haberse establecido su régimen jurídico, que declare expresamente que la actividad de que se trata queda asumida por la Administración respectiva como propia de la misma, determine el alcance de las prestaciones en favor de los administrados, y regule los aspectos de carácter jurídico, económico y administrativo relativos a la prestación del servicio. Debe también realizarse un **estudio de viabilidad**. Los pliegos deben fijar con detalle el servicio a prestar al público, la calidad, la tarifa a cobrar al público, el canon, en su caso a pagar a la Administración y la distribución de riesgos con la Administración, bien entendido que el riesgo operacional debe corresponde en todo caso al contratista.

El contratista estará obligado a 1) prestar el servicio con la continuidad convenida y garantizar a los particulares el derecho a utilizarlo en las condiciones que hayan sido establecidas y mediante el abono, en su caso, de la contraprestación económica comprendida en las tarifas aprobadas. En caso de extinción del contrato por cumplimiento del mismo, el contratista deberá seguir prestando el servicio hasta que se formalice el nuevo contrato; 2) cuidar del buen orden del servicio, pudiendo dictar las oportunas instrucciones; 3) indemnizar los daños que se cause a terceros como consecuencia de las operaciones que requiera el desarrollo del servicio, excepto cuando el daño sea producido por causas imputables a la Administración; 4) cuando el contrato recaiga sobre un servicio público, asumir el **secuestro** o intervención de la concesión por el órgano de contratación que, siempre de forma temporal, explotará el servicio y cobrará la tarifa, en los casos en que el concesionario no pueda hacer frente, temporalmente y con grave daño social, a la explotación por causas ajenas al mismo o incurriese en un incumplimiento grave de sus obligaciones que pusiera en peligro dicha explotación; y 5) asumir el **rescate** de la concesión: declaración unilateral del órgano contratante, adoptada por razones de interés público, por la que dé por terminada la concesión, no obstante la buena gestión de su titular, para su gestión directa por la Administración. El rescate de la concesión requerirá la acreditación de que dicha gestión directa es más eficaz y eficiente que la concesional.

El contratista tiene los siguientes derechos: 1) el derecho a explotar el servicio y percibir la **tarifa** prevista en el contrato durante el tiempo de la concesión como contraprestación económica (la tarifa tiene naturaleza de prestación patrimonial pública de carácter no tributario); y 2) el derecho al mantenimiento del **equilibrio económico** de la concesión cuando el órgano de contratación modifique el contrato, se adopte una medida pública que afecte al contrato (*factum principis*) o por fuerza mayor. El equilibrio puede alcanzarse incrementando la tarifa, alargando la duración del contrato u otras medidas.

Finalmente, el **contrato de suministro** presenta las siguientes especificidades. El contratista estará obligado a entregar los bienes en el tiempo y lugar fijados en el contrato y de conformidad con las prescripciones técnicas y cláusulas administrativas. El adjudicatario no tendrá derecho a indemnización por causa de pérdidas, averías o perjuicios ocasionados en los bienes antes de su entrega a la Administración, salvo que ésta hubiere incurrido en mora al recibirlos. Cuando el acto formal de la recepción de los bienes, de acuerdo con las condiciones del pliego, sea posterior a su entrega, la Administración será responsable de la custodia de los mismos durante el tiempo que medie entre una y otra. Una vez recibidos de conformidad por la Administración bienes o productos perecederos, será esta responsable de su gestión, uso o caducidad, sin perjuicio de la responsabilidad del suministrador por los vicios o defectos ocultos de los mismos. El adjudicatario tendrá derecho al abono del precio de los suministros efectivamente entregados y formalmente recibidos por la Administración con arreglo a las condiciones establecidas en el contrato.

4. *Cesión y subcontratación*

La **cesión del contrato** es una novación subjetiva del contrato en la que mediante un negocio jurídico bilateral, el contratista cede al cesionario todos los derechos y obligaciones dimanantes del contrato. La Administración no es parte en el negocio de cesión del contrato, no obstante, debe autorizarlo de acuerdo con los previsto en el artículo 214 de la Ley 9/2017.

La cesión del contrato sólo es posible si está prevista en los pliegos. Los pliegos deben establecer que los derechos y obligaciones dimanantes del contrato podrán ser cedidos por el contratista a un tercero siempre que las cualidades técnicas o personales del cedente no hayan sido razón determinante de la adjudicación del contrato, y de la cesión no resulte una restricción efectiva de la competencia en el mercado.

Para que los contratistas puedan ceder sus derechos y obligaciones a terceros, los pliegos deberán contemplar, como mínimo, la exigencia de los siguientes requisitos: 1) que el órgano de contratación autorice la cesión de forma previa y expresa (la autorización se otorgará siempre que se cumplan los requisitos), para lo que dispone de un plazo de dos meses, trascurrido el cual deberá entenderse otorgada por silencio administrativo; 2) que el cedente tenga ejecutado al menos un 20% del importe del contrato o, cuando se trate de un contrato de concesión de obras o concesión de servicios, que haya efectuado su explotación durante al menos una quinta parte del plazo de duración del contrato; 3) que el cesionario tenga capacidad para contratar con la Administración y la solvencia que resulte exigible, y no estar incurso en una causa de prohibición de contratar; y 4) que la cesión se formalice, entre el adjudicatario y el cesionario, en escritura pública.

La **subcontratación** es el acuerdo de naturaleza privada del contratista con un tercero para que realice parcialmente las prestaciones previstas en el contrato con una entidad del sector público (arts. 215-217 Ley 9/2017). La subcontratación no supone novación contractual, pues el contratista sigue siendo el mismo y sigue asumiendo la plena responsabilidad en la ejecución del contrato ante el órgano de contratación. Como consecuencia, los subcontratistas quedan obligados sólo ante el contratista, y no ante el órgano de contratación.

La subcontratación está sometida a los siguientes requisitos: 1) si así se prevé en los pliegos, los licitadores deberán indicar en la oferta la parte del contrato que tengan previsto subcontratar; 2) el contratista deberá comunicar por escrito al órgano de contratación la intención de celebrar los subcontratos; 3) los subcontratos que no se ajusten a lo indicado en la oferta, por celebrarse con empresarios distintos de los indicados nominativamente en la misma o por referirse a partes de la prestación diferentes a las señaladas en ella, no podrán celebrarse hasta que transcurran veinte días desde que se hubiese cursado la notificación y aportado las justificaciones; 4) en los contratos de carácter secreto o reservado, o en aquellos cuya ejecución deba ir acompañada de medidas de seguridad especiales de acuerdo con disposiciones legales o reglamentarias o cuando lo exija la protección de los intereses esenciales de la seguridad del Estado, la subcontratación requerirá siempre autorización expresa del órgano de contratación; 5) en los contratos de obras, los contratos de servicios o los servicios o trabajos de colocación o instalación en el contexto de un contrato de suministro, los órganos de contratación podrán establecer en los pliegos que determinadas tareas críticas no puedan ser objeto de subcontratación, debiendo ser estas ejecutadas directamente por el contratista principal. La determinación de las tareas críticas deberá ser objeto de justificación en el expediente de contratación.

El incumplimiento de estos requisitos podrá tener dos consecuencias, cuando esté previsto en los pliegos: 1) la imposición al contratista de una penalidad de hasta un 50% del importe del subcontrato; e incluso 2) la resolución del contrato.

La Ley 9/2017 muestra especial preocupación por el cumplimiento de la obligación de pago del precio por el contratista al subcontratista. Se quiere evitar que el subcontratista cese sus labores y se interrumpa la contraprestación por impago. Así, la Ley 9/2017 exige el pronto pago del precio por el contratista al subcontratista, y se otorga a la Administración la potestad de comprobar que se realizan los pagos por el contratista a los subcontratistas, obligando al contratista a remitir justificante de cumplimiento de los pagos, siendo estas actuaciones obligatorias cuando el precio de los contratos supere ciertos umbrales.

II. PRERROGATIVAS DE LA ADMINISTRACIÓN

1. Prerrogativas

Ya desde el Decreto de 1852, la contratación pública se distingue de la privada por el privilegio de autotutela que beneficia a la Administración. Fruto de este privilegio son las denominadas prerrogativas de la Administración en la contratación. Estas prerrogativas han determinado tradicionalmente el régimen de ejecución de los contratos públicos, y la Ley 9/2017 sigue haciendo referencia expresa a las prerrogativas en sus artículos 190 y 191.

El órgano de contratación ostenta las prerrogativas de: 1) interpretar los contratos administrativos; 2) resolver las dudas que ofrezca su cumplimiento; 3) modificarlos por razones de interés público; 4) declarar la responsabilidad imputable al contratista a raíz de la ejecución del contrato; 5) suspender la ejecución del mismo, y 6) acordar su resolución y determinar los efectos de esta.

La Ley 9/2017 define una serie de garantías procedimentales para el ejercicio de las prerrogativas de la administración: 1) deberá darse audiencia al contratista; 2) será preceptivo el informe del servicio jurídico correspondiente; y 3) será preventivo el dictamen del Consejo de Estado u órgano autonómico equivalente cuando el contratista se oponga a la interpretación, nulidad o resolución del contrato.

No obstante, la principal de estas prerrogativas, la de modificación de los contratos (el denominado *ius variandi*) se ha visto severamente limitada por efecto de las Directivas de la Unión Europea.

2. Modificación del contrato

El *ius variandi* fue históricamente la prerrogativa de la Administración por excelencia, que permitía a la Administración modificar unilateralmente los contratos después de su formalización, siempre con el fin teórico de defender el interés público. La práctica, sin embargo, había degenerado en un mecanismo para evitar la competencia en el procedimiento de adjudicación: se adjudicaba un contrato en determinadas condiciones, pero una vez adjudicado se modificaba, transformándose en un nuevo contrato, normalmente de mayor cuantía y más oneroso para la Administración.

Las Directivas de la Unión Europea han acotado decisivamente la potestad de los poderes adjudicadores (sean Administración Pública o no) para modificar los contratos. Por una parte, sólo se permite modificar contratos en las condiciones claramente previstas en los pliegos y con restricciones. Por otra parte, la posibilidad de modificar los contratos sin que esté previsto en los pliegos se limita extraordinariamente a casos excepcionales acotados en la Ley. Además, todas las modificaciones deberán formalizarse y publicarse, a fin de garantizar la transparencia. Así se incorpora a la Ley 9/2017 (arts. 203-207).

Cabe modificar los contratos introduciendo **modificaciones previstas en el pliego** de cláusulas administrativas particulares de forma clara, precisa e inequívoca indicando: 1) su alcance, límites y naturaleza; 2) las condiciones en que podrá hacerse uso de la misma por referencia a circunstancias cuya concurrencia pueda verificarse de forma objetiva; y 3) el procedimiento que haya de seguirse para realizar la modificación.

La modificación está sujeta a limitaciones: 1) no puede modificar el tipo de contrato; 2) no puede modificar las obras, suministros o servicios; 3) no puede modificar más de un 20% del precio inicial del contrato; y 4) no puede suponer el establecimiento de precios no previstos en el contrato.

Las modificaciones acordadas por el órgano de contratación serán obligatorias para los contratistas cuando impliquen, aislada o conjuntamente, una alteración en su cuantía que no exceda del 20% del precio inicial del contrato, IVA excluido

Sólo en casos excepcionales tasados en la Ley 9/2017 es posible introducir **modificaciones no previstas en el pliego** de cláusulas administrativas particulares. La modificación será acordada por el órgano de contratación previa conformidad por escrito del mismo, resolviéndose el contrato, en caso contrario. Estos son los supuestos excepcionales en los que es posible modificar el contrato:

Primero, cuando deviniera necesario añadir obras, suministros o servicios adicionales a los inicialmente contratados, siempre y cuando se den dos requisitos: 1) que el cambio de contratista no fuera posible por razones de tipo económico o técnico, por ejemplo que obligara al órgano de contratación a adquirir obras, servicios o suministros con características técnicas diferentes a los inicialmente contratados, cuando estas diferencias den lugar a incompatibilidades o a dificultades técnicas de uso o de mantenimiento que resulten desproporcionadas; y, asimismo, que el cambio de contratista generara inconvenientes significativos o un aumento sustancial de costes para el órgano de contratación; 2) que la modificación del contrato implique una alteración en su cuantía que no exceda, aislada o conjuntamente con otras modificaciones, del 50% de su precio inicial, IVA excluido.

Segundo, cuando la necesidad de modificar un contrato vigente se derive de circunstancias sobrevenidas y que fueran imprevisibles en el momento en que tuvo lugar la licitación del contrato, siempre y cuando se cumplan las tres condiciones siguientes: 1) que la necesidad de la modificación se derive de circunstancias que una Administración diligente no hubiera podido prever; 2) que la modificación no altere la naturaleza global del contrato; y 3) que la modificación del contrato implique una alteración en su cuantía que no exceda, aislada o conjuntamente con otras modificaciones acordadas conforme a este artículo, del 50% de su precio inicial, IVA excluido.

Tercero, cuando las modificaciones no sean sustanciales. En este caso se tendrá que justificar especialmente la necesidad de las mismas, indicando las razones por las que esas prestaciones no se incluyeron en el contrato inicial. Una modificación de un contrato se considerará sustancial cuando tenga como resultado un contrato de naturaleza materialmente diferente al celebrado en un principio. En cualquier caso, una modificación se considerará sustancial cuando se cumpla una o varias de las condiciones siguientes: 1) que la modificación introduzca condiciones que, de haber figurado en el procedimiento de contratación inicial, habrían permitido la aceptación de una oferta distinta a la aceptada o habrían atraído a más participantes en el procedimiento de contratación; 2) que la modificación altere el equilibrio económico del contrato en beneficio del contratista de una manera que no estaba prevista en el contrato inicial; y 3) que la modificación amplíe de forma importante el ámbito del contrato, cosa que ocurrirá si el valor de la modificación suponga una alteración en la cuantía del contrato que exceda del 15% del precio inicial si se trata del contrato de obras, o de un 10% cuando se refiera a los demás contratos.

En cualesquiera otros supuestos, si fuese necesario que un contrato en vigor se ejecutase en forma distinta a la pactada, deberá procederse a su resolución y a la celebración de otro bajo las condiciones pertinentes, en su caso previa convocatoria y sustanciación de una nueva licitación pública.

3. Declaración de incumplimiento

La Administración tiene la prerrogativa de declarar unilateralmente el incumplimiento del contrato y desencadenar las consecuencias jurídicas derivadas de dicho incumplimiento, fruto del privilegio de autotutela.

Cuando el contratista incurra en **incumplimiento parcial** de las prestaciones por causas imputables al mismo, la Administración podrá optar por la imposición de las penalidades previstas en los pliegos o por la resolución del contrato.

Los pliegos podrán prever penalidades para el caso de cumplimiento defectuoso de la prestación objeto del contrato o para el supuesto de incumplimiento de los compromisos o de las condiciones especiales de ejecución del contrato. Estas penalidades deberán ser proporcionales a la gravedad del incumplimiento y las cuantías de cada una de ellas no podrán ser superiores al 10% del precio del contrato, IVA excluido, ni el total de las mismas superar el 50% del precio del contrato.

Cuando el contratista incurra en **demora en la ejecución** del contrato, sea del plazo total o de plazos parciales en su ejecución sucesiva, no será necesaria la intimación previa por la Administración para la constitución en mora del contratista. La Administración podrá optar por la imposición de las penalidades o por la resolución del contrato. La Ley 9/2017 contempla una penalidad diaria de 0,60 euros por cada 1.000 euros del precio del contrato (IVA excluido) (art. 193), aunque el pliego podrá contemplar una penalidad diferente cuando sea necesario. Cada vez que las penalidades por demora alcancen un múltiplo del 5% del precio del contrato, IVA excluido, el órgano de contratación estará facultado para proceder a la resolución del mismo o acordar la continuidad de su ejecución con imposición de nuevas penalidades. Si el retraso fuese producido por motivos no imputables al contratista y este ofreciera cumplir sus compromisos si se le amplía el plazo inicial de ejecución, el órgano de contratación se lo concederá dándosele un plazo que será, por lo menos, igual al tiempo perdido, a no ser que el contratista pidiese otro menor. El responsable del contrato emitirá un informe donde se determine si el retraso fue producido por motivos imputables al contratista.

El responsable del contrato identificará el incumplimiento parcial y la demora en la ejecución y propondrá la imposición de las penalidades correspondientes al órgano de contratación. Si no está prevista penalidad o si la misma no cubriera los daños causados a la Administración, exigirá al contratista la indemnización por daños y perjuicios. La resolución del órgano de contratación será inmediatamente ejecutiva, y las penalidades e indemnizaciones se harán efectivas mediante deducción de las cantidades que, en concepto de pago total o parcial, deban abonarse al contratista o sobre la garantía que se hubiese constituido, cuando no puedan deducirse de los mencionados pagos. Es ésta una importante prerrogativa de la Administración, que no necesita acudir a los Tribunales para hacer efectivo su derecho, fruto del privilegio de autotutela.

4. *Suspensión del contrato*

La Administración goza de la prerrogativa de suspender la ejecución del contrato (art. 208). A tal efecto, extenderá un acta, de oficio o a solicitud del contratista, en la que se consignarán las circunstancias que la han motivado y la situación de hecho en la ejecución del contrato.

Acordada la suspensión, la Administración abonará al contratista los daños y perjuicios efectivamente sufridos. El abono se limitará a los siguientes daños, siempre que se acredite su realidad, efectividad e importe: 1) gastos por mantenimiento de la garantía definitiva; 2) indemnizaciones por extinción o suspensión de los contratos de trabajo que el contratista tuviera concertados para la ejecución del contrato al tiempo de iniciarse la suspensión; 3) gastos salariales del personal que necesariamente deba quedar adscrito al contrato durante el período de suspensión; 4) alquileres o costes de mantenimiento de maquinaria, instalaciones y equipos siempre que el contratista acredite que estos medios no pudieron ser empleados para otros fines distintos de la ejecución del contrato suspendido; 5) gastos correspondientes a las pólizas de seguro previstos en el pliego.

Solo se indemnizarán los períodos de suspensión que estuvieran documentados en la correspondiente acta. El contratista podrá pedir que se extienda dicha acta. Si la Administración no responde a esta solicitud se entenderá, salvo prueba en contrario, que se ha iniciado la suspensión en la fecha señalada por el contratista en su solicitud. El derecho a reclamar prescribe en un año contado desde que el contratista reciba la orden de reanudar la ejecución del contrato.

III. EXTINCIÓN DEL CONTRATO

1. Extinción por cumplimiento del contrato

Los contratos del sector público se extinguen por su cumplimiento (art. 209), lo que constituye el modo ordinario de terminación. El cumplimiento del contrato por el contratista se entiende producido cuando haya realizado, de acuerdo con los términos del mismo y a satisfacción de la Administración, la totalidad de la prestación. La constatación del cumplimiento por la Administración exige un acto formal y positivo de recepción o conformidad, que debe emitirse dentro del mes siguiente a la realización del objeto del contrato por el contratista, o en el plazo que se determine en el pliego por razón de sus características.

Aunque no lo afirme expresamente la Ley 9/2017, el cumplimiento exige igualmente que la Administración ejecute sus obligaciones, principalmente el pago del precio. La Administración está obligada a liquidar el contrato en 30 días tras el acta de recepción o desde la recepción de la factura del contratista, si tiene fecha posterior, abonando el saldo resultante.

La responsabilidad del contratista no se extingue más que transcurrido un plazo de garantía a contar de la fecha de recepción, plazo que se fija en los pliegos. Transcurrido el plazo sin objeciones por la Administración, quedará extinguida la responsabilidad del contratista.

Aprobada la liquidación del contrato y transcurrido el plazo de garantía, si no resultaren responsabilidades se devolverá la garantía constituida o se cancelará el aval o seguro de caución. El acuerdo de devolución deberá adoptarse y notificarse al interesado en el plazo de dos meses desde la finalización del plazo de garantía. Transcurrido el mismo, la Administración deberá abonar al contratista la cantidad adeudada incrementada con el interés legal del dinero correspondiente al período transcurrido desde el vencimiento del citado plazo hasta la fecha de la devolución de la garantía, si esta no se hubiera hecho efectiva por causa imputable a la Administración.

2. *Extinción por resolución del contrato*

El contrato puede extinguirse por resolución, esto es, en virtud de un hecho posterior a la formalización de un contrato válido que determina la extinción del contrato antes del transcurso de plazo previsto para su ejecución, sin la completa realización de su objeto. Subrayamos que la resolución afecta a contratos válidos, esto es, que no están aquejados de causas de invalidez. La Ley 9/2017 identifica las siguientes causas de resolución de los contratos del sector público (art. 211), aunque también se definen causas específicas de resolución en los artículos correspondientes a cada contrato típico.

1) La muerte o incapacidad sobrevenida del contratista individual o la extinción de la personalidad jurídica de la sociedad contratista sin que sea posible la sucesión de la persona jurídica. Cuando la causa de resolución sea la muerte o incapacidad sobrevenida del contratista individual, la Administración podrá acordar la continuación del contrato con sus herederos o sucesores.

2) La declaración de concurso o la declaración de insolvencia en cualquier otro procedimiento. En caso de declaración en concurso la Administración potestativamente continuará el contrato si razones de interés público así lo aconsejan, siempre y cuando el contratista preste las garantías adicionales suficientes para su ejecución

3) El mutuo acuerdo entre la Administración y el contratista. La resolución por mutuo acuerdo solo podrá tener lugar cuando no concurra otra causa de resolución que sea imputable al contratista, y siempre que razones de interés público hagan innecesaria o inconveniente la permanencia del contrato.

4) La demora en el cumplimiento de los plazos por parte del contratista. Cada vez que las penalidades por demora alcancen un múltiplo del 5% del precio del

contrato, el órgano de contratación estará facultado para resolver el contrato, aunque puede acordar la continuidad de su ejecución con imposición de nuevas penalidades. Por el contrario, deberá ser resuelto el contrato cuando el retraso injustificado sobre el plan de trabajos establecido en el pliego sea superior a un tercio del plazo de duración inicial del contrato, incluidas las posibles prórrogas.

5) La demora en el pago por parte de la Administración por plazo superior a seis meses.

6) El incumplimiento de la obligación principal del contrato por el contratista y el incumplimiento de las restantes obligaciones esenciales siempre que estas últimas hubiesen sido calificadas como tales en los pliegos de manera precisa, clara e inequívoca, no siendo admisibles cláusulas de tipo general.

7) La imposibilidad de ejecutar la prestación en los términos inicialmente pactados, cuando no sea posible modificar el contrato conforme a la Ley 9/2017.

8) El impago, durante la ejecución del contrato, de los salarios por parte del contratista a los trabajadores que estuvieran participando en la misma, o el incumplimiento de las condiciones establecidas en los Convenios colectivos en vigor para estos trabajadores también durante la ejecución del contrato.

La resolución del contrato se acordará por el órgano de contratación, de oficio, a instancia del contratista, o a instancia de los representantes de los trabajadores en caso de impago de salarios. Los expedientes de resolución contractual deberán ser instruidos y resueltos en el plazo máximo de ocho meses.

Debe señalarse que la Ley 9/2017 no otorga a la Administración la prerrogativa de resolver el contrato unilateralmente por causa de interés público. Esta prerrogativa existía en la Ley de 1965. No obstante, sí que se contempla la resolución unilateral por interés público en los contratos de concesión de obras y concesión de servicios, bajo la denominación de rescate de la concesión.

3. Efectos de la resolución del contrato

La resolución del contrato tiene diferentes efectos en función de la causa de resolución. Cuando la resolución se produzca por mutuo acuerdo, el acuerdo definirá los efectos de la resolución, y en concreto los derechos y obligaciones de cada parte.

Cuando el contrato se resuelva por incumplimiento culpable del contratista, le será incautada la garantía y deberá, además, indemnizar a la Administración los daños y perjuicios ocasionados en lo que excedan del importe de la garantía incautada. Además, el incumplimiento culpable es causa de prohibición de contratar.

Cuando la resolución del contrato derive de causa atribuible a la Administración, en particular por incumplimiento de sus obligaciones contractuales, por ejemplo el pago del precio, la Administración debe asumir el pago de los daños y perjuicios ocasionados al contratista.

Cuando la resolución deriva de la imposibilidad de cumplir el contrato sin que sea modificado, la Administración indemnizará al contratista por el 3% del importe de la prestación dejada de realizar, salvo que la causa sea imputable al contratista o éste rechace la modificación contractual propuesta por la Administración

La Ley 9/2017 establece cautelas para garantizar la continuidad de la prestación en caso de resolución del contrato. Así, podrá iniciarse el procedimiento para la adjudicación de un nuevo contrato que sustituya al resuelto, si bien la adjudicación de este quedará condicionada a la terminación del expediente de resolución. Se aplicará la tramitación de urgencia a ambos procedimientos.

Hasta que se formalice el nuevo contrato, el contratista quedará obligado a adoptar las medidas necesarias por razones de seguridad, o indispensables para evitar un grave trastorno al servicio público o la ruina de lo construido o fabricado. A falta de acuerdo, la retribución del contratista se fijará a instancia de éste por el órgano de contratación, una vez concluidos los trabajos y tomando como referencia los precios que sirvieron de base para la celebración del contrato. Cuando el contratista no pueda garantizar las medidas indispensables, la Administración podrá intervenir garantizando la realización de dichas medidas bien con sus propios medios, bien a través de un contrato con un tercero.

IV. INVALIDEZ DEL CONTRATO

1. Concepto y causas de invalidez

La invalidez del contrato supone la existencia de una irregularidad del supuesto de hecho contractual, de la que deriva la ineficacia del mismo, esto es, que no produce los efectos previstos en el contrato.

Los contratos celebrados por los poderes adjudicadores, incluidos los contratos subvencionados, serán inválidos en tres escenarios diferentes, según dispone el artículo 38 de la Ley 9/2017. Los contratos celebrados por el sector público que no es poder adjudicador se rigen por el derecho privado, según dispongan sus instrucciones de contratación (art. 321)

Primero, los contratos son inválidos cuando concurra una **causa de nulidad de derecho administrativo**. Son causa de nulidad las previstas en el artículo 47 de la Ley 39/2015, del Procedimiento Administrativo Común de las Administraciones

Públicas, que recordamos, incluye los actos que lesionen los derechos y libertades susceptibles de amparo constitucional; dictados por órgano manifiestamente incompetente; los que tengan un contenido imposible; los que sean constitutivos de infracción penal o se dicten como consecuencia de ésta; los dictados prescindiendo total y absolutamente del procedimiento legalmente establecido o de las normas que contienen las reglas esenciales para la formación de la voluntad de los órganos colegiados; y los actos expresos o presuntos contrarios al ordenamiento jurídico por los que se adquieren facultades o derechos cuando se carezca de los requisitos esenciales para su adquisición.

Además, el artículo 39 de la Ley 9/2017 contiene una lista de causas específicas de nulidad de los contratos que incluye las siguientes: 1) la falta de capacidad de obrar, estar incurso en prohibición de contratar o la falta de solvencia; 2) la carencia o insuficiencia de crédito, salvo los supuestos de emergencia; 3) la falta de publicación del anuncio de licitación; 4) la inobservancia por parte del órgano de contratación del plazo para la formalización del contrato; 5) haber llevado a efecto la formalización del contrato, cuando se hubiese interpuesto el recurso especial en materia de contratación sin respetar la suspensión automática del acto recurrido o la medida cautelar de suspensión; 6) el incumplimiento de las normas para la adjudicación de los contratos basados en un acuerdo marco celebrado con varios empresarios o de los contratos específicos basados en un sistema dinámico de adquisición en el que estuviesen admitidos varios empresarios, siempre que dicho incumplimiento hubiera determinado la adjudicación del contrato de que se trate a otro licitador; 7) el incumplimiento grave de normas de derecho de la Unión Europea en materia de contratación pública declarado por el TJUE; 8) la falta de mención en los pliegos del contenido exigido en la Ley.

Segundo, los contratos son inválidos cuando concurra una **causa de anulabilidad de derecho administrativo**. Son causas de anulabilidad de derecho administrativo las demás infracciones del ordenamiento jurídico y, en especial, las de las reglas contenidas en la presente Ley, de conformidad con lo establecido en el artículo 48 de la Ley 39/2015, del Procedimiento Administrativo Común de las Administraciones Públicas.

En particular, se incluyen entre las causas de anulabilidad a las que se refiere el párrafo anterior, las siguientes: 1) el incumplimiento de las circunstancias y requisitos exigidos para la modificación de los contratos; 2) todas aquellas disposiciones, resoluciones, cláusulas o actos emanados de cualquier poder adjudicador que otorguen, de forma directa o indirecta, ventajas a las empresas que hayan contratado previamente con cualquier Administración; y 3) los encargos que acuerden los poderes adjudicadores para la ejecución directa de prestaciones a través de medios propios, cuando no observen alguno de los requisitos establecidos en la Ley.

Tercero, los contratos son inválidos cuando concurra en ellos alguna de las **causas de invalidez del derecho civil**. La mayor parte de las causas de invalidez en derecho civil, sean de nulidad o de anulabilidad, se solapan con las causas de invalidez de derecho administrativo, por lo que su aplicación será residual. Ejemplos de causas de invalidez de derecho civil son el error como vicio del consentimiento, el dolo o la violencia e intimidación.

2. *Efectos de la invalidez*

La declaración de invalidez puede tener efectos diferentes en función del acto que desencadena la invalidez y el momento en que tenga lugar la declaración de invalidez. Por ejemplo, cabe distinguir entre la anulación de los actos de preparación y adjudicación del contrato, cuando no se haya producido la eficacia del contrato, y los actos que afectan a la ejecución del contrato.

Cuando el acto invalido tiene lugar durante la preparación o adjudicación del contrato, es habitual que el efecto de la declaración de invalidez de un acto en el procedimiento de adjudicación de un contrato sea la **retroacción de actuaciones**. El acto es anulado y el poder adjudicador debe reponer el procedimiento en el momento previo al acto, subsanarlo y continuar con la tramitación. Es el caso, por ejemplo, de la anulación de un acto de exclusión de un licitador por aplicación indebida de una prohibición de contratar, cuando el contrato no se ha formalizado todavía. No obstante, en ocasiones no cabe reponer el procedimiento, sino que el efecto debe ser la **cancelación de la licitación**. Es el caso, por ejemplo, de anulación de un criterio de adjudicación ilegal. Como no cabe modificar los criterios de adjudicación una vez iniciado el procedimiento de adjudicación, sólo cabe repetir la licitación.

Cuando el contrato ya está siendo ejecutado, la declaración de nulidad tiene a menudo el efecto de la **liquidación del contrato**. Es el caso de la declaración de nulidad de los actos preparatorios o de adjudicación del contrato una vez es eficaz, por ejemplo por una declaración judicial que se retrasa en el tiempo pero que se produce cuando el contrato sigue vigente. Las partes deberán restituirse recíprocamente las cosas que hubiesen recibido en virtud del mismo y si esto no fuese posible se devolverá su valor. Significa esto que, que la liquidación no exime al poder adjudicador de pagar el precio de las prestaciones recibidas.

Si la declaración administrativa de nulidad de un contrato produjese un grave trastorno al servicio público, podrá disponerse en el mismo acuerdo la **continuación de los efectos** del contrato y bajo sus mismas cláusulas, hasta que se adopten las medidas urgentes para evitar el perjuicio. La Directiva de recursos especifica que sólo cabe la continuidad del contrato por razones imperiosas de interés general, y que los intereses económicos (costes derivados del retraso en la ejecución del contrato o la convocatoria de una nueva licitación) no son una razón imperiosa, a no ser que la ineficacia del contrato diese lugar a consecuencias desproporcionadas.

Finalmente, la parte que resulte culpable de la invalidez deberá indemnizar a la contraria de los **daños y perjuicios** que haya sufrido. Los daños y perjuicios indemnizables pueden ser muy diferentes. Veamos varios ejemplos. Un licitador, resulte adjudicatario o no, tiene derecho a ser indemnizado por los costes de preparación de una oferta como consecuencia de la cancelación de una licitación por culpa del poder adjudicador. Si ha resultado adjudicatario, puede ser indemnizado por el beneficio industrial dejado de obtener (el 6% del precio de adjudicación es una indemnización habitual ya que estaba prevista en previas normas de contratación, aunque no estén vigentes hoy). Un contratista puede ser indemnizado por los daños y perjuicios derivados de la anulación de la adjudicación, pero no tendrá derecho a una indemnización por el beneficio industrial si la adjudicación no debió producirse.

3. Impugnación de actos inválidos

Licitadores y contratistas disponen de diversas acciones para declarar la invalidez de actos relativos a la contratación. A destacar es la existencia del recurso especial en materia de contratación, que se analiza en la siguiente sección. Se trata de un recurso administrativo exclusivo pero potestativo, lo que significa: 1) que los actos que pueden ser objeto del recurso especial (que son los más relevantes en materia de preparación, adjudicación y modificación del contrato) no pueden ser objeto de los recursos administrativos ordinarios (recurso de alzada y reposición); y 2) que el interesado puede acudir directamente a los tribunales sin interponer previamente recurso administrativo.

Los actos que no pueden ser objeto del recurso especial en materia de contratación (por ejemplo, los actos dictados en ejecución del contrato, con excepción de los actos relacionados con la modificación del contrato) siguen el régimen general en materia de recursos. No obstante, en el ámbito de la revisión jurisdiccional, resulta necesario identificar el orden al que corresponde conocer de los asuntos en materia de contratación: el orden contencioso-administrativo o el civil.

Serán competencia del **orden jurisdiccional contencioso-administrativo** las siguientes cuestiones: 1) las relativas a la preparación, adjudicación, efectos, modificación y extinción de los contratos administrativos; 2) las que se susciten en relación con la preparación y adjudicación de los contratos privados de las Administraciones Públicas (excepción al régimen general, pues no se trata de actos administrativos); 3) las referidas a la preparación, adjudicación y modificaciones contractuales, cuando se entienda que dicha modificación debió ser objeto de una nueva adjudicación de los contratos celebrados por los poderes adjudicadores que no tengan la consideración de Administración Pública; 4) las relativas a la preparación y adjudicación de los contratos de entidades del sector público que no tengan el carácter de poderes adjudicadores; 5) los recursos interpuestos contra las resoluciones que se dicten por los órganos administrativos de resolución de los recursos especiales en materia de contratación; y 6) las cuestiones que se susciten en relación con la preparación, adjudicación y modificación de los contratos subvencionados.

El **orden jurisdiccional civil** será el competente para resolver: 1) las controversias que se susciten entre las partes en relación con los efectos y extinción de los contratos privados de las entidades que tengan la consideración de poderes adjudicadores, sean o no Administraciones Públicas; 2) de las cuestiones referidas a efectos y extinción de los contratos que celebren las entidades del sector público que no tengan el carácter de poderes adjudicadores; y 3) el conocimiento de las cuestiones litigiosas relativas a la financiación privada del contrato de concesión de obra pública o de concesión de servicios, salvo en lo relativo a las actuaciones en ejercicio de las obligaciones y potestades administrativas que, con arreglo a lo dispuesto en esta Ley, se atribuyen a la Administración concedente, y en las que será competente el orden jurisdiccional contencioso-administrativo.

4. Revisión de oficio

Las Administraciones Públicas tienen la potestad, e incluso el deber, de revisar los actos por ellas dictados que no se ajusten a la legalidad, también en materia de contratación, mediante la denominada revisión de oficio. Los actos de las Administraciones Públicas en materia de contratación, siguiendo el régimen general previsto en la Ley 39/2015 para la revisión de oficio, pueden ser declarados nulos por la Administración si han puesto fin a la vía administrativa o no han sido recurridos en plazo. La declaración se puede realizar de oficio o a instancia del interesado, siempre previo dictamen favorable del Consejo de Estado u órgano consultivo equivalente de la Comunidad Autónoma. En la misma resolución podrán establecer las indemnizaciones que proceda reconocer a los interesados. Cuando el procedimiento se hubiera iniciado de oficio, el transcurso del plazo de seis meses desde su inicio sin dictarse resolución producirá la caducidad del mismo. Si el procedimiento se hubiera iniciado a solicitud de interesado, se podrá entender la misma desestimada por silencio administrativo.

Lo potestad de revisión de oficio no se reconoce en relación con los actos anulables favorables para los interesados. Las Administraciones Públicas deberán acudir a los Tribunales del orden contencioso-administrativo para anular estos actos. Se les exige, además, que antes de iniciar las acciones judiciales sigan un procedimiento administrativo de declaración de lesividad para el interés público de dichos actos.

Específico de la revisión de oficio y declaración de lesividad en materia de contratación es que tendrán la consideración de actos administrativos no sólo los actos de las Administraciones Públicas, sino también los actos preparatorios y los actos de adjudicación de los contratos de las entidades del sector público que no sean Administraciones Públicas, así como los actos preparatorios y los actos de adjudicación de los contratos subvencionados. Es coherente esta especificidad con la atribución de competencia al orden contencioso-administrativo para conocer de los recursos contra dichos actos, y no al orden civil.

V. RECURSO ESPECIAL EN MATERIA DE CONTRATACIÓN

1. Naturaleza y régimen jurídico

El recurso especial en materia de contratación es un recurso administrativo especial, potestativo y gratuito, ajeno a nuestra tradición jurídica e introducido por exigencia de las Directivas de la Unión Europea.

Se trata de un **recurso administrativo**, y no de un recurso judicial del orden contencioso-administrativo. El recurso es resuelto por un órgano administrativo. En el caso de los contratos de los poderes adjudicadores estatales, el órgano competente para la resolución es el Tribunal Administrativo Central de Recursos Contractuales, ya estudiado en esta obra. Existen órganos similares en las Comunidades autónomas, entidades locales y hasta en los órganos constitucionales. El uso del término "tribunal" puede llevar a confusión. Se trata de un órgano administrativo, pero es bien cierto que debe gozar de independencia en relación con la Administración a la que esta orgánicamente vinculado. De hecho, el Tribunal de Justicia de la Unión Europea ha admitido cuestiones prejudiciales elevadas por órganos de resolución de este tipo de recursos, potestad limitada a órganos jurisdiccionales. Por ello es habitual que se califique este recurso como cuasi-jurisdiccional.

Se trata de un **recurso especial**, por contraposición a los recursos administrativos comunes de alzada, reposición y revisión. Es un recurso especial por razón de la materia: la contratación del sector público. El recurso especial en materia de contratación es un **recurso potestativo**, en cuanto el interesado puede optar por interponer el recurso especial o acudir directamente a los tribunales competentes, sean del orden contencioso-administrativo o civil, dependiendo e la naturaleza del contrato. Y es un **recurso gratuito**, en cuanto la interposición no requiere el pago de ninguna tasa o similar.

La introducción de este recurso en España tiene su origen en las Directivas de la Unión Europea, y en concreto en la Directiva 89/665/CEE, denominada "**Directiva de recursos**". Las instituciones comunitarias entendieron necesaria la introducción de recursos eficaces y rápidos en caso de infracción de las normas en materia de contratación, a fin de dar garantías a las empresas comunitarias "a la hora de probar suerte en el Estado del poder adjudicador de que se trate", como se expone en la exposición e motivos de la Directiva. Especial relevancia tiene la rapidez, dada la brevedad de los procedimientos de adjudicación de los contratos públicos.

El tradicional recurso administrativo de alzada ante el superior jerárquico se demostró insuficiente, ya que el superior jerárquico tendía a resolver contra las empresas recurrentes. El recurso contencioso-administrativo se demostró demasiado lento, pues irremediablemente acababa siendo resuelto años después de la adjudicación del contrato, y a menudo tras la extinción del contrato.

La solución aportada por la Directiva fue la creación de un recurso especial, que debe ser resuelto en un plazo muy breve. Además, se impone a menudo la suspensión cautelar del procedimiento de adjudicación hasta la resolución del recurso, lo que otorga un mayor interés para las empresas. Finalmente, se exige la independencia del órgano competente para la resolución del recurso, a pesar de que sea un órgano administrativo y no judicial.

La Ley 9/2017 ordena el recurso especial en materia de contratación en sus artículos 44 a 60, incorporando al Derecho español las garantías previstas en la Directiva de recursos. La experiencia ha demostrado la efectividad de este recurso para garantizar los principios rectores de transparencia, igualdad de trato y competencia. El número de recursos se ha multiplicado, siendo resueltos en breves plazos, a menudo en favor del recurrente.

2. *Objeto del recurso*

La Ley 9/2017 determina el ámbito del recurso especial en materia de contratación determinando, por una parte, el tipo de contrato en el que cabe el recurso, y por otra parte, los actos específicos en dichos contratos que pueden ser objeto de recurso.

Por una parte, la Ley 9/2017 delimita los contratos en los que cabe la interposición del recurso especial en materia de contratación. Las Directivas de la Unión Europea exige que sean recurribles los contratos típicos regulados en las Directivas, esto es los sujetos a regulación armonizada. La Ley 9/2017 da cumplimiento a esta exigencia, y más allá, extiende el ámbito del recurso especial al reducir los umbrales e incluir contratos que no están sujetos a regulación armonizada.

Así, cabe el recurso especial en materia de contratación en relación con los siguientes contratos: 1) contratos de suministro y servicios con un valor estimado superior a 100.000 euros; y 2) contratos de obras, concesión de obras y concesión de servicios con un valor estimado superior a los 3.000.000 euros.

Más allá, cabe el recurso contra acuerdos marco y sistemas dinámicos de contratación que tengan por objeto la celebración de alguno de los contratos recogidos en el párrafo anterior, así como los contratos basados en cualquiera de ellos.

Por otra parte, la Ley 9/2017 define los actos que pueden ser objeto del recurso especial en materia de contratación. Podemos identificar dos tipos diferentes de actos: los relativos a un procedimiento de adjudicación y los relativos a actos en fraude de ley que permiten evitar el debido procedimiento competitivo para la adjudicación del contrato.

Primero, son recurribles los actos contrarios a Ley en materia de adjudicación del contrato: 1) los anuncios de licitación, los pliegos y los documentos contractuales que establezcan las condiciones que deban regir la contratación; 2) los acuerdos de adjudicación, que no deben ser confundidos con las propuestas de adjudicación de la mesa de contratación; y 3) los actos de trámite adoptados en el procedimiento de adjudicación, siempre que estos decidan directa o indirectamente sobre la adjudicación, determinen la imposibilidad de continuar el procedimiento o produzcan indefensión o perjuicio irreparable a derechos o intereses legítimos. Es el caso de los actos de admisión o inadmisión de licitadores, o los actos de admisión o exclusión de ofertas, incluidas las ofertas que sean excluidas por resultar anormalmente bajas.

Segundo, son igualmente recurribles diversos actos que pueden subvertir la concurrencia en un procedimiento de adjudicación. La Ley 9/2017 identifica los siguientes actos: 1) las modificaciones contrarias a Ley, por entender que la modificación debió ser objeto de una nueva adjudicación; 2) la formalización de encargos a medios propios en los casos en que estos no cumplan los requisitos legales, por entender que debía haberse sometido a licitación el contrato; y 3) los acuerdos de rescate de concesiones.

3. *Procedimiento*

El procedimiento del recurso especial en materia de contratación se inicia mediante **escrito de interposición** del recurrente, que deberá tener un derecho o interés legítimo perjudicado o que pueda resultar afectado por los actos objeto de recurso.

La interposición del recurso debe realizarse en el **plazo** de quince días hábiles. En el caso de que el recurse se presente contra el anuncio de licitación o los pliegos, el plazo empieza a contar el día siguiente a la publicación en el perfil del contratante a partir del día después de la publicación del anuncio de licitación. Si el recurso se interpone contra el acto de adjudicación, el computo inicia al día siguiente al de notificación.

El plazo se extiende a 30 días o incluso seis meses cuando el interesado se haya visto perjudicado por el incumplimiento de obligaciones formales como la falta de publicación del anuncio de licitación o el incumplimiento de las normas procedimentales para la adjudicación y formalización del contrato.

El escrito de interposición podrá presentarse en el registro del órgano de contratación o en el del órgano competente para la resolución del recurso. Los escritos presentados en registros distintos de los dos citados, deberán comunicarse al Tribunal de manera inmediata y de la forma más rápida posible. En el escrito de interposición se hará constar 1) el acto recurrido; 2) el motivo que fundamente el recurso; 3) los medios de prueba de que pretenda valerse el recurrente y, en su caso, 4) las medidas provisionales que se solicitan.

Interpuesto el recurso, el órgano competente para la resolución del recurso inicia la **tramitación**. Lo notificará en el mismo día al órgano de contratación con remisión de la copia del escrito de interposición y reclamará el expediente de contratación a la entidad, órgano o servicio que lo hubiese tramitado, quien deberá remitirlo dentro de los dos días hábiles siguientes acompañado del correspondiente informe. Visto el expediente, el órgano competente para la resolución puede inadmitir el recurso si conta de modo inequívoco y manifiesto la improcedencia del mismo. Si no es el caso, el órgano competente para la resolución del recurso dará traslado a los restantes interesados, concediéndoles un plazo de cinco días hábiles para formular alegaciones.

El órgano competente para la resolución debe decidir sobre las **medidas cautelares** en el plazo de cinco días a partir de la interposición. Cuando el recurso se interpone contra el acto de adjudicación, la tramitación del procedimiento de adjudicación ha de quedar suspendida (art. 53), y en el referido plazo de cinco días el órgano competente para la resolución debe decidir sobre la confirmación o levantamiento de dicha suspensión cautelar. En el resto de supuestos, decidirá sobre las medidas cautelares solicitadas.

Los hechos relevantes para la decisión del recurso podrán acreditarse por cualquier medio de **prueba** admisible en derecho. Cuando los interesados lo soliciten o el órgano encargado de la resolución del recurso no tenga por ciertos los hechos alegados por los interesados o la naturaleza del procedimiento lo exija, podrá acordarse la apertura del período de prueba por plazo de diez días hábiles, a fin de que puedan practicarse cuantas juzgue pertinentes.

Una vez recibidas las alegaciones de los interesados, o transcurrido el plazo señalado para su formulación, y el de la prueba, en su caso, el órgano competente deberá adoptar acto de **resolución** del recurso dentro de los cinco días hábiles siguientes, notificándose a continuación la resolución a todos los interesados. Transcurridos dos meses contados desde el siguiente a la interposición del recurso sin que se haya notificado su resolución, el interesado podrá considerarlo desestimado a los efectos de interponer recurso contencioso-administrativo. Como se puede apreciar, se trata de plazos breves.

4. Efectos

La resolución del recurso especial en materia de contratación puede declarar su **inadmisión**. Esto es, no se entra a conocer sobre el fondo al considerarse que no concurren las causas de admisión del recurso (falta de competencia, de legitimación, acto no recurrible, etc.).

Admitido el recurso, la resolución puede desestimar el recurso, confirmando el acto recurrido, o puede optar por la **estimación** total o parcial de las pretensiones formuladas. El recurso especial en materia de contratación tiene función revisora, esto es su alcance se limita a la declaración de ilegalidad de los actos recurridos. La resolución no puede sustituir el acto anulado con un nuevo acto administrativo emanado del órgano competente para la resolución del recurso. Por ejemplo, no puede acordar la adjudicación a otro licitador

El órgano competente para la resolución del recurso, a solicitud del interesado, podrá imponer a la entidad contratante la obligación de **indemnización por los daños y perjuicios** que le haya podido ocasionar la infracción legal que hubiese dado lugar al recurso, resarciéndole, cuando menos, de los gastos ocasionados por la preparación de la oferta o la participación en el procedimiento de contratación.

En caso de que el órgano competente aprecie **temeridad** o mala fe en la interposición del recurso o en la solicitud de medidas cautelares, podrá acordar la imposición de una multa al responsable de la misma. El importe de la multa será de entre 1.000 y 30.000 euros, determinándose su cuantía en función de la mala fe apreciada y el perjuicio ocasionado al órgano de contratación y a los restantes licitadores, así como del cálculo de los beneficios obtenidos.

Contra la resolución dictada en este procedimiento sólo cabrá la interposición de **recurso contencioso-administrativo**, y en ningún caso recurso administrativo de alzada. La resolución será directamente ejecutiva, esto es, la interposición del recurso no suspende su ejecución. El órgano de contratación puede interponer recurso contencioso-administrativo contra las resoluciones. Si el recurso contencioso-administrativo es interpuesto por el interesado, será parte demandada el órgano de contratación, y en ningún caso el órgano que resolvió el recurso (como ocurriría en un recurso administrativo ordinario). Deriva esta excepcional situación del carácter cuasi-jurisdiccional del recurso especial en materia de contratación, y de la independencia de los órganos encargados de la resolución, como exigen las Directivas de la Unión Europea.

BIBLIOGRAFÍA: DIEZ SASTRE, Los efectos de la invalidez en la Ley de Contratos del Sector Público, Documentación administrativa, nº 5, 2018; GIMENO FELIU, *La Ley de contratos del sector público* 9/2017, Aranzadi, 2019; MORENO MOLINA, *Hacia una compara pública responsable y sostenible,* Tirant lo Blanch, 2018.

Capítulo 4

LOS BIENES PÚBLICOS DEMANIALES

JORGE GARCÍA-ANDRADE GÓMEZ

SUMARIO:

RESUMEN: En este capítulo se estudia el régimen jurídico del dominio público, en particular el concepto, Derecho aplicable, sus clases, sus titulares, los regímenes de afectación, mutación y cesación de demanialidad y el régimen de uso del dominio público.

PALABRAS CLAVE: Dominio público, afectación, mutación, cesación, uso común, uso especial, concesiones, autorizaciones.

I. PRESENTACIÓN Y REFERENCIA HISTÓRICA

1. *Presentación*

La actividad de gestión de la Administración ocupa un lugar destacado en el Derecho administrativo. Se trata de una actividad de carácter medial o instrumental, pues tiene por objeto proporcionar y ordenar los medios con los que la Administración atiende sus cometidos de interés general. Mediante la actividad de gestión la Administración se provee, maneja o dispone de recursos personales, materiales e inmateriales, sea a través de la contratación pública, el empleo público, la gestión presupuestaria o el uso de la información pública.

Dentro de esta actividad de gestión se encuentra la que se proyecta sobre los bienes públicos que pertenecen a la Administración, aunque conviene aclarar que aquella no reviste únicamente carácter instrumental o de apoyo a otros cometidos de interés general, sino que frecuentemente también sirve de manera directa para el cumplimiento del interés general, como sucede cuando los bienes públicos se destinan al uso público o a la preservación de entornos naturales.

Bajo el título general de bienes públicos, se aborda el estudio de su régimen jurídico general, distribuido en dos lecciones: la primera centrada en los bienes de dominio público o demaniales; y la segunda, en las restantes categorías, principalmente los bienes patrimoniales, así como en el régimen común de protección de las distintas categorías de bienes públicos.

2. *Referencia histórica*

No interesa aquí trazar una evolución histórica sobre el régimen de los bienes públicos, sino únicamente identificar una constante que tradicionalmente ocupó a los juristas en los distintos ordenamientos, que aún late en el Derecho regulador de aquellos bienes y que sirve para entender su singularidad en el Derecho español. Se trata de la necesidad de delimitar la posición del monarca respecto de los bienes que integraban la corona (J. Esteve Pardo).

En este sentido, ténganse presentes una serie de circunstancias. La primera de ellas es la heterogeneidad de los bienes públicos y de funciones que estos cumplían, pues comprendían tanto palacios y otros inmuebles, como tesoros, obras de arte, caminos, puentes, instalaciones militares, murallas, molinos, minas, ríos, bosques y animales, entre muchos otros. La segunda de ellas tiene que ver con su forma de adquisición, que podía ser desconocida por inmemorial, por conquista, compra, donación de ciudades u otras casas reales, herencia, dote matrimonial, etc. En fin, la última de las circunstancias se refiere a la crónica falta de recursos económicos de la corona.

A la vista de las necesidades que se derivaban de las anteriores circunstancias, resultan evidentes las insuficiencias del Derecho común para ordenar aquellos bienes bajo los estrictos criterios de una propiedad privativa del monarca, conforme a los que se permitiría su libre disposición. Así como se explica el surgimiento de un Derecho singular que protegiese y preservase buena parte de los bienes de la corona respecto de la voluntad individual del soberano y también frente a la tentación de su enajenación para atender las necesidades económicas del momento.

Uno de los primeros esfuerzos de los juristas consistió en delimitar el peculio personal del monarca respecto de los bienes adscritos a la institución de la corona, formando el binomio patrimonio del rey-patrimonio del reino (las Partidas recogían reglas concretas a este respecto). De tal manera que se disociaran, por una parte, aquellos bienes personales sobre los que el monarca podía disponer de las mismas facultades que todo propietario privado sobre su patrimonio; y por otra los bienes del reino, que podrían ser objeto de administración y e incluso disfrute por el monarca, pero sin que pudiera disponer de ellos libremente.

Así pues, la singularidad del Derecho ordenador de los bienes de la corona se justifica en la necesidad de proteger los bienes del reino, tanto respecto de terceros como respecto del propio monarca, y se concreta en la configuración de una titularidad abstracta y pública diferenciada de la personal del monarca; así como en la exclusión de los bienes más relevantes del tráfico jurídico para evitar su enajenación o pérdida.

Andando el tiempo, ya en el constitucionalismo español la antigua posición del monarca pasarían a ocuparla otras autoridades, pero la falta de recursos públicos siguió siendo igualmente acuciante, por lo que también se siguió juzgando necesario proteger determinadas categorías de bienes relevantes para la comunidad con el propósito de evitar su enajenación. De suerte que las ideas que acaban de enunciarse también inspiran la ordenación del Código Civil (CC) y de la moderna legislación, como seguidamente se analiza.

II. CONCEPTO Y DERECHO APLICABLE

1. Nociones generales

Con carácter preliminar conviene aclarar que la categoría de los bienes públicos también se designa como patrimonio de las Administraciones públicas. En este sentido, y a pesar de su denominación, no deben confundirse los bienes patrimoniales que se estudian en la siguiente lección con el patrimonio de las Administraciones públicas, pues este último comprende tanto los bienes patrimoniales, como los demaniales y el Patrimonio Nacional, que también se analiza en la siguiente lección. De hecho, la principal norma reguladora en el ámbito estatal, la Ley 33/2003, de 3 de noviembre, de Patrimonio de las Administraciones Públicas (LPAP), adopta la denominación de patrimonio en sentido genérico y se ocupa de los bienes públicos, principalmente de los bienes demaniales y de los patrimoniales (artículo 3).

No obstante, la LPAP deja fuera de su regulación algunas categorías de bienes públicos, como ocurre con el Patrimonio Nacional, que se regula en su propia ley (disposición adicional cuarta); y el patrimonio financiero de las Administraciones públicas, formado por el dinero, los valores, créditos y otros recursos financieros (artículo 3), que se integran en el Tesoro Público y se rigen por la normativa presupuestaria (artículos 1 y 90 de la Ley 47/2003, de 26 de noviembre, General Presupuestaria).

Dentro de los bienes públicos, la distinción fundamental se establece entre los bienes demaniales y los bienes patrimoniales. Como regla general, son bienes demaniales aquellos que pertenecen a la Administración pública y se destinan a un uso o servicio público. Mientras que la categoría de los bienes patrimoniales se compone por el resto de los bienes de la Administración a los que no se ha dado aquel destino (a salvo de otras categorías residuales que se estudian en la lección siguiente).

En cuanto al Derecho aplicable a cada una de aquellas dos grandes categorías, tradicionalmente se aplicó el Derecho administrativo a los bienes demaniales, mientras que los patrimoniales se consideraban sometidos fundamentalmente al Derecho privado (artículo 344 CC). Sin embargo, el régimen jurídico aplicable a ambos tipos de bienes públicos ha ido convergiendo hacia una mayor publificación de los bienes patrimoniales, aun cuando no haya llegado a equipararse enteramente. De manera que en la actualidad el régimen jurídico de los bienes demaniales es esencialmente administrativo; mientras que combina el Derecho administrativo y el civil cuando se trata de bienes patrimoniales.

El régimen público de los bienes demaniales se justifica en que son objeto de una protección jurídica singular por razón de su función para la comunidad. Aquí el dato determinante que caracteriza la adscripción de unos bienes al dominio público no es únicamente su titularidad pública (que también se da en los patrimoniales), sino también el destino para el que se demanializa el bien: el uso o servicio público u otras finalidades de interés general. Esta idea se articula a través de la técnica de la "afectación" de los bienes a alguno de aquellos destinos, que resulta central en el régimen jurídico de estos bienes y que es objeto de posterior estudio. En coherencia con esta última idea, el régimen del dominio público se orienta prioritariamente a proteger la efectiva afectación de los bienes a su destino. En la actualidad, el régimen protector de los bienes demaniales se predica frente a los particulares, pero también frente a la propia Administración, al igual que en el pasado se predicaba de la corona. Asimismo, es una nota característica de los bienes demaniales su exclusión del tráfico jurídico privado mientras formen parte del dominio público (son inalienables, imprescriptibles e inembargables), a diferencia de lo que ocurre con los bienes patrimoniales.

2. Derecho aplicable

El régimen jurídico de los bienes de dominio público es tributario de su formulación en el Derecho francés y se contiene en la Constitución Española (CE); el CC; la LPAP, y sus normas equivalentes de ámbito autonómico; así como en un conjunto nutrido y disperso de regulaciones sectoriales. Estas últimas disposiciones son tan numerosas que carece de sentido enumerarlas aquí, por lo que bastará con recoger una muestra de normas de rango legal en el ámbito estatal para ilustrar acerca de los principales ámbitos sectoriales que abarcan: Ley 22/1973, de 21 de julio, de Minas; Ley 22/1988, de 28 de julio, de Costas; Ley de Aguas (texto refundido aprobado por el Real Decreto Legislativo 1/2001, de 20 de julio); Ley 43/2003, de 21 de noviembre, de Montes; Ley de Puertos del Estado y de la Marina Mercante (texto refundido aprobado por el Real Decreto Legislativo 2/2011, de 5 de septiembre); Ley 37/2015, de 29 de septiembre, de Carreteras; Ley 38/2015, de 29 de septiembre, del Sector Ferroviario; y en materia aeroportuaria, Ley 48/1960, de 21 de julio, sobre Navegación Aérea, Ley 21/2003, de 7 de julio, de Seguridad Aérea, y Ley 18/2014, de 15 de octubre, de Aprobación de Medidas Urgentes para el Crecimiento, la Competitividad y la Eficiencia.

3. El dominio público en la Constitución Española

La CE regula el dominio público en su artículo 132 CE, sistemáticamente integrado en el título VII, dedicado a la regulación de la economía y la Hacienda. El apartado primero de aquel precepto constitucional contiene un mandato para que la ley regule tanto el régimen jurídico de los bienes de dominio público como su desafectación. Si bien la CE no define el dominio público, sí dispone que su regulación legal se inspire en los principios de inalienabilidad, imprescriptibilidad e inembargabilidad, que se analizan en el siguiente tema.

En cuanto a la identificación de los bienes de dominio público, el apartado segundo del artículo 132 CE dispone que en todo caso tendrán carácter demanial determinados bienes: la zona marítimo-terrestre; las playas; el mar territorial; y los recursos naturales de la zona económica y la plataforma continental. No deja de ser paradójico que esta regulación se integre en el título VII de la CE dedicado a la economía y la Hacienda, pues los bienes que la CE califica como demaniales no solo se caracterizan por su trascendencia económica, sino principalmente por un acusado valor natural. Junto a los anteriores bienes, el apartado segundo del artículo 132 también prevé que tendrán carácter demanial aquellos bienes que así determine la ley.

De manera que conforme a la CE la clasificación de la demanialidad se desenvuelve en un doble plano. En primer lugar, la propia regulación constitucional establece que "en todo caso" serán de dominio público los bienes que acaban de enumerarse, vinculando por tanto con esta calificación al legislador ordinario, que no podrá separarse de ella. Y, en segundo lugar, la CE habilita y reserva al legislador ordinario para que determine qué otras categorías de bienes pueden integrarse en el dominio público. Como se verá al analizar la afectación, este último mandato constitucional no otorga al legislador la potestad de decidir libremente qué bienes se incorporan al dominio público, pues las importantes consecuencias legales que se derivan de tal decisión, como es la exclusión de los bienes del tráfico jurídico, exigen que la calificación legal de demanialidad deba fundamentarse en razones justificadas.

Por último, la CE también asemeja los denominados bienes comunales a los de dominio público y dispone que por ley se regularán el patrimonio del Estado, así como el Patrimonio Nacional, su administración, defensa y conservación. De todas estas categorías se ocupa el tema siguiente.

4. *El dominio público en el Código Civil*

La regulación general de los bienes públicos en el CC se contiene en los artículos 338 a 345, donde clasifica los bienes públicos en demaniales y patrimoniales, no sin cierta confusión, pues el capítulo III en el que se integran aquellos preceptos se titula "De los bienes según las personas a que pertenecen" y, sin embargo, el criterio clasificatorio último no atiende tanto a la persona que los ostenta, como al destino que se les da cuando aquella es una entidad pública.

De acuerdo con esta última idea, califica como bienes de propiedad privada los pertenecientes a los particulares, así como los patrimoniales del Estado, la provincia y el municipio (artículo 345).

Mientras que son de dominio público los bienes en que concurran dos circunstancias: que pertenezcan al Estado, la provincia o el municipio; y que además se destinen al uso público, al servicio publico o al fomento de la riqueza nacional (artículos 339 y 344). De hecho, los bienes de dominio público pasan a formar parte de los bienes de propiedad del Estado (patrimoniales), cuando dejen de estar destinados al uso general o a las necesidades de la defensa del territorio (artículo 341).

Adicionalmente, el CC contiene algunas previsiones sobre el dominio público en materia de aguas y minas (artículos 372, 407, 417 y 426), y respecto del patrimonio real (hoy Patrimonio Nacional) se remite a la legislación especial y supletoriamente al régimen de la propiedad particular (artículo 342).

5. El dominio público en la Ley de Patrimonio de las Administraciones Públicas

Conviene aclarar que la mayor parte de la LPAP se aplica únicamente en el ámbito estatal, sin perjuicio de que algunas de sus previsiones también se apliquen al conjunto de las Administraciones públicas en virtud de la disposición final segunda. Incluso en el ámbito estatal, la regulación de la LPAP sobre el dominio público tiene carácter supletorio respecto de la legislación especial de que se trate (artículo 5.4 LPAP). Con el resultado de que su alcance práctico es ciertamente limitado respecto de los bienes demaniales (no así respecto de los bienes patrimoniales de la Administración estatal, como se analiza en el siguiente tema). No obstante, una vez hecha la advertencia sobre su limitada eficacia práctica, se sigue aquí la LPAP en atención a su valor expositivo, ya que sistematiza las principales categorías del régimen del dominio público contenidas en la legislación especial.

El artículo 5 LPAP contiene tres reglas para definir el dominio público. En primer término, integran el dominio público los bienes en los que concurra la doble exigencia de su titularidad pública y que además se encuentren afectados al uso general o servicio público. En segundo lugar, son demaniales los bienes mencionados en el artículo 132.2 CE y aquellos otros a los que una ley otorgue ese carácter, esto es, aun cuando no se encuentren afectados a las finalidades expresadas en la primera regla. La última de las reglas tiene carácter aclaratorio, pues dispone que en el ámbito estatal forman parte del dominio público los bienes inmuebles de las entidades públicas estatales que alojen servicios, oficinas, etc., así como de los órganos constitucionales del Estado.

En cuanto al régimen jurídico aplicable a los bienes de dominio público, la LPAP escalona por orden de prelación los grupos normativos que les resultan de aplicación. En primer término, los bienes demaniales se regirán por las leyes y disposiciones especiales que les sean de aplicación (normativa de minas, de aguas, etc.). A falta de normas especiales, se regirán por la propia LPAP y las disposiciones que la desarrollen o complementen. Con carácter supletorio se aplicarán las normas generales del Derecho administrativo. Y solo en defecto de las anteriores se les aplicarán supletoriamente las normas del Derecho privado.

III. CLASES DE BIENES DEMANIALES

Los bienes demaniales se pueden clasificar siguiendo distintos criterios que ayudan a formarse una idea de conjunto de la categoría.

1. *El demanio natural*

Uno de los criterios clasificatorios más empleados atiende a la intervención del hombre sobre los bienes en los que se proyecta la categoría del dominio público y los clasifica en demanio natural y artificial. El carácter natural se predica porque las características que justifican su demanialización se presentan de manera originaria en la naturaleza, sin necesidad de transformación humana, como las aguas continentales (artículo 2 Ley de Aguas).

La jurisprudencia constitucional aprecia una conexión entre el carácter natural de los bienes demaniales y su atribución competencial al Estado (STC 227/1988, relativa a la Ley de Aguas, f. j. 14).

Conviene diferenciar dos ideas muy próximas que laten en la categoría del demanio natural. Por una parte, se encuentra la constatación objetiva de las características naturales del bien de que se trate, que conforman el criterio clasificatorio que ahora se maneja. Y, por otra, la finalidad buscada con la inclusión de este tipo de bienes en el demanio público, que tradicionalmente respondió a planteamientos de utilidad económica y social, si bien desde hace algunas décadas la figura del dominio público también se emplea como técnica de preservación de la dimensión medioambiental de este tipo de bienes, incluso al margen de su significación económica. Como expresa el mismo fundamento jurídico de la ya citada STC 227/1988 "en la determinación del llamado dominio público natural, subyacen prioritariamente otros fines constitucionalmente legítimos, vinculados en última instancia a la satisfacción de necesidades colectivas primarias, como, por ejemplo, la que garantiza el artículo 45 de la Constitución *(relativo al medioambiente)*, o bien a la defensa y utilización racional de la «riqueza del país», en cuanto que subordinada al interés general (artículo 128.1 de la Constitución)". Ambas aproximaciones al demanio natural (utilitarista y medioambiental) no son incompatibles, sino que con frecuencia están presentes de manera conjunta en las regulaciones de esta categoría de bienes, como ejemplifican los artículos 12 y 13 de la Ley de Montes y el artículo 3 a) de la Ley 3/2020, de 27 de julio, de Recuperación y Protección del Mar Menor.

2. *El demanio artificial*

Por contraste con el anterior, la categoría del demanio artificial tiene un acusado carácter residual en cuanto designa el resto de los bienes de dominio público distintos del demanio natural.

Dentro de esta categoría, que incluye los inmuebles y las dotaciones públicas en general, tienen singular relevancia las infraestructuras. Por su funcionalidad, el demanio artificial normalmente se vincula con su aprovechamiento por la ciudadanía (uso público) o por la propia Administración (servicio público).

3. *Demanio de uso público*

Disponen la LPAP (artículo 5) y el CC (artículo 339.1°) que son de dominio público los bienes de los que sean titulares las Administraciones públicas y estén destinados al "uso general" o "uso público", entendiéndose por tales los que pueden ser aprovechados por la ciudadanía en general, como las carreteras, puentes, parques, plazas y demás dotaciones e infraestructuras públicas susceptibles de uso o aprovechamiento general.

4. *Demanio de servicio público*

Junto a la anterior categoría, conforman el dominio público los bienes que pertenezcan a la Administración y se destinen a los servicios públicos. Debiéndose entender aquí los servicios públicos en un doble sentido. La primera de las acepciones del servicio público se corresponde con la prestación de servicios o la atención a la ciudadanía por parte de la Administración con el soporte de un edificio, dotación o infraestructura, como es el caso de los medios de transporte, centros sanitarios y educativos. En su segunda acepción, el servicio público incorpora un significado instrumental para la propia Administración, en cuanto comprende aquellos inmuebles, dotaciones e infraestructuras que alojen servicios, dependencias en los que aquella desarrolla sus funciones públicas, aun cuando los bienes no sean susceptibles de un aprovechamiento general por parte de la ciudadanía. Constituyen ejemplos de esta última categoría de bienes las oficinas administrativas, las infraestructuras de defensa o las de canalización de suministros y residuos hídricos.

La doctrina (R. Parada y J. A. Santamaría Pastor) ha señalado el problema que encierra la excesiva amplitud de esta clasificación, pues la regla de que la demanialización se produce por la sola afectación a una función pública (servicio público) llevaría a integrar en tal categoría todos los medios materiales de los que se sirve instrumentalmente la Administración, incluidos los elementos del mobiliario de menor valor, con el resultado de que se aplicaría a estos el régimen jurídico particularmente tuitivo y riguroso del dominio público. Por lo que se impone una interpretación estricta de la categoría para evitar que conduzca a situaciones absurdas, como las que resultarían de proyectar potestades administrativas muy incisivas respecto de pequeños bienes casi carentes de valor.

IV. NATURALEZA JURÍDICA Y TITULARIDAD DEL DOMINIO PÚBICO

1. Los términos de la controversia

La categoría del dominio público ha suscitado dos cuestiones particularmente controvertidas, como son las relativas a su naturaleza jurídica y su titularidad. Aun cuando frecuentemente se presenten separadas las discusiones en torno a estos puntos, en realidad, constituyen manifestaciones de una misma problemática, como enseguida se expone.

Para entender la primera de ellas, conviene señalar que en el siglo XIX se planteó en el Derecho francés la controversia en torno a la naturaleza jurídica del dominio público, que también encontró eco posterior entre la doctrina española. En esencia, el debate se resume en si el dominio público es realmente una propiedad, como indican su nombre y origen, o se trata más propiamente del ejercicio de una serie de prerrogativas públicas sobre determinados bienes y que no difieren de las potestades que el poder público también ejerce sobre otras parcelas de la vida social sin que, por tal motivo, estas últimas puedan considerarse una propiedad administrativa.

La negación de la naturaleza jurídica dominical, sostenida por autores como J. V. Proudhon y L. Duguit, se basa en que la categoría del dominio público no reuniría las principales notas que definen el derecho de propiedad. Así, tratándose de bienes afectados al uso público, esta afectación impediría precisamente que su titular, la Administración, pudiera ejercitar dos facultades típicamente dominicales, la de usar el bien y decidir a quién se excluye de su uso, pues lo cierto es que el aprovechamiento no corresponde exclusivamente a la Administración, sino a los ciudadanos. Asimismo, muchos de los bienes del demanio público no son susceptibles de apropiación o posesión, como ocurre con el mar o las costas, algo extraño al derecho de propiedad. En fin, el titular del dominio público tampoco ostenta la relevante facultad dominical de disposición del bien, al estar este excluido del tráfico jurídico.

Por el contrario, la tesis dominical, propugnada por M. Hauriou, señala que sí es posible el ejercicio de algunas de aquellas facultades en numerosos bienes demaniales, al tiempo que ve en el dominio público una propiedad modulada en su contenido por las singulares exigencias que se derivan de su titular, la Administración pública, cuyo Derecho transforma todas las categorías jurídicas que toma del Derecho privado: los contratos o la relación de empleo, sin que el dominio sea una excepción a este fenómeno.

2. *La convergencia de dos títulos legitimadores del ejercicio del poder público*

Ambas tesis son sólidas en sus razones y no son enteramente excluyentes entre sí, sino que la discrepancia en los enfoques se debe fundamentalmente a que atienden a dos títulos diferenciados de legitimación del ejercicio del poder sobre los bienes. Es conocido que antes de que se consolidase históricamente el Derecho público y con él los poderes soberanos del Estado, el poder público se articulaba en gran medida sobre el Derecho privado, y en materia de bienes el ejercicio del poder público encontraba su legitimación precisamente en el título de propiedad sobre ellos, ya fueran caminos, puentes, murallas, etc., de manera que aquel poder no era sino una de las facultades en que se descomponía el derecho de propiedad. Sin embargo, el surgimiento del Derecho público precisamente trajo consigo el reconocimiento a las autoridades de un poder de intervención sobre la sociedad y el territorio fundamentado en la idea de la soberanía, sin necesidad de invocar las instituciones del Derecho privado, de suerte que las autoridades pudieron imponer regulaciones, obligaciones, cargas y limitaciones en su condición de soberanas. No quiere decirse que este poder fuera absoluto y permitiera a las autoridades desconocer la libertad de los individuos y sus derechos, pero sí que estos últimos cedían parcialmente en su alcance ante la pujanza del poder público. Así las cosas, el afianzamiento de los poderes soberanos del Estado sobre el territorio y la sociedad no desplazaron por completo las antiguas técnicas de legitimación basadas en el Derecho privado, sino que convivieron largo tiempo, llegando a nuestros días vestigios jurídicos de aquella concepción privatista del poder. Como ejemplifica la utilización esporádica entre la doctrina española, y más frecuente en algunos ordenamientos comparados, de la categoría del "dominio eminente" descriptiva de un reconocimiento en favor del Estado de una potestad sobre la propiedad de los particulares, que se basaría en un "dominio" sobre los bienes distinto del privado.

En coherencia con esta evolución, en el Estado contemporáneo la legitimación del ejercicio general del poder público no descansa ya en la titularidad dominical, sino en el respaldo democrático del pueblo soberano, y las concretas prerrogativas de intervención pública se justifican en la consecución del interés general (artículos 1.2, 66 y 103 de la CE). Una vez se le ha reconocido al Estado el ejercicio del poder soberano, no quiere esto decir que pueda darse por superado o desdeñarse el valor de la titularidad dominical de los bienes públicos para ordenarlos, pues en la actualidad el ejercicio del poder público sobre los bienes demaniales frecuentemente se fundamenta en la convergencia de ambos títulos de legitimación: soberanía y propiedad. Sirva como muestra la legislación de las aguas continentales, que de conformidad con el artículo 132 CE no necesariamente forman parte del demanio natural, sino que constituye una opción del legislador su inclusión o no en el dominio público, por lo que, en un plano hipotético, si la ley no las hubiera calificado como demaniales, esta circunstancia no habría impedido al Estado legislar sobre la materia en el ejercicio del poder soberano, como acredita la competencia exclusiva que le reconoce el artículo 149.1.22ª CE. No obstante, ya se ha indicado que la Ley de Aguas califica como demanial aquel recurso natural, por lo que la ordenación que contiene en aquella ley se fundamenta en un doble título de legitimación: la soberanía y la titularidad dominical del bien.

Asimismo, debe tenerse presente que en la mayoría de las legislaciones especiales la extraordinaria amplitud de las prerrogativas y facultades que la Administración pública puede desplegar sobre las distintas categorías de bienes demaniales solo se explica por la concurrencia de ambos títulos de legitimación, pues ninguno de ellos por sí solo habría habilitado al poder público para ordenar de manera tan amplia los bienes objeto de la regulación. Así, cuando la regulación se proyecta sobre el dominio público aquella puede ser más intensa e incisiva que sobre los bienes de titularidad privada, pues no está limitada por el respeto al derecho de propiedad de los terceros (artículo 33 CE) en la medida en que recae sobre los bienes públicos. De igual modo, cuando la Administración es titular de bienes demaniales, podrá desplegar respecto de ellos determinadas facultades propias del derecho de propiedad, por ejemplo, decisiones en materia organizativa, incluso si la ley no se las ha reconocido expresamente en su condición de poder público. En sentido opuesto, la titularidad dominical no es título suficiente para legitimar determinadas actuaciones administrativas respecto del bien, como es el establecimiento de tasas para la utilización del dominio público, sino que se requiere una habilitación legal expresa propia de las prerrogativas públicas en la medida en que también afecta a los ciudadanos, en virtud de lo dispuesto en el artículo 10 de la Ley 8/1989, de 13 de abril, de Tasas y Precios Públicos, como ha reiterado la jurisprudencia constitucional (por ejemplo, en la STC 102/2005, f. j. 8, dictada en materia de tasas portuarias).

3. La cuestión de la titularidad

También la cuestión de la titularidad del dominio público plantea interesantes análisis en el Derecho público. En primer lugar, en relación con la controversia que acaba de exponerse, debe dejarse constancia de que la CE aborda la cuestión del dominio público con un enfoque claramente patrimonialista. En este sentido, no cabe pasar por alto que sistemáticamente el artículo 132 CE se ubica en el título VII de la CE dedicado a la economía y la Hacienda y que la CE regula la materia sobre unos presupuestos jurídicos claramente dominicales, que se asientan sobre la titularidad de las distintas categorías de bienes, dominio público, patrimonio del Estado o Patrimonio Nacional.

En segundo lugar, conviene destacar que la titularidad dominical de la Administración sobre determinados bienes demaniales no siempre tiene la misma plenitud que la titularidad sobre los bienes patrimoniales. Nuevamente la regulación de las aguas ofrece algunos ejemplos ilustrativos en los que el cese de la demanialidad no sigue la regla general de que los bienes se transforman en patrimoniales de la Administración (artículo 69 LPAP), sino que esta pierde su titularidad en favor de sus antiguos propietarios o de los titulares ribereños (véanse los artículos 370 y 372 del CC en relación con la desecación o alteración del cauce de los ríos; y las disposiciones adicionales quinta y sexta de la Ley 2/2013, de 29 de mayo, de Protección y Uso Sostenible del Litoral y de Modificación de la Ley 22/1988, de 28 de julio, de Costas, en relación con el dominio marítimo-terrestre). La contingencia de la titularidad no refuta su carácter de propiedad pública, pues el propio CC conoce de otros casos en los que la titularidad dominical puede ceder frente a otros intereses jurídicos que se reputan superiores, sean los del donante al que revierte la propiedad de lo donado en los supuestos contemplados en los artículos 644 a 648; o los de la familia de la que proceden los bienes heredados en el caso de la reserva troncal del artículo 811. También otras parcelas del Derecho administrativo contemplan la reversión de la propiedad de bienes públicos, como el artículo 54 de la Ley de 16 de diciembre de 1954 sobre Expropiación Forzosa.

Sin abandonar la cuestión de la titularidad, ha suscitado serias dudas jurídicas la aparente disociación entre la titularidad dominical y el ejercicio de determinadas potestades administrativas, como refleja la STC 227/1988 sobre la Ley de Aguas. Uno de los argumentos esgrimidos por las comunidades autónomas recurrentes en el caso resuelto por esta STC fue que su estatuto de autonomía les reconocía determinadas competencias sobre las aguas de su territorio, lo que impediría a la Ley de Aguas atribuir al Estado la titularidad del dominio público sobre tales aguas. Conforme al razonamiento de las recurrentes, que entrelaza la competencia y la titularidad del bien, el reconocimiento estatutario de las competencias en materia hidrográfica debería traducirse en que la titularidad demanial correspondiera también a las comunidades autónomas competentes en la materia.

Frente a tal planteamiento, la STC 227/1988, f. j. 14, admite la constitucionalidad de la disociación entre la titularidad demanial y el ejercicio de la competencia. También la STC 166/1998, f. j. 11 afirma "son separables la propiedad pública de un bien y el ejercicio de competencias que lo utilizan como soporte natural". Esto es, de esta jurisprudencia se desprende que son separables la propiedad pública del bien y el ejercicio de competencias públicas que lo utilizan como soporte natural y, a tal efecto, la primera de las sentencias toma como ejemplo de la disociación la zona marítimo-terrestre y las playas, pues el artículo 132 CE las califica inequívocamente como dominio público estatal, lo que no ha impedido que diversas comunidades autónomas hayan asumido estatutariamente competencias sobre tales bienes, como las relativas al salvamento marítimo y a los vertidos en las aguas territoriales del Estado.

En efecto, la disociación entre la titularidad dominical y la atribución de determinadas competencias no supone una suerte de compartición del dominio público estatal, sino que se explica por la existencia de los dos títulos de legitimación a los que se acaba de hacer referencia, con la particularidad de que pueden operar en favor de entidades territoriales diferenciadas. En este caso, corresponde al Estado la titularidad dominical de las aguas continentales, de la zona marítimo-terrestre y de las playas, mientras que las comunidades autónomas pueden asumir competencias (prerrogativas de origen soberano) sobre algunos de aquellos espacios y aguas.

Cuestión distinta de la anterior es que el titular del dominio público permita que sus bienes demaniales puedan afectarse a otras Administraciones públicas, como prevén los artículos 67 y 71.4 LPAP al regular las afectaciones concurrentes y las mutaciones demaniales, que son objeto de estudio en otros epígrafes. En tales supuesto no se produce de inicio una concurrencia de los dos títulos de legitimación diferenciados, pues una Administración comparece como titular dominical, mientras que la otra carece de tal condición y también carece de competencias atribuidas por la ley que le habiliten para la afectación del bien demanial. La operativa consiste en que la Administración titular del demanio, en virtud de su derecho de propiedad, consiente que otra Administración pública pueda afectarlo a un determinado uso o servicio público.

Por último, debe señalarse que tradicionalmente la titularidad de bienes demaniales únicamente se concebía respecto de las Administraciones públicas territoriales, no así de la llamada Administración institucional. Sin embargo, la LPAP hoy admite con naturalidad la titularidad demanial por otras entidades públicas. En cambio, esta norma no ha dado el paso de reconocerla respecto de las restantes entidades con forma jurídico-privada que conforman el sector público, pues la LPAP no contempla a las fundaciones del sector público y las empresas son consideradas como objeto de la propiedad pública, no como posibles sujetos titulares de bienes públicos (artículos 166 y siguientes LPAP).

V. AFECTACIÓN, MUTACIÓN Y CESACIÓN DE LA DEMANIALIDAD

Corresponde ahora analizar cómo se pueden incorporar los bienes al dominio público, modificar su régimen de afectación y cesar su condición de demanialidad.

1. La afectación

A diferencia del artículo 132 CE, que dispone la demanialidad de ciertos bienes públicos sin vincularlos a un determinado fin público, la forma ordinaria de integrar los bienes en el dominio público se produce mediante la afectación. Esta consiste en la incorporación del bien en la categoría demanial en virtud de su simultánea vinculación a alguno de los fines públicos propios de estos bienes, normalmente el uso general o el servicio público (artículo 65 LPAP).

Desde el punto de vista formal, la afectación se puede articular mediante diversos instrumentos jurídicos y actuaciones públicas, a saber: por ley; por resolución administrativa; de manera tácita; y de forma implícita.

1.1 Afectación por ley

Ya se ha examinado cómo la propia CE opera esta incorporación en su artículo 132 respecto de determinadas categorías de bienes del demanio natural, así como habilita a la ley para determinar qué otros bienes tendrán la consideración de demaniales. De manera que la integración de los bienes al demanio público puede operarse directamente por ministerio de la ley.

En tal supuesto, es la propia ley la que dispone con carácter constitutivo que determinadas categorías o bienes concretos se incorporen al dominio público. Cuestión distinta es que la Administración pueda necesitar efectuar ulteriores actuaciones de comprobación para determinar qué concretos bienes reúnen los elementos de la norma que determinan la adscripción demanial, mas tales comprobaciones carecen de carácter constitutivo. Esto es, la afectación se habrá producido desde el momento en que se dé el supuesto de hecho de la norma y no desde el momento en que la Administración efectúe la comprobación de que este concurre en un caso concreto.

Como se ha anticipado, la habilitación constitucional al legislador para que pueda determinar qué bienes se incorporan al dominio público está sujeta a límites, singularmente al respecto del derecho de propiedad en relación con el principio de proporcionalidad. Así, el Tribunal Constitucional tiene declarado que la demanialización por ley "no puede, sin infringir la Constitución, ejercerse desproporcionadamente, con sacrificio excesivo e innecesario de los derechos patrimoniales de los particulares" (STC 227/1988, f. j. 7); y que "se trata de una facultad limitada, que no puede ser utilizada para situar fuera del comercio cualquier bien o género de bienes, si no es parar servir de este modo a finalidades lícitas que no podrían ser atendidas eficazmente con otras medidas" (STC 149/1991, f. j. 2, relativa a la Ley de Costas).

Por último, la declaración legal de un bien o género de bienes como demanial debe ir acompañada del correspondiente reconocimiento de indemnizaciones o compensaciones si supone una privación de derechos patrimoniales de Derecho privado.

1.2 Afectación expresa en vía administrativa

Como prevén el artículo 66.1 LPAP y el artículo 8 del Reglamento de Bienes de las Entidades Locales (RBEL), la afectación también puede tener lugar en virtud de una resolución administrativa, concretamente cuando se dicte un acto que de manera expresa vincule un bien concreto a un uso o servicio público, como puede ser la decisión municipal de destinar un solar a la finalidad de parque público.

En este supuesto, aun cuando una norma haya habilitado a la Administración para la afectación, solo la resolución administrativa tiene carácter constitutivo, concretando los bienes afectados y su vinculación al uso o servicio público.

Por lo general este tipo de afectación recae sobre bienes de carácter patrimonial de la propia Administración, de aquí que el RBEL regule la afectación expresa en vía administrativa bajo el concepto de alteración de la calificación jurídica de los bienes de las entidades locales.

1.3 Afectación implícita o tácita

La afectación implícita o tácita se contempla en el artículo 66.2, letras c), d) y e) LPAP y se produce cuando la aprobación de determinados instrumentos jurídicos administrativos (actos, disposiciones o planes) lleva implícitamente la demanialización de concretos bienes, en la medida en que los bienes afectados quedarán destinados a un uso o servicio público.

Así la expropiación de bienes por causa de utilidad pública implica la incorporación de estos al uso o servicio público de que se trate, aun cuando no se haya explicitado la afectación. Del mismo modo que la aprobación de planes de ordenación urbana en los que se califique un bien como dotación pública de uso público, tales como las calles o las zonas verdes, implica su destino a un uso público.

En estos supuestos la Administración actúa a través de instrumentos formales, como son los actos administrativos expropiatorios o la aprobación de las normas de planeamiento, elemento que permite diferenciar la afectación implícita de la afectación presunta que se examina a continuación.

1.4 Afectación *de facto*

La afectación *de facto*, también llamada presunta, resulta de una situación de hecho o de una actuación administrativa que no se desarrolla a través de instrumentos formales y se produce cuando la Administración pública destina *de facto* un determinado bien a un servicio o un uso público, mas sin haber mediado afectación formal previa por cualquiera de los cauces anteriormente examinados.

La LPAP la contempla en su artículo 66.2, letras a) y b), cuando prevé que surtirán los mismos efectos que la afectación expresa la utilización pública, notoria y continuada por la Administración General del Estado o sus organismos públicos de bienes y derechos de su titularidad para un servicio público o para un uso general; así como la adquisición de bienes o derechos por usucapión, cuando los actos posesorios que han determinado la prescripción adquisitiva hubiesen vinculado el bien o derecho al uso general o a un servicio público.

1.5 Afectación concurrente

La afectación será concurrente cuando el bien de que se trate quede afectado a más de un uso o servicio público, siempre que los diversos fines concurrentes sean compatibles entre sí (artículo 67 LPAP).

2. Mutaciones demaniales

La mutación demanial consiste en una alteración de ciertos aspectos de la demanialidad de un determinado bien, sin que este pierda su condición de demanial (71.4 LPAP). La mutación puede tener carácter subjetivo, cuando incide en la titularidad del bien demanial, de manera que se produce una modificación en la Administración o entidad pública titular del bien. Este cambio de titularidad puede deberse a distintas razones, como una segregación o fusión de municipios; o una redistribución territorial de competencias que implique una cesión de competencias y de los recursos materiales y personales necesarios para su ejercicio, entre ellos, los demaniales, por ejemplo, con la transferencia de las competencias en materia educativa y sanitaria desde el Estado a las comunidades autónomas se produjo también la cesión de los centros educativos y sanitarios correspondientes.

Las mutaciones también pueden ser objetivas cuando suponen un cambio de destino del bien sin alteración de su titularidad, como ejemplifica la reconversión de algunas vías férreas en caminos peatonales y rutas ciclísticas.

3. *Cesación de la demanialidad*

El cese de la demanialidad consiste en que el bien de que se trate deja de pertenecer al dominio público. La demanialidad cesa cuando se produce la desafectación del bien a su finalidad de uso o servicio público.

Tanto el artículo 69 LPAP como el artículo 341 CC prevén que los bienes de dominio público perderán esta calificación cuando dejen de estar destinados al uso general o servicio público y que adquirirán la condición de bienes patrimoniales. De manera que, como regla general, la desafectación por sí sola no implica la pérdida de la titularidad pública de los bienes correspondientes, sino que estos seguirán perteneciendo a la Administración de que se trate, si bien se operará un cambio en el régimen jurídico que los regula, pues al ingresar en la categoría de los bienes patrimoniales, quedarán sometidos al régimen jurídico propio de estos, que es objeto de estudio en el siguiente tema.

Como ya se ha expuesto al analizar la titularidad de los bienes demaniales, la anterior regla general no se aplica en todos los supuestos, sino que, cuando así lo dispone la ley, la pérdida de la demanialidad puede conllevar también la pérdida de la propiedad de la Administración en favor de los antiguos propietarios o de los propietarios colindantes.

Al cese de la demanialidad también se denomina desafectación y puede llevarse a cabo mediante las fórmulas que a continuación se examinan.

3.1 Desafectación por ley

La desafectación puede producirse por ministerio de la ley, cuando una norma disponga un destino para los bienes demaniales que no sea de uso o servicio público.

Excepcionalmente, la ley ha operado la desafectación demanial incluso cuando los bienes han seguido afectados a un uso o servicio público, como hizo el Real Decreto-Ley 13/2010, de 3 de diciembre, de Actuaciones en el Ámbito Fiscal, Laboral y Liberalizadoras para Fomentar la Inversión y la Creación de Empleo, cuyo artículo 9 modificó la calificación jurídica de determinadas infraestructuras aeroportuarias transformándolas en patrimoniales, si bien continuaron vinculadas a la misma finalidad de interés público que previamente había fundamentado su calificación como demaniales. Es de notar que esta insólita operación jurídica se justificó en la necesidad de poder atribuir la titularidad de las instalaciones aeroportuarias a una sociedad mercantil que pudiera ser parcialmente privatizada sin alterar con ello el normal funcionamiento de las infraestructuras.

Asimismo, la desafectación por ley se ha operado cuando una norma ha excluido del dominio público bienes que antes recibían esta calificación, aun sin que se hubiera producido una alteración en su naturaleza, características o destino, como reflejan las disposiciones adicionales séptima y décima de la Ley de Costas (según la redacción que les dio la Ley 2/2013, de 29 de mayo, de Protección y Uso Sostenible del Litoral y de Modificación de la Ley 22/1988, de 28 de julio, de Costas), que establecen la desafectación de determinados terrenos de núcleos de población antes pertenecientes al dominio público marítimo-terrestre.

3.2 Desafectación por desnaturalización

El demanio natural también perderá esta calificación jurídica si deja de reunir las características naturales que determinaron su inclusión en esa categoría. Es el caso de la alteración natural del cauce de los ríos, prevista en el artículo 8 de la Ley de Aguas en relación con el artículo 370 CC.

3.3 Desafectación administrativa expresa

La forma habitual de desafectación se producirá mediante acto administrativo, según se contempla con carácter genérico en el artículo 69.2 LPAP para la Administración General del Estado y de manera específica, por ejemplo, en la disposición adicional tercera de la Ley 2/2013, de 29 de mayo, de Protección y Uso Sostenible del Litoral y de Modificación de la Ley 22/1988, de 28 de julio, de Costas, sobre la desafectación de los terrenos situados al interior de los paseos marítimos.

3.4 Desafectación tácita o implícita

Dispone el artículo 69.2 LPAP que la desafectación deberá realizarse siempre de forma expresa, salvo en los supuestos previstos en esta ley. Si bien, en determinados casos la desafectación también puede producirse de manera tácita o implícita.

La desafectación se operará de manera tácita cuando así resulte de determinados instrumentos jurídicos formales, aun cuando no dispongan de manera expresa la desafectación, como puede acontecer cuando la ordenación urbanística prevea un destino para el suelo distinto del uso o servicio público.

También tendrá lugar una desafectación implícita cuando resulte de razones físicas, como puede ser la desaparición del bien, que impedirá el mantenimiento no solo de la vinculación sino la propia consideración jurídica del bien.

En cambio, no caben las desafectaciones presuntas o *de facto* por desuso del bien para el fin público previsto.

VI. LA CUESTIÓN COMPETENCIAL DE LAS DEMANIALIZACIONES

En relación con la distribución territorial de competencias que suscita el artículo 132.2 CE, el Tribunal Constitucional estableció en los años ochenta del siglo pasado la doctrina de que el citado precepto constitucional no es en sí mismo una norma de distribución de competencias, ni traza nítidamente la frontera entre un dominio público estatal y otro autonómico, por lo que no corresponde en exclusiva al Estado la incorporación de cualquier bien al dominio público, ni todo bien que se integre en el demanio deba considerarse de la titularidad del Estado.

También estableció que cuando el artículo 132.2 CE reserva al Estado los bienes que determine la ley, la Constitución no se está refiriendo a bienes específicos o singularmente identificados, sino a tipos o categorías genéricas de bienes definidos según sus características naturales homogéneas. Asimismo, cuando se trata de categorías completas de bienes formados por la naturaleza, a semejanza de los que en el propio precepto constitucional se declaran de dominio público, el artículo 132.2 exige la demanialización por ley y sólo por ley del Estado. Competencia estatal que se ve reforzada por la circunstancia de que la técnica jurídica del dominio público supone ante todo la segregación de determinados bienes del tráfico jurídico privado, que repercute de manera directa en el régimen jurídico del derecho de propiedad que reconoce el artículo 33.1 CE. Al tiempo, indicó que la CE dispone que, en tales supuestos, los bienes demanializados se integran necesariamente en el dominio público estatal (STC 227/1988, f. j. 14).

VII. UTILIZACIÓN DEL DOMINIO PÚBLICO POR LOS PARTICULARES Y LA ADMINISTRACIÓN

Como subraya el profesor J. Esteve Pardo, el régimen tuitivo del dominio público prohíbe su transmisión, adquisición o embargo, pero la circunstancia de que los bienes demaniales se hallen excluidos del tráfico jurídico privado no impide que los particulares y la propia Administración puedan utilizarlos e incluso constituir y transmitir ciertos derechos relacionados con el aprovechamiento de aquellos bienes.

Es más, la ordenación de tales usos es consecuencia lógica de la tradicional justificación de la demanialidad, que descansa sobre su afectación a un uso o servicio público. De manera que el régimen jurídico de los aprovechamientos demaniales se puede clasificar en dos grandes categorías que, en términos generales, vinculan el uso público con los particulares y el servicio público con la propia Administración.

1. Utilización del dominio público por los particulares

1.1 Uso común

El uso común por los particulares de los bienes demaniales consiste en la utilización general de aquellos bienes que corresponde a cualquier persona, sin exclusión de los demás. Es el uso ordinario que los particulares pueden hacer de las playas, ríos, plazas, viales o parques públicos, entre otros muchos bienes demaniales.

Este tipo de uso se caracteriza por una serie de requisitos y notas. Obviamente los bienes demaniales de que se trate deben ser susceptibles de tal aprovechamiento general, por ejemplo, las dependencias administrativas que una Administración destina a oficinas para sus empleados no son aptas para el uso común, sin perjuicio de que puedan existir zonas habilitadas para la atención a los ciudadanos. El uso debe ser conforme a la naturaleza del bien, de suerte que un parque público puede admitir el paseo, el descanso, el deporte o el juego, pero no la circulación con vehículos de motor. En la medida en que se trata de un uso general, debe ser igual para los ciudadanos, admitiéndose que por razones justificadas pueda contraerse a determinados grupos de ciudadanos que presenten características comunes, como puede ser la reserva de la utilización de infraestructuras deportivas para los vecinos de una localidad. El uso común debe ser compatible con el uso que realicen los demás, sin perjuicio de la ordenación que puedan hacer las autoridades en caso de saturación, así no será posible tenderse en un banco público con capacidad para varias personas cuando se impida a los demás hacer uso de aquel.

1.2 Uso especial

El uso especial es una modalidad del uso común que implica en su utilización un exceso, un menoscabo, una limitación al uso común o añade una singular intensidad con respecto al uso ordinario. Es el caso de la circulación de vehículos de grandes dimensiones, la celebración de competiciones deportivas o el rodaje de una película en las vías públicas.

En la medida en que constituye un uso común cualificado, reúne muchas de las características que definen al uso común; si bien por su naturaleza puede reducir o llegar a impedir que los restantes ciudadanos hagan un uso igual y compatible del bien con ocasión del desarrollo de la actividad singular de que se trate.

La legitimidad de este uso especial permite oponerlo *erga omnes* frente a otros potenciales usuarios comunes durante el desarrollo de la actividad.

1.3 Uso privativo

Como expresa su denominación, el uso privativo implica la ocupación de una porción del dominio público, excluyendo con ella una igual utilización del bien por otros particulares. Es el caso de los quioscos en la vía pública o de los establecimientos de restauración en las playas.

No siempre es fácil diferenciarlo del uso especial, en la medida en que incide sobre la igualdad y la compatibilidad en el uso del bien. De hecho, como en seguida se analiza, la LPAP dispone que la autorización administrativa puede servir de título habilitante para usos especiales y en determinadas circunstancias para el uso privativo. No obstante, el uso especial acostumbra a definir una intensidad momentánea o que dificulta el uso común, pero no necesariamente lo impide; mientras que el uso privativo por su duración y naturaleza es incompatible con carácter general con el uso común de la porción demanial afectada.

La legitimidad de este uso excluyente permite oponerlo *erga omnes* frente a potenciales usuarios comunes con carácter general. La ocupación excluyente puede proyectarse sobre el conjunto o solo una parte del bien demanial.

2. *Títulos habilitantes del uso demanial por particulares*

Sin perjuicio de lo dispuesto en la normativa sectorial reguladora de cada categoría demanial, la LPAP contiene un régimen general sobre los títulos habilitantes para el uso de los bienes de dominio público que se asienta sobre la clasificación de los usos en comunes, especiales y privativos.

2.1 Habilitación en función del uso

Por su naturaleza, el uso común de los bienes demaniales no requiere la obtención individualizada de título habilitante alguno ni, en consecuencia, la intervención administrativa al efecto, sino que los particulares están genéricamente habilitados para el aprovechamiento común de los bienes demaniales susceptibles de tal uso. Como dispone el artículo 86 LPAP, el uso común de los bienes de dominio público podrá realizarse libremente, sin más limitaciones que las derivadas de su naturaleza y en las disposiciones que sean de aplicación.

Si se trata del uso especial, la LPAP exige la obtención de una autorización que habilite al particular para el aprovechamiento singularmente intenso.

Por último, el uso privativo puede requerir bien una autorización o bien una concesión. Será exigible la autorización cuando la ocupación se efectúe con instalaciones desmontables, bienes muebles, como puede ocurrir con las sillas y mesas de una terraza en la vía pública. En cambio, el uso privativo se condiciona al previo otorgamiento de una concesión si la ocupación demanial se lleva a cabo con la realización de obras, instalaciones fijas o supera los 4 años (artículo 84.1 LPAP).

Desde el punto de vista de su naturaleza jurídica, la autorización y la concesión no presentan diferencias sustanciales, pues ambas figuras constituyen pronunciamientos singularizados de la Administración por los que se habilita con carácter previo un determinado uso del bien demanial de que se trate, generalmente subordinado al cumplimiento de los requisitos contemplados en la normativa sectorial o en el propio título de autorización o concesión para la preservación del bien, la racionalización del uso y ordenación de la actividad de que se trate (artículos 91.3, 92.7 y 93.5 LPAP). No obstante, la diferencia entre ambas figuras es relevante en la medida en que la LPAP asocia a cada una de ellas unos efectos jurídicos distintos, como se expone en los epígrafes siguientes.

2.2 Otorgamiento de las autorizaciones y concesiones

En relación con el otorgamiento de los títulos habilitantes, el artículo 92 LPAP prevé que como regla general las autorizaciones se otorguen directamente a los peticionarios que reúnan las condiciones requeridas. Solo si se encontrase limitado su número, lo serán en régimen de concurrencia y, si ello no fuere procedente, por no tener que valorarse condiciones especiales en los solicitantes, mediante sorteo, si otra cosa no se hubiese establecido en las condiciones por las que se rigen. Las autorizaciones se otorgarán por tiempo determinado, que no exceda el plazo de 4 años.

A diferencia de las anteriores, el otorgamiento de las concesiones demaniales sobre bienes de dominio público se efectuará en régimen de concurrencia. Excepcionalmente, el artículo 93 LPAP prevé que podrá acordarse el otorgamiento directo de las concesiones cuando fuera posible la adjudicación directa de inmuebles patrimoniales (a otras entidades públicas, a entidades sin ánimo de lucro, cuando se declare desierta la subasta, entre otros), cuando se den circunstancias excepcionales, debidamente justificadas o en otros supuestos establecidos en las leyes. Las concesiones se otorgarán por tiempo determinado, que no exceda el plazo de 75 años.

Por otra parte, el otorgamiento de las autorizaciones y concesiones puede hallarse o no condicionado al pago de una contraprestación por el sujeto habilitado para el aprovechamiento (artículos 92.5 y 93.4 LPAP).

2.3 Transmisión de las autorizaciones y concesiones

Como regla general, no serán transmisibles las autorizaciones para cuyo otorgamiento deban tenerse en cuenta circunstancias personales del autorizado o cuyo número se encuentre limitado.

En relación con las concesiones, dispone el artículo 97 LPAP que su titular dispone de un derecho real sobre las obras que haya construido para el uso de que se trate, pudiéndose transmitir los derechos reales durante la vigencia de la concesión, previa conformidad de la autoridad correspondiente.

2.4 Otros títulos habilitantes

La autorización y la concesión demanial constituyen los títulos habilitantes generales para la utilización especial o privativa del dominio público que contempla la LPAP. No obstante, cabe recordar que el dominio público se rige en primer lugar por la legislación especial, de manera que esta puede configurar otros títulos habilitantes para el aprovechamiento de aquel. Tal es el caso de la Ley de Aguas, cuyo artículo 51 contempla la que denomina "declaración responsable" como título habilitante para determinados usos. Ahora bien, debe tenerse presente que, no obstante su denominación, en rigor este título no responde a la operativa de la declaración responsable regulada en el artículo 69 de la LPACAP, pues esta última reconoce el derecho al uso desde el día de su presentación, mientras que la Ley de Aguas otorga a la Administración un plazo de quince días para que pueda comprobar la compatibilidad de dichos usos con los fines del dominio público hidráulico. El establecimiento de este plazo de comprobación y la posibilidad de que la Administración pueda pronunciarse, incluso oponiéndose o condicionando el uso, aproxima la figura a la denominada potestad de veto (estudiada por C. Núñez Lozano), como la que se regula respecto del derecho de reunión en lugares de tránsito público (artículo 21.2 CE).

Por otra parte, también la figura del contrato puede habilitar por sí sola para la ocupación de los bienes demaniales o puede requerir el complemento de una autorización o concesión para la ocupación del dominio público (artículos

89 y 91.4 LPAP). A este respecto, debe aclararse que la figura de la concesión demanial regulada en la LPAP es muy distinta en su operativa de la categoría jurídica que recibe también la denominación de concesión y que se regula en la legislación de contratos del sector público (sobre la concesión contractual véase el tema 1). En este sentido debe retenerse que la autorización y la concesión demanial responden a planteamientos distintos a los contratos del sector público, pues las primeras sirven para que la Administración pueda satisfacer el interés de los particulares en hacer un uso especial o privativo del dominio público; mientras que la figura del contrato (y la concesión contractual) sirve para que la Administración articule la colaboración de los sujetos privados en la satisfacción de las necesidades de la propia Administración, sea en la adquisición de obras, suministros o servicios, sea en la prestación en favor de los particulares de servicios que son responsabilidad de la Administración.

2.5. Extinción de los títulos

El artículo 100 LPAP contempla distintas causas de extinción de las autorizaciones y concesiones demaniales, como la desaparición del usuario o concesionario; el vencimiento del plazo del título; la desaparición del bien; el agotamiento del aprovechamiento; la desafectación del bien; el acuerdo entre ambas partes; el incumplimiento grave de sus términos (pago de los cánones, operaciones sin autorización preceptiva); el rescate con indemnización de la concesión o la revocación de la autorización.

Asimismo, el artículo 92 LPAP prevé que el acuerdo de otorgamiento de la autorización deberá incluir la aceptación por el beneficiario de su posible revocación unilateral por la Administración concedente, sin generar derecho a indemnización, en los siguientes supuestos: cuando resulte incompatible con las condiciones generales aprobadas con posterioridad; produzca daños en el dominio público; impida su utilización para actividades de mayor interés público o menoscabe el uso general.

Por el contrario, tratándose de concesiones demaniales, la revocación unilateral del título por parte de la Administración antes de su vencimiento (denominada rescate anticipado) exigirá la indemnización del perjuicio material ocasionado [artículos 100 letra d) y 101.3 LPAP].

3. Utilización por la Administración del dominio público

La Administración y sus empleados pueden hacer distintos usos de los bienes demaniales. En primer lugar, pueden hacer el uso común de los bienes de uso público. También utilizarán los bienes destinados a un servicio público conforme a las características de este, sin que tal aprovechamiento excluya necesariamente la utilización por los ciudadanos de las dependencias públicas correspondientes. Finalmente, es posible que la Administración lleve a cabo un uso excluyente del demanio público destinado a uso público, bajo la fórmula jurídica de la reserva demanial.

La reserva demanial supone un uso privativo del dominio público, en este caso por la propia Administración titular del bien. De este modo, una porción o la totalidad del bien de uso público queda excluida de su utilización por los particulares, a causa del aprovechamiento exclusivo de la Administración. Son ejemplos de reservas demaniales las acordadas para realizar investigaciones o para ejercicios militares.

A este respecto, dispone el artículo 104 LPAP que la Administración General del Estado podrá reservarse el uso exclusivo de bienes de su titularidad destinados al uso general para la realización de fines de su competencia, cuando existan razones de utilidad pública o interés general que lo justifiquen y que la duración de la reserva se limitará al tiempo necesario para el cumplimiento de los fines para los que se acordó.

BIBLIOGRAFÍA: BARCELONA LLOP, J., *La utilización del dominio público por la Administración: las reservas dominiales*, Aranzadi, Pamplona, 1996; BOBES, Mª. J., *Teoría del dominio público y Derecho de las carreteras*, Iustel, Madrid, 2007; ESTEVE PARDO, J., *Lecciones de Derecho administrativo*, Marcial Pons, Madrid, 2021; FERNÁNDEZ ACEVEDO, R., *Las concesiones administrativas de dominio público*, Aranzadi, Cizur Menor (Navarra), 2012; GONZÁLEZ, J. V., (dir.), *Derecho de los bienes públicos*, Tirant lo Blanch, Valencia, 2015; GONZÁLEZ, J. V., *La titularidad de los bienes del dominio público*, Marcial Pons, Madrid, 1998; LÓPEZ RAMÓN, F., *Sistema jurídico de los bienes públicos*, Civitas, Pamplona, 2012; MORILLO VELARDE, J. I., *Dominio público*, Trivium, Madrid, 1992; PARADA VÁZQUEZ, J. R. y LORA-TAMAYO VALLVÉ, M., *Derecho administrativo III: bienes públicos, derecho urbanístico*, Dykinson, Madrid, 2019; SANTAMARÍA ARINAS, R. J., *Curso básico de Derecho Administrativo Patrimonial*, INAP, Madrid, 2022; SANTAMARÍA PASTOR, J. A., *Principios de derecho administrativo general*, Iustel, Madrid, 2018.

Capítulo 5

LOS BIENES PÚBLICOS PATRIMONIALES Y OTRAS CATEGORÍAS. EL RÉGIMEN DE PROTECCIÓN DE LOS BIENES PÚBLICOS EN GENERAL

JORGE GARCÍA-ANDRADE GÓMEZ

SUMARIO:

RESUMEN: En este capítulo se estudia el régimen jurídico de los bienes patrimoniales de la Administración (adquisición, explotación, transmisión y cesión), de otras categorías de bienes públicos, y ya en general, para bienes demaniales y patrimoniales, el régimen de protección de los bienes, con especial atención al régimen de indisponibilidad de los bienes.

PALABRAS CLAVE: Bienes patrimoniales, adquisición, explotación de los bienes patrimoniales, bienes comunales, montes vecinales, Patrimonio Nacional, Inventario de bienes, deslinde, reintegro posesorio, desahucio administrativo, servidumbres, indisponibilidad, imprescriptibilidad, inalienabilidad, inembargabilidad.

I. LOS BIENES PATRIMONIALES DE LA ADMINISTRACIÓN

1. Concepto y función

La caracterización de los bienes patrimoniales es residual y negativa respecto de las restantes categorías de bienes públicos, pues se consideran como patrimoniales aquellos bienes de titularidad pública que no son demaniales; o que no pertenezcan a alguna de las restantes categorías que luego se estudian (Patrimonio Nacional, bienes comunales o montes vecinales en mano común). Dispone el artículo 7.1 LPAP que son bienes y derechos de dominio privado o patrimoniales los que, siendo de titularidad de las Administraciones públicas, no tengan el carácter de demaniales.

Sentada la anterior idea general, debe tenerse presente que en algunos aspectos la regulación de la LPAP sobre la composición del patrimonio de las Administraciones públicas puede resultar equívoca, pues el artículo 3.2 excluye, entre otros, los valores y los créditos, mientras que el artículo 7 recoge entre los bienes patrimoniales los derechos de arrendamiento y los valores.

Por otra parte, si en el caso de los bienes demaniales se ha planteado el interrogante acerca de si constituyen una auténtica propiedad, en cambio, respecto de los bienes patrimoniales no se plantea tal duda, pues responden a la idea de propiedad privada, si bien la titularidad que corresponde a la Administración pública determina que importantes aspectos de su régimen jurídico queden publificados.

Aun cuando los bienes patrimoniales no se afecten al uso o servicio público, cumplen distintas funciones para la Administración a la que pertenecen. Históricamente tuvieron un indudable cometido fiscal, pues antes de que se desarrollaran los modernos sistemas tributarios, las rentas que aquellos bienes producían representaban una importante partida de los ingresos públicos, asegurando cierta continuidad en su percepción, frente a buena parte de los impuestos que requería aprobación puntual para su exacción. En el caso de los bienes municipales hasta el siglo XIX también sirvieron como aprovechamientos naturales para los vecinos, pero con el proceso desamortizador se transmitieron en gran medida a manos privadas.

En la actualidad, los bienes patrimoniales cumplen diversas funciones para las Administraciones a las que pertenecen: económicas, instrumentales de políticas públicas y de reserva. Económicamente, cumplen las funciones propias de todo patrimonio: permiten la acumulación de valor; en su caso la revalorización; como también la generación de ingresos, pues, aunque los rendimientos provenientes de los bienes patrimoniales no representen una partida tan relevante como antaño, ninguna aportación patrimonial es desdeñable para una Administración con tan amplios compromisos como la contemporánea. De hecho, el artículo 157.1, d) CE los contempla como generadores de ingresos y el artículo 9 LPAP dispone que la gestión de estos bienes se ajustará a los principios de eficiencia, economía y rentabilidad. Asimismo, los bienes públicos pueden contribuir a la realización de determinadas políticas sociales, como es el desarrollo de la vivienda social a través de los patrimonios públicos de suelo (artículo 8.2 LPAP); así como un relevante papel protector para el medioambiente, merced a la titularidad pública de grandes extensiones naturales. En fin, los bienes patrimoniales cumplen una función de reserva, entendida como disponibilidad para la eventualidad de que sean requeridos en el futuro para algún uso público, servicio público o de apoyo a políticas públicas. Esta función es especialmente visible respecto de los inmuebles, que pueden preservarse para el caso de que la Administración necesite en el futuro afectarlos a un uso o servicio público transformándolos en demaniales; o de los patrimonios públicos de suelo, que, aun manteniendo la condición de patrimoniales, pueden ofrecerse en el mercado para regular el precio de los inmuebles (artículo 51 de la Ley de Suelo y Rehabilitación Urbana, cuyo texto refundido aprobó el Real Decreto Legislativo 7/2015, de 30 de octubre, LSRU).

Conviene aclarar que, aun cuando los bienes patrimoniales siempre cumplan funciones de interés general como las expresadas, esta circunstancia por sí sola no los convierte automáticamente en demaniales, sino que la demanialización solo se operará cuando los bienes se encuentren directamente destinados al cumplimiento de la actividad pública en sentido estricto y no de manera auxiliar o complementaria (C. Chinchilla).

2. *Régimen jurídico*

La regulación general de estos bienes se contiene en el ámbito estatal en tres normas fundamentales, el CC, el RBEL y la LPAP, además de que exista una regulación específica para otros bienes como los patrimonios públicos de suelo (artículos 51 y 52 LSRU).

Conforme al CC, estos bienes de la Administración se encuentran sometidos al régimen de la propiedad privada, esto es, al mismo régimen jurídico que los bienes de los particulares. Sin embargo, la LPAP también somete estos bienes a importantes normas de Derecho Administrativo. En este punto, la LPAP no es del todo coherente ni ofrece una buena sistematización, pues los preceptos que establecen la prelación normativa se hallan dispersos por la norma y no siempre disponen el mismo régimen de supletoriedad (artículos 7.3, 19 y 110.1 LPAP). De la conjunción de los anteriores preceptos puede deducirse la siguiente prelación de fuentes en el ámbito estatal. El régimen de adquisición, administración, defensa y enajenación de los bienes y derechos patrimoniales será el previsto en la LPAP y en las disposiciones que la desarrollen o complementen. Supletoriamente, se aplicarán las normas del Derecho administrativo, en todas las cuestiones relativas a la competencia para adoptar los correspondientes actos y al procedimiento que ha de seguirse para ello. En cuanto a la preparación y adjudicación de contratos, convenios y negocios jurídicos sobre estos bienes, se aplicará supletoriamente la legislación de contratos del sector público. Finalmente, las normas del Derecho privado se aplicarán también supletoriamente en lo que afecte a los restantes aspectos de su régimen jurídico.

3. Adquisición de bienes patrimoniales por la Administración

Como regla general, todos los bienes que adquiera la Administración tienen carácter patrimonial, sin perjuicio de que la Administración que los adquiere pueda decidir integrarlos en el dominio público mediante su afectación a un uso o servicio público (artículo 16 LPAP).

De esta regla general se exceptúan algunas adquisiciones de bienes por la Administración, como los bienes adquiridos por expropiación, que se incorporan directamente al dominio público a causa de la afectación implícita que experimentan (artículo 24.2 LPAP), así como los valores y el dinero de las cuentas abandonadas, que se ingresan en el Tesoro, no en el patrimonio de las Administraciones públicas.

La Administración adquiere sus bienes patrimoniales conforme a las mismas fórmulas jurídicas que los particulares, sin perjuicio de las especialidades de Derecho público que modulan este régimen jurídico. Así, el artículo 15 LPAP enumera las formas de adquirir de la Administración: por ley; a título oneroso; a título lucrativo (herencia, legado o donación); por prescripción adquisitiva; y por ocupación.

3.1 Por ley

Por ministerio de la ley pueden atribuirse a la Administración determinados bienes con el carácter de patrimoniales, sin necesidad de que medie una actuación administrativa, un negocio jurídico o acto de Derecho privado para que se perfeccione la adquisición.

Por su interés jurídico, cabe citar dos ejemplos paradigmáticos de esta forma de adquisición. En primer lugar, se encuentran los muebles, valores y saldos abandonados, depositados en entidades financieras, que el artículo 18 LPAP atribuye a la Administración General del Estado. La adquisición se opera por ministerio de la ley, transcurrido el plazo de 20 años sin que se haya practicado gestión alguna respecto de ellos. Dado que el dinero no forma parte del patrimonio de las Administraciones públicas, los saldos se incorporarán al Tesoro, mientras que los muebles y títulos depositados acrecerán el patrimonio de la Administración General del Estado.

El segundo ejemplo es el de los bienes inmuebles vacantes o mostrencos, que el artículo 17 LPAP atribuye a la Administración General del Estado. Este precepto distingue la adquisición de la propiedad, que se opera automáticamente por ministerio de la ley, de la ocupación posesoria, que puede requerir una acción posesoria ante los tribunales o una mera actuación administrativa, según que respectivamente estuvieren o no siendo poseídos por terceros a título de dueños.

Por otra parte, desde el punto de vista competencial, es de notar que la LPAP no atribuye genéricamente a las Administraciones la propiedad de tales inmuebles, sino únicamente a la Administración General del Estado. De hecho, la STC 58/1982 declaró inconstitucional una ley catalana que atribuía la propiedad de este tipo de bienes a la Administración autonómica, pues el Tribunal Constitucional consideró en aquel momento que la competencia autonómica para legislar sobre su propio patrimonio no legitima para modificar también la legislación de patrimonio del Estado, ya que "sólo el órgano que puede decidir en nombre de todo el Estado y no de una de sus partes puede modificar la actual atribución" (f. j. 3). Sin embargo, el Tribunal Constitucional ha revisado recientemente esta doctrina en la STC 40/2018, habiendo avalado que una ley navarra atribuya tanto los bienes mostrencos como los saldos abandonados en entidades financieras a la Administración autonómica, con el razonamiento de que en esta ocasión la comunidad autónoma ejercía una competencia exclusiva en materia de Derecho civil, en la que debe encuadrarse la atribución de la propiedad de los bienes mostrencos (en igual sentido la STC 41/2018, respecto de una ley aragonesa referida exclusivamente a los inmuebles en el ámbito de las parcelaciones).

3.2 A título oneroso

Las adquisiciones a título oneroso de bienes patrimoniales pueden efectuarse por vía administrativa, como la expropiación forzosa, o por negocio privado, como los contratos.

En general, los bienes adquiridos por la Administración por expropiación forzosa son objeto de una afectación implícita y en consecuencia se incorporan al patrimonio de la Administración como demaniales (artículo 24 LPAP). No obstante, por esta misma vía también se incorporan como patrimoniales los bienes desafectados o sobrantes de la expropiación forzosa, por ejemplo, cuando se expropia la totalidad de una finca en beneficio del propietario, aun cuando la Administración necesite solo una parte de ella (artículo 23 de la Ley de 16 de diciembre de 1954 sobre Expropiación Forzosa, LEF).

También por vía contractual, puede la Administración adquirir bienes patrimoniales. En el ámbito estatal estas adquisiciones se rigen por la LPAP y las normas que la desarrollen o complementen. Supletoriamente se aplicarán tanto la Ley 9/2017, de 8 de noviembre, de Contratos del Sector Público, LCSP (artículo 110.1 LPAP y 4 LCSP), como las normas de Derecho administrativo en materia de competencia y procedimiento (artículo 7.3 LPAP). Supletoriamente también se aplicarán el Derecho civil o mercantil en los restantes aspectos (artículos 7.3 y 19 LPAP). El orden jurisdiccional contencioso-administrativo será competente para conocer de los actos separables, de preparación y adquisición, mientras que el orden civil lo será para conocer de los restantes aspectos (artículo 110.3 LPAP).

3.3 A título lucrativo

La Administración también puede adquirir los bienes patrimoniales a título lucrativo, esto es, sin contraprestación por ellos (artículos 20 a 21 LPAP).

En primer lugar, la Administración puede resultar heredera testamentaria, *ab intestato* o legataria, rigiéndose estas adquisiciones por el Derecho privado (artículos 956 y siguientes CC). La aceptación de la herencia se entenderá siempre a beneficio de inventario.

Además, la Administración puede ser donataria de los bienes, pero no podrá aceptarse la donación si las cargas superan el valor de lo que se adquiere.

Aun cuando la LPAP no contemple esta modalidad, la adquisición a título lucrativo también puede ser forzosa en favor de la Administración cuando así lo disponga la ley. Como sucede en el ámbito urbanístico con las cesiones obligatorias de suelo por parte de los propietarios de inmuebles que se vayan a urbanizar y que integran los patrimonios municipales de suelo (artículo 18.1, letra b LSRU). También el comiso supone una adquisición forzosa de la propiedad de bienes patrimoniales en favor de la Administración sin que medie contraprestación, a raíz de un procedimiento sancionador respecto de bienes procedentes de tráfico ilícito o que presenten peligro para la salud o seguridad de las personas (artículo 39.2, letra b, Ley Orgánica 4/2015, de 30 de marzo, de Protección de la Seguridad Ciudadana). En tales casos, no se trata de adquisiciones por ministerio de la ley, sino que el perfeccionamiento requiere la ejecución del planeamiento urbanístico o la tramitación del procedimiento administrativo correspondiente.

3.4 Por prescripción adquisitiva

La prescripción adquisitiva por parte de la Administración se rige por el Derecho privado (artículos 22 LPAP y, por remisión, artículos 1955 y siguientes CC).

3.5 Por ocupación

La adquisición administrativa por ocupación se refiere a bienes muebles sin dueño (artículo 23 LPAP), pues en el caso de los inmuebles, así como de los saldos y valores abandonados en las entidades financieras, se produce la adquisición automática por ministerio de la ley, ya analizada.

3.6 Mediante adjudicación derivada de la ejecución forzosa

La Administración también puede adquirir bienes patrimoniales cuando se le adjudiquen como resultado de un procedimiento de ejecución forzosa en pago de deudas contraídas con la Administración, ya en vía administrativa o judicial. Su regulación en los artículos 25 y siguientes LPAP se remite a la regulación tributaria en los supuestos de ejecuciones administrativas.

3.7 Mediante cesión interadministrativa

Las Administraciones públicas también pueden adquirir bienes patrimoniales provenientes de otras Administraciones en virtud de traspasos de funciones y servicios, generalmente del Estado a las comunidades autónomas. Ya se ha analizado que, si el bien cedido estuviera calificado como demanial, entonces se trataría de una mutación demanial de carácter subjetivo.

4. Explotación de los bienes patrimoniales

El artículo 8 LPAP dispone que la gestión y administración de los bienes patrimoniales se ajustará a los principios de eficiencia, rentabilidad en la explotación, publicidad, transparencia, concurrencia y objetividad en la adquisición, explotación y enajenación de estos bienes.

En cuanto a los negocios jurídicos con los que la Administración instrumentará la explotación, aquella podrá recurrir a cualquier tipo de contrato, típico o atípico, así como podrá incluir las cláusulas que estime adecuadas. Estos contratos no podrán tener una duración superior a 20 años, salvo por causas excepcionales debidamente justificadas (artículo 106 LPAP).

Desde el punto de vista procedimental, estos contratos se adjudicarán ordinariamente por concurso, si bien el artículo 107.1 LPAP también prevé la adjudicación directa en determinados supuestos, que deberán justificarse debidamente en el expediente: peculiaridades del bien, limitación de la demanda, urgencia resultante de acontecimientos imprevisibles o singularidad de la operación.

5. Transmisión y cesión

Los bienes patrimoniales de la Administración no están excluidos del tráfico jurídico, a diferencia de lo que ocurre con los demaniales, por lo que son susceptibles de enajenación. Al igual que en la explotación de los bienes patrimoniales, rige aquí el principio de libertad de pactos, por lo que la enajenación podrá efectuarse por cualquier tipo de contrato oneroso, típico o atípico. Si bien la cesión gratuita solo será posible para la persecución de fines de utilidad pública o interés social, en favor de otras entidades públicas o sin ánimo de lucro (artículos 132 y 145 LPAP).

II. OTRAS CATEGORÍAS DE BIENES PÚBLICOS. DELIMITACIÓN RESPECTO DE OTRAS FIGURAS

El artículo 132 CE, además del dominio público y el Patrimonio del Estado, también dispone que la ley regulará el régimen jurídico de los bienes comunales, así como del Patrimonio Nacional. Se trata de categorías jurídicamente menores, por su carácter esencialmente vestigial o representativo, pero que conviene conocer, al igual que es preciso delimitar algunas figuras análogas a los bienes públicos.

1. Los bienes comunales

Los bienes comunales se configuran en la actualidad como una especie de los bienes de dominio público, singularizada por dos notas características: su titularidad y su aprovechamiento. En cuanto a la titularidad, no se predica de la totalidad de las Administraciones públicas, sino que estos bienes solo podrán pertenecer a los municipios y las entidades locales menores, como dispone el artículo 2 RBEL.

Con respecto a la segunda de sus características, a pesar de que se clasifican como parte del dominio público local no se afectan a un uso o servicio público, sino que su aprovechamiento corresponde al común de los vecinos (artículos 2 y 96 RBEL y 79 LBRL). En este sentido, es significativo que el artículo 18.1, letra c)

LBRL reconozca conjuntamente el derecho de los vecinos a utilizar los servicios públicos y acceder a los aprovechamientos comunales, bajo la lógica de que, si bien ninguno de ellos pertenece al vecino, la condición de vecindad le habilita para disfrutar de ambos.

Estos bienes se califican de comunales precisamente porque su aprovechamiento y disfrute se hará como regla general en régimen de explotación común o cultivo colectivo, que implica el disfrute general y simultáneo de los bienes por los vecinos. Sólo cuando tal disfrute fuere impracticable se adoptará un aprovechamiento peculiar, según costumbre o reglamentación local, o se adjudicará por lotes o suertes, en proporción directa al número de personas que los vecinos tengan a su cargo e inversa de su situación económica. En su defecto, se adjudicará mediante precio para compensar los gastos que originen los bienes (artículos 94 y siguientes RBEL).

En cuanto a su régimen de protección, de acuerdo con los artículos 132.1 CE y 80.1 LBRL esta se articula en torno a los mismos principios que presiden el demanio público: inalienabilidad, imprescriptibilidad e inembargabilidad, que son objeto de análisis en un epígrafe posterior.

Finalmente, los bienes podrán perder su carácter comunal por falta de aprovechamiento (artículo 100 RBEL).

2. *Montes vecinales en mano común*

Los montes vecinales en mano común se rigen por la Ley 55/1980, de 11 de noviembre, de Montes Vecinales en Mano Común, y en su caso por la legislación autonómica correspondiente. Constituyen un vestigio de formas remotas de titularidad colectiva sobre montes, que presenta varias singularidades. La primera de ellas se refiere a su titularidad, que no corresponde a entidad administrativa alguna, sino a una agrupación o comunidad vecinal. No son, por tanto, bienes de las entidades locales, si bien se recogen aquí por su proximidad conceptual a los bienes comunales y el importante protagonismo que puede corresponder a las entidades locales respecto de ellos. Los montes vecinales tampoco pertenecen individualmente a cada vecino, sino al grupo social sin asignación individualizada, de suerte que la composición de quienes integran tal grupo es variable. En segundo lugar, su aprovechamiento es consuetudinario y corresponde a los integrantes del grupo social en mano común.

Dado que pertenecen al grupo vecinal, este se tiene que dotar de unos estatutos que regulen su funcionamiento y órganos de representación. Es elocuente de su origen que el artículo 7 de la ley de 1980 tome como referencia a los representantes de cada "casa abierta con humos".

Aun cuando los bienes no pertenezcan a la Administración pública, se atribuyen a esta el ejercicio de determinadas potestades y funciones administrativas para su protección y apoyo, como el deslinde, la conservación o el asesoramiento técnico (artículo 14). Además, en caso de extinción de la agrupación vecinal, la entidad local correspondiente asumirá las funciones necesarias para asegurar su conservación y ordenar su disfrute. Transcurridos treinta años sin que se restaure la agrupación vecinal, los montes se integrarán en el patrimonio local con el carácter de comunales (artículo 8).

Por último, la ley dispone que estos montes vecinales en mano común son bienes indivisibles, inalienables, imprescriptibles e inembargables. No obstante, la ley flexibiliza estos principios, permitiendo en determinadas circunstancias su permuta por otros montes colindantes de valor similar, cesión e incluso expropiación.

3. El Patrimonio Nacional

El Patrimonio Nacional es un patrimonio independiente, previsto en el artículo 132.3 CE y regido por la Ley 23/1982, de 16 de junio, reguladora del Patrimonio Nacional, LPN. Está integrado por los bienes de titularidad del Estado afectados al uso y servicio del Rey y de los miembros de la Real Familia para el ejercicio de la alta representación que la Constitución y las leyes les atribuyen (artículo 2 LPN). Su composición comprende muebles, inmuebles, así como derechos y cargas de Patronato sobre las Fundaciones y Reales Patronatos.

Conviene aclarar que, si bien estos bienes se destinan al servicio del Rey y su familia, no tienen carácter privado, sino público estatal. Siempre que sea compatible con su uso principal por el monarca, estos bienes podrán dedicarse a otros usos culturales, científicos o docentes.

En cuanto a su régimen de protección tienen carácter inalienable, imprescriptible e inembargable y deberán estar inscritos en el Registro de la Propiedad como titularidad estatal.

4. Delimitación de otras figuras

Conviene asimismo delimitar algunas figuras jurídicas que por su denominación pueden inducir a confusión sobre su condición de bienes públicos. La primera de ellas es el denominado dominio público que rige en materia de propiedad intelectual. Disponen los artículos 26 y 41 de la Ley de Propiedad Intelectual, LPI, (texto refundido aprobado por el Real Decreto Legislativo 1/1996, de 12 de abril) que los derechos de explotación de la obra durarán toda la vida del autor y setenta años después de su muerte o declaración de fallecimiento (los artículos 27 y siguientes de la norma contienen disposiciones complementarias al respecto); y que la extinción de los derechos de explotación de las obras determinará su paso al dominio público. Una vez incorporadas las obras al dominio público podrán ser utilizadas por cualquiera, siempre que se respete la autoría y la integridad de la obra.

Se advierte así que la categoría del dominio público que maneja la LPI no se corresponde con la de los bienes demaniales, pues los derechos de explotación de las obras no se incorporan al patrimonio de la Administración, sino que el dominio público en materia de propiedad intelectual únicamente define la extinción de los derechos exclusivos de explotación de las obras por el transcurso del tiempo, de tal suerte que las obras podrán ser utilizadas por cualquiera.

También puede inducir a confusión la categoría de "bien común" que emplea Ley Orgánica 2/2023, de 22 de marzo, del Sistema Universitario, LOSU, cuando dispone en su artículo 12 que el conocimiento científico tendrá la consideración de un bien común. En este caso, se trata de un concepto tomado de la sociología, también denominado en otras lenguas como "bienes colectivos", que carece de construcción previa en la dogmática jurídica y que la indicada disposición universitaria no define. Fuera del Derecho, con el concepto de bienes públicos o colectivos se trata de definir aquellos elementos que son singularmente valiosos para la sociedad y comprenden desde bienes físicos (como los recursos naturales) hasta formas organizativas apreciadas socialmente (como la sanidad pública, el sistema educativo o el ordenamiento jurídico).

La LOSU parece emplear dos acepciones de la categoría de bienes comunes. La primera de ellas se aproxima a la anteriormente expresada, por ejemplo, cuando su preámbulo afirma la necesidad de que el conocimiento sea socialmente útil, sin que ligue efectos jurídicos a esta calificación. En su segunda acepción sí parecen derivarse efectos jurídicos concretos, pues el preámbulo asocia la denominada "ciencia abierta" con el conocimiento científico concebido "como un bien común, accesible y no mercantilizado". Con este significado, el artículo 12.2 dispone que el personal investigador deberá depositar una copia de sus publicaciones en repositorios de acceso abierto, sin que aclare cómo se concilia este tipo de acceso con los derechos de explotación intelectual. No interesa aquí dilucidar esta cuestión, sino únicamente poner de manifiesto que esta categoría de bienes públicos, pese a su denominación, no atribuye su titularidad a Administración pública alguna, sino que busca facilitar el acceso gratuito a las publicaciones. Tampoco se corresponde con la categoría del dominio público de la propiedad intelectual, porque no extingue los derechos de explotación que le son propios.

III. EL RÉGIMEN DE PROTECCIÓN DE LOS BIENES PÚBLICOS

Como se ha indicado, una de las razones por las que se elaboró un Derecho singular de los bienes públicos fue para protegerlos frente a terceros y frente al propio titular del poder, dada la importante función social que les corresponde. Originariamente estas técnicas de protección se aplicaban sólo al dominio público y a los bienes públicos asimilados a este, sin embargo, con el tiempo este régimen jurídico se ha ido ampliando a los patrimoniales, si bien se mantienen algunas diferencias entre ellos.

Bajo la anterior premisa, el artículo 28 LPAP dispone que las Administraciones públicas están obligadas a proteger y defender su patrimonio. A tal fin, protegerán adecuadamente los bienes y derechos que lo integran, procurarán su inscripción registral, y ejercerán las potestades administrativas y acciones judiciales que sean procedentes para ello.

Con tal propósito, el ordenamiento contiene un amplio conjunto de instrumentos jurídicos de protección, la mayoría de los cuales consisten en potestades públicas exorbitantes respecto de las que el Derecho privado reconoce a los propietarios. De hecho, muchas de aquellas potestades colocan a la Administración en una situación de privilegio respecto de los particulares que puedan entrar en conflicto con ella en relación con el bien público de que se trate.

Adicionalmente al régimen singular de protección que aquí se estudia, los bienes de la Administración reciben la protección ordinaria que el ordenamiento jurídico dispensa con carácter general a todos los titulares de derechos patrimoniales, sea en la vía civil o penal.

1. Inventario

Un elemento fundamental para la protección de los bienes es el cabal conocimiento de estos, por esta razón la LPAP contempla que todos los bienes y derechos de la Administración deben estar recogidos en el inventario o catálogo correspondiente, para tener certeza de los bienes que componen su patrimonio (artículo 32 LPAP).

El inventario consiste en una relación de los bienes en la que deben constar su identificación; situación jurídica; y destino o uso. La obligación de inventariar se aplica tanto a los bienes patrimoniales como a los demaniales. El inventario carece de efectos jurídicos constitutivos, esto es, la inclusión o exclusión de un determinado bien del inventario es una consecuencia de la pertenencia o no de este a la Administración, pero no constituye un instrumento jurídico atributivo de la titularidad, que podrá ser cuestionada o declarada a través de las técnicas que seguidamente se analizan.

En el ámbito estatal, la LPAP regula la figura del Inventario General de Bienes y Derechos del Estado, que reúne la totalidad de los derechos que integran el Patrimonio del Estado y su inclusión es requisito necesario para la celebración de actos de gestión o enajenación de los correspondientes bienes.

2. Protección registral

La Administración tiene la obligación de inscribir sus bienes en los correspondientes registros, ya sean demaniales o patrimoniales, siempre que sean susceptibles de tal inscripción. La obligación alcanza a todos los actos y contratos referidos a los bienes públicos que puedan tener acceso a dichos registros (artículo 36 LPAP).

De esta manera, la protección general que la inscripción registral otorga a los derechos de contenido patrimonial se extiende a los bienes públicos: presunción de veracidad, protección del tercero hipotecario, etc.

3. Investigación

La técnica jurídica denominada de investigación consiste en una potestad administrativa cuyo objeto es esclarecer la titularidad de los bienes cuando esta resulte controvertida o dudosa (artículo 45 LPAP).

La potestad administrativa de la investigación es una manifestación elocuente del privilegio de autotutela declarativa que el Derecho administrativo reconoce a la Administración, pues, a diferencia de la posición jurídica en que se que encuentran los particulares, cuyas discrepancias sobre la titularidad de un bien han de resolverse ante la jurisdicción en un procedimiento declarativo, la potestad aquí analizada habilita a la Administración para que pueda dictar de manera unilateral actos administrativos en los que se determinen los extremos controvertidos acerca de la titularidad de los bienes.

El ejercicio de la potestad de investigación necesariamente deberá conducirse a través de un procedimiento administrativo, que se iniciará de oficio y concluirá con la declaración que corresponda sobre la titularidad del bien. Si la resolución declara la titularidad pública del bien, se procederá a su tasación, inclusión en el inventario, inscripción registral y a la adopción de medidas pertinentes para hacer efectiva la posesión del bien (artículo 47 LPAP).

Finalmente, prevé el artículo 49 LPAP que las personas que, sin venir obligadas por razón de su cargo o funciones, promuevan la investigación de bienes y derechos que pudieran ser de titularidad pública, se les abonará como premio el diez por ciento del valor de los bienes o derechos denunciados, siempre que el procedimiento concluya con su incorporación al Patrimonio del Estado y esta incorporación no sea revocada posteriormente.

4. Deslinde

En el Derecho privado el deslinde de fincas es una facultad que el artículo 384 CC reconoce con carácter general al propietario, cuya efectividad requiere del consentimiento notarial de los dueños de los predios colindantes (artículo 200 de la Ley Hipotecaria) o una resolución judicial.

En cambio, tratándose de bienes públicos, el deslinde es una potestad que se reconoce a la Administración para que pueda dictar de manera unilateral una resolución de deslinde de sus propiedades inmobiliarias respecto de las de terceros.

El deslinde administrativo tiene por objeto delimitar los límites físicos de los inmuebles mediante operaciones técnicas. A diferencia de la potestad de investigación, antes analizada, en la que se cuestiona la titularidad del bien, el deslinde procede cuando no existen dudas sobre la titularidad, sino acerca de la dimensión o límites físicos de la propiedad, bien porque sean imprecisos o existan dudas de usurpación.

El deslinde se tramita a través de un procedimiento administrativo, que se inicia de oficio y que, una vez iniciado impide que los propietarios colindantes puedan instar un procedimiento judicial con igual pretensión. Una vez la resolución sea firme, si fuera necesario se procederá al amojonamiento de la finca, y se inscribirá en el Registro de la Propiedad.

5. Reintegro posesorio

El reintegro posesorio es la potestad que se reconoce a la Administración para que pueda recuperar la posesión indebidamente perdida de sus bienes públicos (artículo 55 LPAP). El principal elemento diferencial de esta prerrogativa respecto de las facultades reconocidas a los particulares (artículo 441 CC) es que la Administración tiene reconocida la potestad de recuperar la posesión por sí misma, esto es, sin necesidad de acudir al juez.

Conviene reparar en que no es una forma de adquirir la titularidad de los bienes, sino únicamente la posesión, por lo que son presupuestos para el ejercicio de esta potestad que la Administración sea titular de los bienes y que haya sido indebidamente desposeída de ellos.

La LPAP establece un doble régimen para el ejercicio del reintegro posesorio. Tratándose de bienes demaniales la recuperación no está sometida a plazo, mientras que la recuperación de los bienes patrimoniales requiere que la iniciación del procedimiento se notifique en el plazo de un año a partir del día siguiente a la usurpación. De lo contrario, la Administración tendrá que acudir a la vía civil para recuperar el bien (artículo 55.3 LPAP).

En todo caso, el ejercicio de esta prerrogativa debe encauzarse a través de un procedimiento administrativo en el que, oído el poseedor y una vez constatada la usurpación de la posesión, se requerirá al ocupante para que cese en su actuación en un plazo no superior a ocho días, con la prevención de que, si no atendiere voluntariamente el requerimiento, se adoptarán las medidas precisas de ejecución de los actos administrativos, incluida la imposición de multas coercitivas.

6. Desahucio administrativo

La potestad de desahucio administrativo guarda similitudes con el reintegro posesorio, en la medida en que habilita a la Administración para que pueda recuperar en vía administrativa la tenencia de sus bienes demaniales, si bien parte de una premisa distinta, pues el desahucio administrativo se predica únicamente de aquellos bienes del dominio público que un particular ocupaba en virtud de un legítimo título administrativo, cuando este título haya decaído, desaparecido o finalizado, sin que se hubiera restituido el bien.

El ejercicio de la prerrogativa de desahucio administrativo deberá encauzarse a través de un procedimiento administrativo, en el que se declare la extinción o caducidad del título que otorgaba al particular el derecho a la utilización legítima del dominio público (autorización, concesión o contrato). La resolución también procederá a liquidar la situación posesoria (determinación de los pagos adeudados si fuera el caso) y las indemnizaciones correspondientes. Una vez dictada la resolución, se notificará al detentador para que desocupe el bien en un plazo no superior a ocho días.

Los artículos 58 y 59 LPAP únicamente reconocen a la Administración esta potestad respecto de los bienes demaniales. Sin embargo, el RBEL de 1986 también contempla que las entidades locales puedan ejercitar el desahucio administrativo respecto de viviendas cedidas a su personal (artículo 93.2). Además, algunas normas autonómicas extienden el reconocimiento de esta potestad respecto de todos los bienes públicos, incluidos los patrimoniales, como el artículo 15 de la Ley 6/2001, de 11 de abril, del Patrimonio de la Comunidad Autónoma de las Islas Baleares.

7. *Control judicial del ejercicio de las potestades de protección*

El ejercicio de las potestades administrativas de protección de los bienes públicos se rige por el Derecho administrativo, pero en el ejercicio de aquellas potestades pueden verse afectados los derechos de los particulares, regidos por el Derecho privado, razón por la que la LPAP distribuye entre la jurisdicción ordinaria y la contencioso-administrativa el conocimiento de las controversias que se susciten ante los tribunales.

En primer lugar, dispone el artículo 43 LPAP que no cabrá la acción para la tutela sumaria de la posesión prevista en el artículo 250.4º de la Ley 1/2000, de 7 de enero, de Enjuiciamiento Civil, frente al ejercicio de las prerrogativas que el artículo 41 LPAP reconoce a la Administración (investigación, deslinde, reintegro posesorio y desahucio), por lo que las demandas en las que se ejercite aquella pretensión no serán admitidas a trámite.

También dispone el artículo 41.2 LPAP que el conocimiento de las cuestiones de naturaleza civil que se susciten con ocasión del ejercicio por la Administración de las anteriores potestades corresponderá a los órganos de la jurisdicción ordinaria. Y el artículo 43 concreta qué aspectos deben considerarse cuestiones de naturaleza administrativa y civil. En concreto, los actos administrativos dictados en los procedimientos que se sigan para el ejercicio de las potestades indicadas que afecten a titularidades y derechos de carácter civil sólo podrán ser recurridos ante la jurisdicción contencioso-administrativa por infracción de las normas sobre competencia y procedimiento, previo agotamiento de la vía administrativa. Complementariamente, quienes se consideren perjudicados en cuanto a su derecho de propiedad u otros de naturaleza civil por dichos actos podrán ejercitar las acciones pertinentes ante los órganos del orden jurisdiccional civil. De manera que los actos administrativos pueden ser llevados a órdenes jurisdiccionales distintos, según que la pretensión del actor se fundamente en la infracción de las normas de competencia o procedimiento, en cuyo caso corresponderá a la jurisdicción contencioso-administrativa; o que la pretensión se fundamente en la infracción de los derechos patrimoniales del actor, en cuyo caso será competente la jurisdicción ordinaria.

8. *Imposición de servidumbres*

Entre las técnicas de protección del dominio público debe dejarse constancia de la imposición de servidumbres, normalmente sobre los predios sirvientes contiguos o próximos a los bienes demaniales, cuyo contenido y significado jurídico no difiere de las servidumbres en el Derecho privado.

En la medida en que las servidumbres implican limitaciones al derecho de propiedad de los predios afectados, para su imposición rige la reserva de ley.

La LPAP no regula las servidumbres demaniales con carácter general, pero son frecuentes en la legislación especial. Sirvan como ejemplo las servidumbres que imponen los artículos 23 y siguientes de la Ley de Costas para garantizar la protección del demanio público, el tránsito y el acceso al mar.

IV. INDISPONIBILIDAD DE LOS BIENES DEMANIALES

La CE dispone que la ley regulará el régimen jurídico de los bienes de dominio público y de los comunales, inspirándose en los principios de inalienabilidad, imprescriptibilidad e inembargabilidad (artículo 132.1). Por su parte, el artículo 30 LPAP es más categórico, pues se aleja de la mera inspiración en los principios y declara que los bienes demaniales son inalienables, imprescriptibles e inembargables.

A diferencia de los bienes demaniales, los bienes y derechos patrimoniales podrán ser enajenados, así como podrán ser objeto de prescripción adquisitiva por terceros de acuerdo con lo dispuesto en el CC y en las leyes especiales (artículo 31.2 LPAP).

Como en seguida se analiza, las anteriores reglas de indisponibilidad de los bienes demaniales constituyen una excepción al artículo 609 CC que dispone que la propiedad se adquiere por la ocupación; la propiedad y los demás derechos sobre los bienes se adquieren y transmiten por la ley, por donación, por sucesión testada e intestada, y por consecuencia de ciertos contratos mediante la tradición; y que pueden también adquirirse por medio de la prescripción.

Asimismo, dispone la LPAP que la Administración del Estado no podrá transigir judicial ni extrajudicialmente sobre los bienes y derechos del Patrimonio del Estado, ni someter a arbitraje las contiendas que se susciten sobre los mismos, sino mediante real decreto acordado en Consejo de Ministros, previo dictamen del Consejo de Estado en pleno (artículo 31).

1. Imprescriptibilidad

La imprescriptibilidad significa que los bienes demaniales no se pueden adquirir por terceros por usucapión o prescripción adquisitiva, como tampoco ningún otro tipo de derecho sobre ellos, como las servidumbres (artículo 30.1 LPAP).

Cabe recordar que, conforme a los artículos 1930 y siguientes CC, la prescripción adquisitiva es una institución en cuya virtud se puede adquirir la titularidad de un derecho real si este se ha poseído en las condiciones y durante el tiempo legalmente establecidos. Correlativamente la prescripción determina la pérdida de los derechos del antiguo titular.

En consecuencia, la prohibición constitucional y legal constituye una excepción al régimen general recogido en el CC, que protege la titularidad pública de los bienes demaniales incluso si estos hubieran sido poseídos por terceros en las condiciones y por los periodos que establece el CC.

Históricamente se consideró que los bienes demaniales podían ser adquiridos por prescripción adquisitiva por tiempo inmemorial, entendiendo por este un periodo superior a 99 años. Sin embargo, el Derecho vigente prohíbe la prescripción adquisitiva del dominio público, cualquiera que sea el tiempo durante el que se posea.

2. *Inalienabilidad*

La regla de la inalienabilidad impide que el bien demanial pueda ser objeto de tráfico civil privado, de manera que la Administración no podrá enajenar ni los terceros adquirir los bienes demaniales. No obstante, respecto de esta prohibición conviene formular algunas aclaraciones.

En primer lugar, la interdicción no solo alcanza a los negocios jurídicos recogidos en la legislación civil, sino también a las traslaciones dominicales establecidas directamente en otras leyes. En cambio, y a diferencia de lo que sucedía en el Derecho histórico respecto del monarca, hoy ya no tiene sentido predicar la inalienabilidad frente a la traslación dominical que se opera en el Derecho de sucesiones, pues la prohibición de enajenación se aplica a los bienes demaniales, comunales, montes vecinales en mano común y del Patrimonio Nacional, de los que no pueden ser titulares las personas físicas.

En segundo término, la prohibición proscribe la enajenación del bien que implique la pérdida de la demanialidad, pero no todo cambio de titularidad en favor de otra Administración. En efecto, ya se ha analizado que la LPAP contempla expresamente las mutaciones demaniales subjetivas, por las que, sin dejar de estar afectado el bien a un uso o servicio público, ni en consecuencia perder su carácter demanial, puede trasladarse su titularidad de una Administración a otra.

Por otra parte, debe tenerse presente que la prohibición únicamente rige en tanto los bienes sean calificados como demaniales, de manera que su desafectación y consiguiente transformación en bienes patrimoniales de la Administración o privados (por ejemplo, en los casos ya analizados de los artículos 370 y 372 del CC) determinan su aptitud para ser objeto del tráfico jurídico.

Por último, debe dejarse anotado el relativo debilitamiento de esta prohibición a raíz de la aprobación de la vigente regulación aeroportuaria, que ha sido anteriormente citada. Ya se ha indicado que la prohibición es producto del esfuerzo histórico de los juristas por escindir el patrimonio personal del monarca y el de la corona para impedir que, por capricho o para atender dificultades económicas acuciantes, aquel pudiera disponer de bienes y territorios considerados singularmente relevantes para la comunidad. Modernamente, la prohibición ha encontrado un nuevo significado y se ha predicado respecto de las autoridades contemporáneas, de suerte que impidiera a estas la enajenación de bienes demaniales incluso durante las crisis económicas. Este entendimiento dogmático de la figura del dominio público se ha reflejado en la CE y la legislación ordinaria, general y especial, de suerte que los bienes públicos afectados a un uso o servicio público han recibido la calificación de demaniales y, en consecuencia, también de inalienables.

Sin embargo, este estado de cosas se ha roto con la aprobación del artículo 9 del Real Decreto-Ley 13/2010, de 3 de diciembre, que, para allegar recursos mediante su privatización en un contexto de crisis económica extrema, ha excluido del dominio público determinadas infraestructuras aeroportuarias, calificándolas de patrimoniales, a pesar de continuar vinculadas a la misma finalidad de interés público que previamente había fundamentado su calificación como demaniales. Aun cuando esta operación constituye un caso singular, lo cierto es que a resultas de ella en el plano conceptual se ha abierto una alternativa a la figura tradicional del dominio público, que permitiría a las autoridades disponer incluso de los bienes afectados a un uso y servicio público. Como resultado, el legislador ordinario queda vinculado al mandato constitucional del artículo 132 que califica como demaniales determinados bienes públicos, impidiendo su enajenación. Como regla general, las leyes también califican como demaniales los restantes bienes públicos afectos a un uso o servicio público, que, por mandato constitucional y legal, también serán inalienables cuando reciban tal calificación. Pero en este último caso, bastará con que el legislador ordinario califique como patrimoniales unos bienes públicos afectos a un uso o servicio público para que queden excluidos del principio constitucional de la inalienabilidad.

3. Inembargabilidad

La inembargabilidad de los bienes demaniales que establecen los artículos 132.1 CE, 6 y 30.1 LPAP se encuentra estrechamente conectada con el carácter inalienable de aquellos (de hecho, en el Derecho histórico no se recogía la inembargabilidad de los bienes demaniales, p. e. en la Ley de Aguas de 1866) e impide que aquellos puedan ser objeto de traba y enajenación forzosa para el pago de deudas, ya sea en procesos de ejecución judicial o administrativa. Esto es, aun cuando la Administración haya incumplido sus obligaciones, no responderá de ellas con sus bienes demaniales, precisamente para garantizar que no se perjudica el uso o servicio público al que están afectados (o los valores que se preservan con la enumeración de ciertos bienes como demaniales en el artículo 132 CE).

No obstante, la anterior prohibición general encuentra importantes modulaciones, tanto en relación con los bienes a los que alcanza, como en cuanto al tipo de obligaciones que podrían motivar el embargo.

Comenzando por la primera de las cuestiones, la previsión constitucional es que la inembargabilidad se predica únicamente de los bienes demaniales. Sin embargo, tradicionalmente diversas disposiciones legales habían dispuesto que la inembargabilidad también alcanzara a ciertos bienes patrimoniales, así como a los fondos públicos (por ejemplo, el artículo 18 de la Ley del Patrimonio del Estado, cuyo texto articulado aprobó el Decreto 1022/1964, de 15 de abril, o el artículo 154 de la Ley 39/1988, de 28 de diciembre, reguladora de las Haciendas Locales, LHL, hoy artículo 173 del texto refundido de la Ley de Haciendas Locales, aprobado por el Real Decreto Legislativo 2/2004, de 5 de marzo). Tales previsiones fueron criticadas por la doctrina, pues las consideraban una vulneración del artículo 24 CE, es decir del derecho a obtener tutela judicial efectiva para hacer efectivos los créditos frente a la Administración pública.

En sus primeros pronunciamientos sobre la materia, el Tribunal Constitucional interpretó que la inembargabilidad de los fondos públicos era conforme a la CE, en cuanto estaba justificada en los principios de legalidad presupuestaria y continuidad de funcionamiento de los servicios públicos (SSTC 4/88, 113/89, 206/93, 294/94). Sin embargo, la STC 166/1998 introdujo una importante precisión. En concreto, señaló que cuando un bien público se halla materialmente afectado a un servicio público o a una función pública específica, constituye el "soporte material" de dicha actividad y, por tanto, es un medio material necesario para la realización efectiva de los intereses generales a los que sirve la Administración. De suerte que su inembargabilidad está justificada en atención a la eficacia de la actuación de la Administración Pública y la continuidad en la prestación de los servicios públicos. Mientras que no cabe estimar otro tanto respecto a los bienes patrimoniales de una entidad local no afectados materialmente a una función o servicio públicos, pues el interés general sólo está presente en atención a su titular, un ente público, pero no en cuanto a la actuación que a aquélla corresponde llevar a cabo ni al ejercicio de concretas potestades administrativas. Por lo que la inembargabilidad establecida en el artículo 154.2 LHL, en la medida en que se extendía a "los bienes en general de la Hacienda local" y comprendía los bienes patrimoniales no afectados materialmente a un uso o servicio público, no era compatible con el derecho a la ejecución de las resoluciones judiciales firmes que el artículo 24.1 CE reconoce y garantiza (f. j. 12).

En coherencia con esta doctrina, el artículo 30.3 LPAP prohíbe que los tribunales o las autoridades administrativas puedan dictar providencias de embargo o despachar mandamiento de ejecución contra los bienes y derechos patrimoniales cuando se encuentren materialmente afectados a un servicio público o a una función pública, cuando sus rendimientos o el producto de su enajenación estén legalmente afectados a fines determinados, o cuando se trate de valores o títulos representativos del capital de sociedades estatales que ejecuten políticas públicas o presten servicios de interés económico general.

Por otra parte, la regla de la inembargabilidad de los bienes demaniales suscita una segunda cuestión de interés relacionada con el tipo de obligaciones que podrían motivar el embargo. Conviene reparar en que la prohibición del embargo demanial supone que el legislador lleva a cabo un ejercicio de ponderación entre intereses contrapuestos. Como ha expresado el Tribunal Constitucional, por razones de interés público y social, el legislador puede excluir determinados bienes y derechos de la ejecución forzosa, declarándolos inembargables, siempre que exista una justificación objetiva y una proporción entre la finalidad perseguida y el sacrificio impuesto, habiéndose residenciado tal justificación en los principios de legalidad presupuestaria y de continuidad de los servicios públicos. La prevalencia de los anteriores principios no significa que los acreedores no puedan realizar su crédito frente a la Administración, sino que se anteponen la planificación presupuestaria y el normal funcionamiento de los servicios públicos al interés particular del acreedor, que puede ver por tal motivo demorada la efectividad de su derecho, lo que en palabras del Tribunal Constitucional provoca inevitablemente "una demora inercial o institucional, achacable al sistema de garantías para el correcto manejo de los dineros públicos" (STC 166/1998, ff. jj. 5 y 7).

Pues bien, al igual que la grave crisis económica iniciada en 2007 se tradujo en una importante modificación legal que afectó a la inalienabilidad del dominio público, concretamente de determinadas infraestructuras aeroportuarias, aquella misma crisis también terminó por provocar la reforma constitucional de 2011, que incide sobre el principio de inembargabilidad del dominio y de otros bienes públicos. En efecto, la nueva redacción del artículo 135 CE incorporó una cláusula por la que se otorga "prioridad absoluta" al pago de la deuda pública. Conviene reparar en dos concretos aspectos del significado de esta cláusula. El primero es que se adopta como un refuerzo de rango constitucional en favor de los tenedores de deuda pública española (acreedores del Estado) ante las incertidumbres que existían sobre la efectividad de su pago. No se trata de que la reforma constitucional garantice que los acreedores cobrarán en todo caso, pues la capacidad de pago dependerá de la salud de las finanzas públicas en cada momento, sino que se les reconoce un derecho preferente y de primer rango, "prioridad absoluta" dice el artículo 135 CE, frente a otros destinos que se pueda dar al Patrimonio y Tesoro público. El segundo aspecto que importa subrayar es que la cláusula ciertamente beneficia de manera inmediata a los tenedores, pero su objetivo último es garantizar el funcionamiento de los servicios públicos, esto es, que el Estado no pierda la confianza de los inversores para que pueda seguir emitiendo y renovando la deuda pública con la que financia su actividad. En consecuencia, el interés jurídicamente protegido no es únicamente de carácter particular, el del tenedor de deuda, sino fundamentalmente un interés público concebido de manera más amplia y a largo plazo, como es la viabilidad económica del propio Estado.

A partir de las anteriores premisas, se plantea la cuestión de la conciliación del planteamiento jurídico tradicional sobre la inembargabilidad de ciertos bienes públicos y de la cláusula constitucional de 2011 de la prioridad absoluta del pago de la deuda pública. La contraposición de ambas figuras jurídicas se suscita en la medida en que la inembargabilidad se justifica en la tradicional prevalencia de los principios de legalidad presupuestaria y del funcionamiento de los servicios públicos; mientras que la prioridad absoluta en el pago de la deuda pública se justifica en la más novedosa necesidad de proteger a los tenedores de deuda para asegurar la viabilidad financiera del Estado. Siendo así que la efectividad del derecho de crédito de los tenedores de deuda puede exigir anteponer su satisfacción a otras finalidades públicas, si fuera el caso incluso mediante el embargo de los bienes públicos.

A este respecto, cabe diferenciar distintos supuestos, pues ya se ha examinado cómo la inembargabilidad puede predicarse tanto de los bienes de dominio público como de otros bienes que carecen de esta calificación. En relación con los bienes de dominio público, debe tenerse presente que tanto la inembargabilidad como la cláusula de la prioridad absoluta en el pago de la deuda pública se contienen en dos preceptos de rango constitucional (artículos 132 y 135 CE) y que el Tribunal Constitucional señaló en su Auto 9/2012 que la reforma constitucional de 2011 había quedado circunscrita al artículo 135. En consecuencia, la circunstancia de que los créditos derivados de la deuda pública gocen de prioridad no altera por sí sola la previsión de la inembargabilidad de los bienes de dominio público que contiene el propio artículo 132.2 de la Constitución, ni debilita el poder del Estado para demanializar justificadamente determinadas categorías de bienes, con el resultado de que quedarán excluidos del tráfico jurídico y, por tanto, por mandato constitucional seguirán siendo inembargables, incluso frente a los acreedores de deuda pública.

Distinto es el caso de la colisión entre la cláusula constitucional de prioridad absoluta del pago de la deuda pública y la inembargabilidad de derechos de titularidad pública que no tienen carácter demanial y que viene establecida en leyes ordinarias como la LPAP o la LHL. En este supuesto la cuestión no se limita a confrontar un precepto constitucional y una disposición con rango de ley ordinaria, sino que es algo más compleja, pues en el caso resuelto por la STC 166/1998 ya se ha visto que el Tribunal Constitucional entendió que debía dilucidarse entre el derecho del acreedor, amparado por el derecho a la tutela judicial efectiva del artículo 24 CE, y la inembargabilidad establecida en la ley, pero que también encontraba fundamento en otros mandatos constitucionales, como la legalidad presupuestaria (artículos 9 y 134 CE) y la continuidad de los servicios públicos (artículo 103 CE). Seguramente, ante una eventual colisión entre ambas figuras debería atenderse al significado último de la cláusula de la prioridad absoluta del pago de la deuda pública, pues en rigor consiste en que el propio texto constitucional establece la prelación, de tal manera que si constitucionalmente se ha garantizado una prioridad absoluta a la amortización y al pago de los intereses de la deuda pública es precisamente para que prevalezcan sobre cualquier otro destino de los recursos públicos y, si se antepusieran a este objetivo otros principios jurídicos, en gran medida se vaciaría de contenido aquella cláusula constitucional.

BIBLIOGRAFÍA: CHINCHILLA MARÍN, C., *Bienes patrimoniales del Estado (Concepto y formas de adquisición por atribución de ley)*, Marcial Pons, Madrid, 2001; COLOM, E., *Los bienes comunales en la legislación de régimen local*, Tecnos, Madrid, 1994; ESTEVE PARDO, J., *Lecciones de Derecho administrativo*, Marcial Pons, 2021; FERNÁNDEZ ACEVEDO, R., "Los bienes patrimoniales", *Lecciones y materiales para el estudio del derecho administrativo* / coord. por Tomás Cano Campos, Vol. 5, Iustel, Madrid, 2009, 37-70; FERNÁNDEZ RODRÍGUEZ, C., "Aproximación al concepto de dominio público inmaterial en los derechos sobre invenciones y creaciones, *Revista de Administración Pública*, 46, 1998, 129-155; GONZÁLEZ, J. V., (dir.), *Derecho de los bienes públicos*, Tirant lo Blanch, Valencia, 2015; LÓPEZ RAMÓN, F., *Sistema jurídico de los bienes públicos*, Civitas, Pamplona, 2012; PARADA VÁZQUEZ, J. R. y LORA-TAMAYO VALLVÉ, M., *Derecho administrativo III: bienes públicos, derecho urbanístico*, Dykinson, Madrid, 2019; SANTAMARÍA ARINAS, R. J., *Curso básico de Derecho Administrativo Patrimonial*, INAP, Madrid, 2022; SANTAMARÍA PASTOR, J. A., *Principios de derecho administrativo general*, Iustel, 2018.

Capítulo 6

LA EXPROPIACIÓN FORZOSA

RAMÓN PAIS RODRÍGUEZ

SUMARIO:

RESUMEN: En este Capítulo se estudia el régimen de la expropiación forzosa, su concepto, los sujetos involucrados, los procedimientos, el justiprecio y la reversión.

PALABRAS CLAVE: Expropiación, causa, ocupación, justiprecio, demora, reversión

I. LA EXPROPIACIÓN FORZOSA COMO LÍMITE Y GARANTÍA DEL DERECHO DE PROPIEDAD

El estudio de la expropiación forzosa debe partir de su relación con el derecho de propiedad, al que está indisolublemente ligado y del que constituye un límite y una garantía. La propiedad privada es la solución predominante del problema de la asignación de bienes y recursos susceptibles de apropiación y es uno de los pilares de nuestra sociedad. La expropiación es el cierre necesario del sistema, el mecanismo mediante el cual el Derecho resuelve el conflicto que se plantea cuando la sociedad necesita bienes concretos que pertenecen a un propietario y este se niega a cedérselos. El ejercicio de la potestad expropiatoria permite en estos casos conciliar el interés general con el particular. Cualquiera de las otras dos opciones, la prevalencia a ultranza del interés particular sobre el general o, por el contrario, la posibilidad de privar a un propietario de sus bienes sin indemnizarle, impide una solución óptima al problema de la asignación de bienes y recursos apropiables. En el primer caso, el interés particular se impone al general; en el segundo, se minan las bases del sistema, privándole de estabilidad y, en definitiva, negando la propiedad. Con las peculiaridades lógicas correspondientes a su tiempo, todas las sociedades que nos han precedido y que llegaron a desarrollar un sistema jurídico que reconocía la propiedad privada también hicieron uso de la expropiación forzosa.

En España, las Leyes de Partidas regularon la expropiación en la ley II del Título I de Segunda Partida y en la ley XXXI del Título XVIII de la Tercera Partida. En la primera se trata el poder que tiene el emperador, que puede ser de hecho o de derecho, y tras enumerar las muchas potestades que tiene, se regula la expropiación como un límite a ese poder (*E ſi por auentura ge lo ouieſſe a tomar, por razon. que el Emperador ouieſſe meneſter: de fazer alguna coſa enello, que ſe tornaſſe a pro comunal dela tierra, tenudo es, por derecho de le dar, ante buen cambio, que vala tanto o mas de guiſa, que el ſinque pagado, a bien viſta de omes buenos*). En la segunda, se vuelve a regular al tratar el tema de como no debe valer carta que sea contra derecho natural, de manera que no cabe tomar la propiedad sin causa de necesidad pública —*si el Rey las oviese, menester por fazer dellas, o enellas alguna lavor o alguna cosa, que fuese a pro comunal del Reyno*— y obligando a que la expropiación se verifique tras el previo pago del precio o se compre el bien —*pero esto deven fazer en una destas dos maneras, dándole cambio por ello primeramente, o comprándoselo según que valiere.*

A finales del siglo XVIII el desarrollo de las relaciones económicas estaba condicionado por la persistencia de vestigios procedentes del régimen feudal que afectaban al derecho de propiedad. Entre otros, perduraban cierta vinculación entre la propiedad y la soberanía, la división del derecho de propiedad en dominio directo y dominio útil, la vinculación a perpetuidad a instituciones o fines permanentes, y limitaciones de uso que condicionaban su explotación racional. Todo ello se concretaba en una pluralidad de regímenes jurídicos irreconducibles a un derecho común susceptible de tráfico vivaz. La reconstrucción del derecho de propiedad, desligándolo de la soberanía y unificándolo, y su garantía constituyen una de las bases sobre las que se construye el estado de derecho que surge a partir de la Revolución francesa y por eso la regulación de la expropiación aparece en su textos normativos más importantes en unos términos que no han variado mucho desde la redacción del art. 17 de la Declaración de derechos del hombre y del ciudadano de 1879 (*"Siendo las propiedades inviolables y sagradas, nadie puede se privado de ellas sino cuando la necesidad pública, legalmente constatada, lo exige claramente y bajo la condición de una indemnización previa y justa"*). La Constitución de Cádiz de 1812 regula la expropiación en el art. 172, actualizando la fórmula de las Partidas (... *si en algún caso fuere necesario para un objeto de conocida utilidad común tomar la propiedad de un particular, no lo podrá hacer, sin que al mismo tiempo sea indemnizado, y se le dé buen cambio a bien vista de hombres buenos*). Y lo mismo han hecho el resto de las constituciones que nos hemos dado hasta llegar a la de 1978.

La Constitución regula el derecho de propiedad en su art. 33, que reconoce el derecho a la propiedad y a la herencia, establece que la función social delimitará su contenido, de acuerdo con las leyes, y regula la expropiación forzosa en su apartado 3, enunciándola en forma negativa (*Nadie podrá ser privado de sus bienes y derechos sino por causa justificada de utilidad pública o interés social, mediante la correspondiente indemnización y de conformidad con lo dispuesto por las leyes*).

Se establecen así las bases de la institución, que comprenden una **triple garantía** integrada por: la **causa de la expropiación**, el **procedimiento regulado por la ley** y la **indemnización o justiprecio**. En lo esencial, estas garantías no han cambiado desde la regulación de las Partidas, aunque sí han experimentado una evolución. La causa de la expropiación es ahora mucho más amplia, pues se ha pasado de la necesidad a la mera utilidad pública o interés social. El procedimiento será el que establezcan las leyes. Y la indemnización se mantiene como elemento fundamental de la institución.

Es habitual caracterizar la expropiación simultáneamente como garantía del derecho de propiedad y como límite de este. Su consideración como límite plantea el problema de que los límites sirven para definir los derechos y funcionan de manera general, mientras que la expropiación no influye en del derecho de propiedad, sino que constituye una derogación de éste, sustituyéndolo por la indemnización. En cuanto a la expropiación como garantía, la Constitución reconoce el derecho de propiedad, pero no lo garantiza en términos absolutos, sino que esa garantía tiene un límite, que es la expropiación. En caso de conflicto entre el interés general (la utilidad pública o interés social) y el particular, lo único que se garantiza es el valor del derecho de propiedad, mediante la correspondiente indemnización. Cabe así observar que la expropiación funciona como un límite a la garantía del derecho de propiedad.

Por último, llama la atención el hecho de que la Constitución no haya incluido la propiedad ni la garantía expropiatoria entre los derechos fundamentales de la Sección 1ª del Capítulo Segundo del Título Primero, sino en la Sección 2ª (De los derechos y deberes de los ciudadanos), pero de ello no cabe deducir que la propiedad ocupe un lugar secundario en nuestro ordenamiento jurídico sino, simplemente, que no está protegida por el mecanismo previsto por el art. 53.2. La propiedad es un derecho reconocido constitucionalmente, cuyo contenido esencial y cuyo ejercicio solo puede regularse por ley, de manera que ni siquiera mediante una ley puede privarse al propietario de éste sin la correspondiente indemnización.

II. CONCEPTO Y OBJETO DE LA EXPROPIACIÓN, DIFERENCIACIÓN CON LIMITACIONES Y RESPONSABILIDAD PATRIMONIAL

Las constituciones del siglo XIX y las primeras leyes de expropiación forzosa utilizaron un concepto clásico de la expropiación, que responde a la idea de un uso limitado a la adquisición forzosa de bienes inmuebles para la realización de obras públicas. En el siglo XX la institución evolucionó como consecuencia de la progresiva asunción de funciones por el Estado y el crecimiento de la Administración que desembocaron en el Estado social de Derecho o Estado del bienestar, en el que se multiplicaron las intervenciones públicas, extendiéndose el uso de la expropiación clásica y planteándose además la necesidad de dar cobertura legal a una nueva clase de intervenciones en las que se mutila un derecho pero no se produce la transmisión del derecho de propiedad, optándose por aplicarles el concepto de expropiación, lo que implicaba su ampliación. Esto ha llevado a distinguir entre un concepto clásico y un concepto moderno de expropiación forzosa. La **expropiación forzosa clásica** se caracterizaría por realizarse mediante un acto administrativo, referirse a propiedades inmuebles, implicar la transmisión de la propiedad y hacerse en beneficio de un ente o empresa pública concreta (NIETO). La **expropiación forzosa moderna** también puede verificarse mediante Ley, admite cualquier objeto, no exige la transmisión del bien —basta mutilarlo— y tampoco requiere la afectación en beneficio de una empresa pública o de un tercero. La vigente Ley de Expropiación Forzosa de 1954 (LEF) refleja en su art. 1 la concepción moderna de la expropiación, que define de manera muy amplia como "*cualquier forma de privación singular de la propiedad privada o de derechos o intereses patrimoniales legítimos, cualesquiera que fueren las personas o Entidades a que* *pertenezcan, acordada imperativamente, ya implique venta, permuta, censo, arrendamiento, ocupación temporal o mera cesación de su ejercicio*".

Este concepto moderno de la expropiación forzosa no está exento de problemas, pues obliga a determinar qué intervenciones son expropiatorias y, por tanto, merecedoras de una indemnización, y cuáles deben considerarse meras delimitaciones del derecho de propiedad, no indemnizables y privadas de la garantía del art. 33.3 de la Constitución. Además, hay que tener en cuenta que la Constitución regula la garantía patrimonial de los ciudadanos frente a intervenciones de los poderes públicos también a través de la institución de la responsabilidad administrativa (art. 106.2), cuyo funcionamiento es completamente diferente de la expropiación, lo que hace necesario distinguir los supuestos correspondientes a una u otra institución.

Desde la entrada en vigor de la Constitución de 1978 el concepto de expropiación del art. 1 LEF debe ser interpretado en función de lo establecido en ésta, que regula la propiedad y la garantía expropiatoria en su art. 33 y que no se limita a regular los principios mínimos que deben respetarse en el ejercicio de esta potestad, intuyéndose en su redacción un intento de definición del concepto. La primera parte del artículo 33.3 CE contendría esta definición, *nadie podrá ser privado de sus bienes y derechos*, y la segunda las reglas a las que se somete la institución, *por causa justificada de utilidad pública o interés social, mediante la correspondiente indemnización y de conformidad con lo dispuesto por las leyes.* Según el Tribunal Constitucional, la CE ha asumido en el art. 33.3 el concepto moderno de expropiación forzosa, pero eso no significa que el tema de la distinción entre expropiaciones y limitaciones de derechos no indemnizables esté completamente resuelto. Al definir la expropiación, el TC pone el énfasis en tres datos: el carácter patrimonial del derecho o interés expropiado; el carácter singular de la privación; y el contenido esencial del derecho. Pero, con la salvedad del primero, los otros dos datos no se prestan a la elaboración de reglas objetivas. Es muy difícil establecer un criterio que permita determinar a priori si una privación es singular o general. Y lo mismo ocurre en relación con el contenido esencial de un derecho.

Así, para el TC, por expropiación forzosa, a efectos del art. 33.3 CE, *debe entenderse la privación singular de la propiedad privada o de derechos o intereses patrimoniales legítimos, acordada imperativamente por los poderes públicos, por causa justificada de utilidad pública o interés social. De ahí que sea necesario, para que se aplique la garantía del artículo citado, que concurra el dato de la privación singular característica de toda expropiación, es decir, la sustracción o ablación de un derecho o interés legítimo impuesto a uno o varios sujetos* (STC 227/88, fundamento 11).

¿Cuándo es singular una privación? El TC utiliza el criterio del *sacrificio especial impuesto a uno o varios sujetos*, dato que permite diferenciarlo de una *limitación, delimitación o regulación —general— del contenido de un derecho, que no les priva del mismo, sino que lo configura ex novo* (STC 99/87, fundamento 6).

En cuanto al contenido esencial, para el TC, a fin de diferenciar la expropiación y la limitación, *los poderes públicos deben delimitar el contenido del derecho de propiedad en relación con cada tipo de bienes, lo que no supone, claro está, una absoluta libertad del poder público que llegue a anular la utilidad meramente individual del derecho, o lo que es lo mismo, el límite se encontrará, a efectos de la aplicación del art. 33.3 CE, en el contenido esencial, en no sobrepasar las barreras más allá de las cuales el derecho dominical y las facultades de disponibilidad que supone resulte reconocible en cada momento histórico y en la posibilidad efectiva de realizar el derecho* (STC 170/1989, fundamento 8), lo que parece indicar que para que se produzca ese sacrificio especial basta con mutilar el derecho más allá de su contenido esencial, sin que sea necesario privar a su titular completamente de él. También ha dicho que *una técnica habitual en el ordenamiento para fijar el limite entre la simple configuración del derecho y la estricta privación* (es) *el uso tradicional y consolidado...... esta técnica tiende precisamente a permitir la identificación del contenido esencial de los derechos.*

En suma, la expropiación es *una privación singular de la propiedad privada o de derechos o intereses patrimoniales legítimos acordada imperativamente por los poderes públicos por causa de utilidad pública o interés social.*

GARCÍA DE ENTERRÍA y T. R. FERNÁNDEZ han señalado otro criterio definidor de la expropiación: el beneficio y enriquecimiento de un tercero. El sacrificio que sufre el expropiado se hace en favor de uno o varios beneficiarios o de la sociedad, personificada en la Administración. En ausencia de beneficiario no habría expropiación sino actos de poder no indemnizables.

En cuanto a la distinción entre expropiación y responsabilidad administrativa, aunque en ambos casos opera la garantía patrimonial del particular que se resuelve mediante la obligación de indemnizarle como consecuencia de un daño, existe una diferencia fundamental: en la expropiación forzosa la privación, el daño, es buscado; en la responsabilidad no. Lo expresa claramente el art. 33 CE al establecer que la privación debe ser "acordada imperativamente por los poderes públicos, por causa de utilidad pública o interés social". En la expropiación la privación no es consecuencia de una actuación administrativa que tiene como resultado no buscado la producción de un daño a un tercero, sino que la privación es el objeto principal del acuerdo adoptado por los poderes públicos, que está directamente ordenado a la producción de ese despojo, para hacer prevalecer el interés general en que se concrete la causa de la expropiación sobre el interés particular del expropiado. En cambio, en la responsabilidad el daño es un resultado no buscado, consecuencia de una actividad administrativa que tiene una finalidad distinta de la privación, pero que también produce ese daño y que hay que indemnizar en virtud del principio de garantía patrimonial, para evitar que se produzca un empobrecimiento injusto.

III. SUJETOS DE LA EXPROPIACIÓN FORZOSA

La expropiación forzosa implica la intervención de tres sujetos, el expropiante, el beneficiario de la expropiación y el expropiado. No obstante, es habitual que coincidan las personas de expropiante y beneficiario, cuando éste es una Administración territorial.

El expropiante es la Administración que ejerce la potestad expropiatoria, el beneficiario es el sujeto que representa el interés público o social para cuya realización está autorizado a instar de la Administración expropiante el ejercicio de la potestad expropiatoria y que adquiere el bien o derecho expropiado. El expropiado es el propietario o titular de derechos reales e intereses económicos directos sobre la cosa expropiable, o titular del derecho objeto de la expropiación.

1. El expropiante

En principio, solo pueden ser titulares de la potestad expropiatoria las Administraciones territoriales (Estado, Comunidades Autónomas, Provincias y Municipios) (art. 2.1 LEF). Esto significa que las Administraciones institucionales carecen de dicha potestad y que, si necesitan adquirir un bien o derecho mediante expropiación forzosa para cumplir los fines que tienen encomendados, deben pedir a la Administración territorial de la que dependen que ejerza la potestad en su beneficio. No obstante, la legislación contempla alguna excepción a esta regla, mediante la atribución de la potestad expropiatoria a través de una norma con rango de ley, como es el caso de las Confederaciones hidrográficas, o del extinto Instituto Nacional de la Vivienda.

La Administración expropiante ejerce la potestad para sí, en beneficio de una Administración institucional dependiente de ella o en beneficio de un tercero, de acuerdo con la distribución de competencias correspondiente y la causa de la expropiación. Así, por ejemplo, si la causa de la expropiación es la construcción de una vía urbana, el expropiante sería el municipio, si se tratase de una carretera provincial, la Provincia, si es de la red autonómica, la Comunidad autónoma y si es una carretera nacional sería la Administración del Estado.

2. El beneficiario

El beneficiario es el sujeto a cuyo beneficio se ejerce la potestad expropiatoria. Además de las Administraciones expropiantes, pueden ser beneficiarios las entidades y concesionarios a quienes se reconozca legalmente esta condición (art. 2.2 LEF) y las personas naturales o jurídicas en que concurran los requisitos señalados por la ley especial que reconozca dicha condición (art. 2.3 LEF).

Como resultado de la expropiación, el beneficiario adquiere el bien o derecho objeto de la expropiación.

Al beneficiario le corresponden una serie de facultades y obligaciones en el expediente expropiatorio (art. 5 REF): solicitar de la Administración expropiante la iniciación del expediente en su favor, para lo que deberá justificar plenamente la procedencia legal de la expropiación y su cualidad de beneficiario; impulsar el procedimiento e informar a su arbitrio sobre sus incidencias y pronunciamientos, como parte en el procedimiento; formular la relación de bienes y derechos que considera de necesaria expropiación; convenir libremente con el expropiado la adquisición amistosa; actuar en la pieza separada de justiprecio, a los efectos de presentar la hoja de aprecio y de aceptar o rechazar la valoración propuesta por los propietarios; pagar o consignar, en su caso, la cantidad fijada como justiprecio; abonar las indemnizaciones de demora que procedan por los retrasos que le sean imputables; y las obligaciones y derechos derivados de la reversión.

3. *El expropiado*

El expropiado es el titular del bien, derecho o interés económico objeto de la expropiación. La ley establece una serie de presunciones para determinar la identidad del expropiado y así evitar que la expropiación pueda paralizarse. Salvo prueba en contrario, se considerará propietario o titular a quien conste como tal en registros públicos que produzcan presunción de titularidad, o a quien aparezca con tal carácter en registros fiscales o al que lo sea pública y notoriamente.

Las actuaciones del expediente deben entenderse, en primer lugar, con el propietario de la cosa o titular del derecho objeto de la expropiación. También se entenderán las diligencias con los titulares de derechos reales e intereses económicos directos sobre el bien expropiable, así como con los arrendatarios de inmuebles, si lo solicitan y acreditan su condición, o si en los registros públicos o fiscales consta su existencia, en cuyo caso su citación es preceptiva. En el caso de los arrendatarios se iniciará para cada uno de ellos expediente incidental, pues son los únicos que tienen derecho a una indemnización independiente de la que corresponde al titular del bien expropiado.

Las actuaciones se entenderán con el Ministerio fiscal cuando, publicado el acuerdo de necesidad de ocupación, no comparecen en el expediente los propietarios o titulares, o estuvieren incapacitados y sin tutor o persona que les represente, o si la propiedad es litigiosa. En el caso de que hubiese títulos contradictorios sobre el objeto a expropiar serán parte en el expediente quienes los presenten.

Con la misma finalidad de impedir que el expediente expropiatorio se paralice, la LEF considera autorizados para enajenar a quienes no pueden hacerlo sin permiso o resolución judicial los bienes que administran o disfrutan. Y, una vez iniciado un expediente expropiatorio, éste no se paraliza, aunque se produzcan transmisiones del objeto de la expropiación, considerándose subrogado el nuevo titular en las obligaciones y derechos del anterior.

IV. EL PROCEDIMIENTO EXPROPIATORIO

La LEF divide el procedimiento expropiatorio en cuatro **fases**: **declaración de utilidad pública**, **necesidad de ocupación**, **justiprecio** y **pago y toma de posesión**. Estas fases se corresponden con los cuatro momentos lógicos de ejercicio de la potestad expropiatoria: a) su autorización, que tiene lugar mediante la declaración de utilidad pública o interés social; b) su aplicación a un bien o derecho concreto, que tiene lugar mediante el acuerdo de necesidad de ocupación; c) la fijación de la indemnización, en la fase de justiprecio; y d) la consumación de la expropiación forzosa, mediante el pago del justiprecio al expropiado y la toma de posesión del objeto de la expropiación por el beneficiario.

La primera fase es una fase previa al procedimiento, un requisito que habilita el ejercicio de la potestad expropiatoria pero que en rigor no inicia procedimiento alguno pues todavía no se han determinado ni el objeto de la expropiación ni sus sujetos. Estos se concretan con el acuerdo de necesidad de ocupación, que constituye el acto de iniciación del procedimiento expropiatorio a partir del cual la Administración ejerce su potestad y se despliegan las garantías que protegen al particular contra una lesión jurídica excesiva derivada de la expropiación.

Los trámites que integrarían el procedimiento expropiatorio general son los siguientes:

A. **Fase de declaración de utilidad pública o interés social**.

1. Declaración de utilidad pública o interés social del fin al que se destine el bien o derecho a expropiar. Mediante ley especial o declaración genérica contenida en una ley.

2. Reconocimiento por el Consejo de Ministros o Consejo de Gobierno de la Comunidad Autónoma de que el caso concreto está comprendido en una declaración acordada por ley, en su caso.

B. **Fase de necesidad de ocupación**.

3. Acuerdo de necesidad de ocupación.

C. **Fase de justiprecio**.

4. Negociación para la adquisición del bien o derecho por mutuo acuerdo.

5. Apertura de la pieza separada de justiprecio

6. Requerimiento de hoja de aprecio al expropiado.

7. Formulación de hoja de aprecio por el expropiado.

8. Aceptación de la hoja de aprecio por el beneficiario, o rechazo y formulación de hoja de aprecio del beneficiario.

9. Aceptación o rechazo de la hoja de aprecio por el expropiado.

10. Remisión del expediente al Jurado Provincial de expropiación forzosa

11. Determinación de justiprecio por el Jurado provincial de expropiación forzosa u órgano autonómico equivalente

D. **Fase de pago y toma de posesión**

12. Pago o consignación del justiprecio

13. Ocupación física del bien o adquisición del derecho.

Existen un procedimiento de urgencia y algunos procedimientos especiales en los que la tramitación cambia. El **procedimiento de urgencia**, cumplido el requisito de la declaración de utilidad pública o interés social, comienza con la declaración de urgente ocupación de los bienes afectados por la expropiación, dándose por cumplido en trámite de la necesidad de ocupación y, a continuación, en lugar de pasar a la fase de justiprecio, se pasa a la de ocupación, que tiene lugar mediante la aprobación de un acta previa a la ocupación, de un acta de ocupación y del pago del depósito previo a la ocupación. Una vez que el beneficiario ha tomado posesión del bien expropiado se pasaría a las fases de justiprecio y pago.

Los **procedimientos especiales** previstos por la ley son los siguientes: expropiación por zonas o grupos de bienes (arts. 59 a 70), por incumplimiento de la función social de la propiedad (arts. 71 a 75), expropiación de bienes de valor artístico, histórico y arqueológico (arts. 76 a 84), expropiación por Entidades locales o por razón de urbanismo (art. 85), expropiación que dé lugar a traslado de poblaciones (arts. 86 a 96), expropiaciones por causa de colonización y obras públicas (arts. 97 y 98), y expropiación por razones de defensa nacional y seguridad del Estado (arts. 100 a ¿??).

V. LA CAUSA DE LA EXPROPIACIÓN FORZOSA

La causa de la expropiación es el fin que justifica la privación del derecho en contra de la voluntad de su titular. La LEF exige la declaración previa de utilidad pública o interés social del fin al que haya de destinarse el objeto expropiado (art. 9), configurando la causa como un requisito previo a la expropiación pues, como veremos, el expediente de expropiación se inicia con el acuerdo de necesidad de ocupación. La **declaración de utilidad pública o interés social** debe hacerse **mediante una ley** y la propia LEF la entiende implícita en relación con la expropiación de inmuebles en todos los planes de obras y servicios del Estado, Provincia y Municipio. En los demás casos en que por ley se declare genéricamente la utilidad pública su **reconocimiento en cada caso concreto debe hacerse por acuerdo del Consejo de Ministros** o del Consejo de Gobierno de la Comunidad Autónoma, salvo que las leyes dispongan otra cosa (arts. 10 y 11 LEF).

En el caso de los bienes muebles, la utilidad pública debe ser declarada expresa y singularmente mediante ley en cada caso, salvo que una ley haya autorizado la expropiación para una categoría especial de bienes, en cuyo supuesto bastará el acuerdo del Consejo de Ministros (art. 12 LEF).

Al exigir que la causa de la expropiación se declarase mediante una norma con rango de Ley el legislador pretendía establecer la mayor de las garantías en relación con este requisito, a fin de que solo se ejerciese la potestad expropiatoria en los casos en que realmente fuese necesario, pues no cabe procedimiento más solemne y complejo que la aprobación de una ley. Sin embargo, esta exigencia ha conducido al resultado contrario y puede afirmarse sin duda alguna que el requisito de la causa está totalmente devaluado en nuestro ordenamiento jurídico. La razón es doble. Por una parte, el legislador no ha sido nada riguroso a la hora de declarar fines como causa de utilidad pública o interés social. Además de la declaración genérica contenida en la propia LEF (art. 10), prácticamente cada ley especial que regula un sector de actividad contiene una declaración genérica de utilidad pública de las obras e infraestructuras vinculadas a ésta (urbanismo, costas, líneas ferroviarias, navegación aérea, carreteras, autopistas, telecomunicaciones, servicios eléctricos, aguas, etc.). Por otra parte, el hecho de que la declaración de utilidad pública se haga mediante una ley y no mediante un procedimiento administrativo impide su control por parte de los tribunales, y limita el control de la causa a un hipotético control de constitucionalidad por el Tribunal Constitucional. En otros países, sin embargo, la causa de utilidad pública que justifica la expropiación se declara en un procedimiento administrativo, en el que se hace un análisis de los beneficios y los costes que implica el proyecto para el que se pretende llevar a cabo la expropiación y que está sujeto al control de los Tribunales, lo que contribuye a evitar su abuso.

No obstante, en España, cada vez son más los casos en que los tribunales se avienen a controlar la causa mediante: el control del reconocimiento de su concurrencia que el Consejo de Ministros o el Consejo de Gobierno de la Comunidad Autónoma deben hacer en los casos de declaraciones legales genéricas; el control de su existencia, que debe ser previa al inicio del expediente expropiatorio (STS 9-2-1999); el control de su subsistencia a lo largo del expediente (STS 9-10-1981); el control de la desviación de poder (STS 14-4-1998). Así, aunque los Tribunales no pueden pronunciarse, por ejemplo, sobre si la construcción de una carretera justifica el ejercicio de la potestad expropiatoria, sí podrían hacerlo sobre si en un caso concreto la expropiación está justificada (STS 29-5-2001, que anuló la expropiación para la construcción de un ramal de servicios de una carretera que beneficiaba a un hotel).

VI. LA NECESIDAD DE OCUPACIÓN

El acuerdo de necesidad de ocupación inicia el expediente expropiatorio. Mediante éste la Administración resuelve sobre la necesidad concreta de ocupar los bienes o adquirir los derechos estrictamente indispensables para el fin de la expropiación, pudiendo incluirse también los necesarios para previsibles ampliaciones de la obra o finalidad de que se trate (art. 15 LEF).

Esta fase comienza con la **formulación por el beneficiario de una relación concreta e individualizada** describiendo material y jurídicamente los **bienes o derechos** que considere de necesaria expropiación, los nombres de los **propietarios y titulares** de algún bien o derecho indemnizable, su residencia y domicilio (arts. 17 LEF y 16 REF). La Administración expropiante publicara la relación en el BOE, en el boletín provincial, en uno de los diarios de mayor circulación de la provincia y en el tablón de anuncios de los Ayuntamientos afectados. A continuación, se abre **información pública** durante un plazo de 15 días a partir de la última publicación, en el que los interesados pueden formular alegaciones sobre la procedencia de la ocupación o disposición de los bienes y su estado material o legal. Finalizado el plazo de alegaciones la Administración expropiante resuelve y dicta el **acuerdo de necesidad de ocupación** que debe ser publicado y notificado a los expropiados, iniciándose el expediente expropiatorio.

Cuando el proyecto de obras y servicios comprende la descripción material detallada prevista por el art. 17.1 LEF, la necesidad de ocupación se entiende implícita en el proyecto, pero el beneficiario está igualmente obligado a formular la relación a los solos efectos de la determinación de los interesados, que deberán ser notificados. Igualmente, numerosas sentencias exigen la realización del trámite de información pública también en estos casos, aunque en el procedimiento de tramitación de la infraestructura se haya producido otra información pública (ej. STS 30-9-2016).

A pesar de tratarse de un acto de trámite, contra el acuerdo de necesidad de ocupación cabe interponer recurso de alzada y, en su caso, recurso contencioso-administrativo, en contra de lo que dice el art. 22.3 LEF, haciendo prevalecer la jurisprudencia lo dispuesto por el art. 125 LEF (STS 6-6-1992).

El acuerdo de necesidad de ocupación sirve para singularizar los bienes a expropiar, identificar a los interesados en el procedimiento administrativo, plantear la posible sustitución de unos bienes por otros y decidir sobre la expropiación de la totalidad de una finca en el caso de que solo se haya previsto su expropiación parcial. A este último efecto, cuando la expropiación implique solo la necesidad de ocupación de una parte de finca, de modo que a consecuencia de esta resulte antieconómico para el propietario la conservación de la finca no expropiada puede solicitar a la Administración que la expropiación comprenda la totalidad de la finca, debiendo decidirse sobre ello en el plazo de diez días (art. 23 LEF). En el caso de rechazarse la expropiación total, se incluirá en el justiprecio la indemnización por los perjuicios causados a consecuencia de la expropiación parcial de la finca (art. 46 LEF).

VII. EL PROCEDIMIENTO DE DETERMINACIÓN DEL JUSTIPRECIO

Una vez aprobado el acuerdo de necesidad de ocupación, se pasa a la fase de justiprecio. Esta fase se divide en tres períodos: la determinación por mutuo acuerdo; el intercambio de hojas de aprecio; la determinación por el Jurado de expropiación.

1. *Determinación por mutuo acuerdo*

El beneficiario y el expropiado pueden convenir la adquisición de los bienes y derechos objeto de la expropiación libremente y por mutuo acuerdo. Una vez convenidos los términos de la adquisición amistosa se dará por finalizado el expediente. La LEF concede a las partes 15 días para llegar a este acuerdo, transcurridos los cuales, si no se ha llegado a un acuerdo, se sigue el procedimiento con el intercambio de hojas de aprecio.

No obstante, la LEF permite que las partes convengan un mutuo acuerdo sobre el justiprecio en cualquier estado posterior de la tramitación (art. 24).

No debe confundirse este mutuo acuerdo de adquisición amistosa que se produce con posterioridad al acuerdo de necesidad de ocupación con un acuerdo de adquisición amistosa previo al acuerdo de necesidad de ocupación. El primero es un acuerdo sobre el justiprecio en el seno de un procedimiento expropiatorio, al que le son aplicables todas las garantías previstas por la LEF, incluyendo los intereses de demora, la retasación y el derecho de reversión. El segundo es un acuerdo de compraventa al margen de la LEF, incluso aunque estuviera latente la amenaza de la expropiación en la negociación del acuerdo.

Una peculiaridad del justiprecio fijado mediante mutuo acuerdo es que la cantidad así acordada se entenderá como partida alzada por todos los conceptos, sin que proceda el pago del premio de afección regulado por el art. 47 de la LEF (art. 26 REF).

2. *Intercambio de hojas de aprecio*

Transcurridos quince días sin haberse alcanzado el mutuo acuerdo, el beneficiario propondrá al expropiante que se inicie el expediente de justiprecio, remitiéndole un extracto de las actuaciones practicadas para fijarlo por mutuo acuerdo, su resultado, y la descripción exacta del bien que ha de expropiarse, de acuerdo con lo expresado en el acuerdo de necesidad de ocupación.

La fijación del justiprecio se tramita como pieza separada, abriéndose expediente individual a cada propietario de bienes expropiables. En el caso de que el bien pertenezca en comunidad a varias personas o cuando varios bienes constituyan una unidad económica el expediente será único. Y si el expediente estuviere constituido por valores mobiliarios se formarán tantas piezas separadas como clases de títulos haya que expropiar.

A continuación, la Administración expropiante requerirá a los propietarios en cada expediente para que en el plazo de veinte días presenten hoja de aprecio en la que concreten el valor en que estiman el objeto expropiado, pudiendo hacer cuantas alegaciones consideren pertinentes. La valoración debe ser motivada y puede estar suscrita por un perito.

La Administración o el beneficiario aceptará o rechazará la hoja de aprecio del expropiado en el mismo plazo de veinte días. En el primer caso quedará determinado definitivamente el justiprecio. En el segundo, la Administración o el beneficiario extenderán hoja de aprecio que se notificará al propietario, el cual podrá aceptarla o rechazarla en el plazo de diez días, pudiendo en el segundo caso hacer alegaciones y aportar las pruebas que considere oportunas.

Las hojas de aprecio constituyen declaraciones de voluntad dirigidas a la otra parte mediante las cuales fijan de un modo concreto el precio que estiman justo, quedando las partes vinculadas por tales hojas y, por ello, el límite dentro del cual pueden el Jurado y la Sala Jurisdiccional señalar el justo precio es el que cada una de las partes fija como valoración, pero no otro superior al que el propietario pidió ni inferior al que la Administración ofreció. Las hojas de aprecio pueden ir acompañadas de informes periciales, que la jurisprudencia no considera informes objetivos, por lo que su valor dependerá de lo fundados que estén, siendo en cualquier caso insuficientes para destruir la presunción de acierto de las resoluciones del Jurado, tal y como veremos más adelante.

3. *Determinación por el Jurado de Expropiación*

Si el expropiado rechaza el precio ofrecido por la Administración, el expediente pasa al Jurado de Expropiación.

3.1 Los Jurados de expropiación

En la LEF de 1879 el justiprecio lo fijaba el Gobernador civil en base al dictamen emitido por un tercer perito si los peritos de las partes no se ponían de acuerdo. La LEF de 1954 cambió el sistema, creando los Jurados Provinciales de Expropiación, a los que se atribuye la función de determinación del justiprecio y con los que se pretendía crear un órgano estable, técnico, especializado, con independencia funcional y composición equilibrada, para garantizar que las valoraciones fuesen más objetivas.

En su versión original, los Jurados Provinciales de Expropiación estaban integrados por cinco miembros. Los presidía un magistrado y contaban con cuatro vocales: un abogado del estado, un funcionario técnico cuya procedencia variaba en función de la naturaleza del bien a expropiar, un representante de la Cámara correspondiente según el bien o derecho a expropiar (Cámara agraria provincial, Cámara de la propiedad urbana, Cámara de Comercio, Industria y Navegación, Colegio u Organización profesional) y un Notario. En teoría, se aseguraba así el equilibrio de los intereses en conflicto: el magistrado garantizaba su objetividad, el abogado del Estado y el funcionario técnico representaban los intereses de la Administración, y el Notario y el representante de la Cámara, Colegio u Organización empresarial correspondiente los intereses del expropiado. La creación de Jurados Autonómicos de Expropiación y la reforma de la LEF llevada a cabo en 2012 (disposición final 2 de ley 17/2012, de 27 de diciembre) han cambiado su composición alterando el equilibrio que buscaba la LEF inicialmente. Por ejemplo, el Jurado de Expropiación de Galicia está presidido por un funcionario y no por un magistrado, y tiene diez vocales, de los que seis son funcionarios. Esta sobrerrepresentación de la Administración permite cuestionar su neutralidad. Y lo mismo cabe decir de la composición actual de los Jurados Provinciales de Expropiación, en la que se ha ampliado el número de vocales dando entrada a otro funcionario técnico y al interventor de la provincia, lo que deja a los representantes de los intereses del expropiado en minoría. Hay que añadir que mientras que los representantes de los intereses de la Administración son funcionarios en muchos casos vinculados a la Administración expropiante, no existe ningún vínculo entre los representantes de los intereses de los expropiados y éstos.

En cuanto a su naturaleza, los Jurados de Expropiación son órganos administrativos, incardinados en la Administración del Estado o en la Autonómica (en el caso de los Jurados Autonómicos de Expropiación) y son órgano colegiados.

3.2. Procedimiento

La LEF apenas dice nada sobre el procedimiento que debe seguir el Jurado en la determinación del justiprecio. Por eso, aparte de algunos requisitos que examinaremos, debe señalarse que el procedimiento ante el Jurado es muy informal. Formuladas las hojas de aprecio y rechazada por cada parte la de la otra, el expediente pasa de oficio al Jurado Provincial (art. 31 LEF) sin que sea necesario notificárselo al expropiado, porque la LEF no lo exige. El Jurado se constituye en primera convocatoria con la asistencia de todos sus miembros y, en segunda, con la de presidente y dos vocales, uno de los cuales debe ser representante de la Administración y el otro del expropiado. En cuanto a la instrucción, bastan las hojas de aprecio para que el Jurado pueda pronunciarse sobre el justiprecio, pero el art. 34 LEF prevé la posibilidad de que el Jurado inspeccione personalmente sobre el terreno y los bienes y derechos expropiables y, aunque la ley no lo dice, las partes pueden hacer alegaciones y el Jurado puede solicitar informes y utilizar cualquier medio de prueba admitido en Derecho.

3.3. Resolución

Loa Jurados deciden por mayoría de votos sobre los asuntos de su competencia. La LEF les da un plazo de ocho días para decidir sobre el justiprecio, ampliable hasta quince, Pero estos plazos se incumplen sistemáticamente, sin más consecuencia que el devengo de los intereses por demora en la determinación del justiprecio pasados seis meses desde el inicio del expediente expropiatorio.

La resolución debe ser motivada, razonándose los criterios de valoración seguidos en relación con lo dispuesto por la Ley.

Las características iniciales de los Jurados han dado lugar a una doctrina jurisprudencial muy consolidada que atribuye la presunción de acierto a sus resoluciones. En principio no habría nada que objetar a esta presunción que, dada la naturaleza administrativa de los Jurados, podría corresponderse con la presunción de validez de todas las resoluciones administrativas (art. 39.1 Ley 39/2014). Pero la presunción que la doctrina atribuye a las resoluciones de las Jurados de Expropiación va mucho más allá, pues no se trata de una simple presunción de validez, sino de una **presunción de acierto y legalidad** cualificadísima, respecto de la cual, al contrario de lo que ocurre con cualquier otra presunción *iuris tantum*, los Tribunales han sido muy restrictivos a la hora de valorar la prueba para destruirla. Así, más allá de los casos en que se ponga de manifiesto que los Jurados han incurrido en infracción legal, error de derecho, error de hecho, o error en la valoración de la prueba, durante mucho tiempo la doctrina solo ha admitido que esta presunción pudiera destruirse mediante la prueba pericial emitida en el juicio por un perito nombrado por el Tribunal (STS 4-7-1990 entre otras muchas). Aunque ya hay sentencias que admiten que la presunción puede destruirse mediante cualquier prueba válida en derecho (STS 26-9-2012), sigue pesando en exceso la doctrina de la presunción de acierto. A nuestro juicio, los cambios operados en la composición de los Jurados y el hecho de que la presunción de acierto sea una construcción jurisprudencial sin apoyo legal alguno, deberían conducir a su eliminación, sustituyéndola por la simple presunción de validez de todo acto administrativo.

La resolución se notifica a las partes y fin a la vía administrativa, pudiendo interponerse contra ella recurso contencioso-administrativo.

VIII. NATURALEZA Y CRITERIOS DE VALORACIÓN DEL JUSTIPRECIO

1. Naturaleza del justiprecio

En líneas generales, al abordar el problema de la naturaleza jurídica de la indemnización expropiatoria cabe reconducir las teorías en torno a dos grandes posturas: a) el justiprecio es una consecuencia o efecto de la expropiación forzosa; correspondiéndose su naturaleza con la de una indemnización; b) el justiprecio es un presupuesto de la expropiación y, por ende, elemento esencial de ésta. La razón de esta división radica en la importancia que se concede al estudio del momento en el que deben producirse el justiprecio y su pago, así como al régimen jurídico al que se remite.

El Tribunal Constitucional ha dicho que «*En cuanto a su naturaleza, la indemnización al expropiado puede configurarse como requisito previo a la expropiación, cuya falta de cumplimiento impide la ocupación de los bienes y derechos objeto de la expropiación, o como consecuencia y efecto de ésta, que concede al expropiado el derecho a ser resarcido del bien expropiado, después de que dicha ocupación se haya consumado. El artículo 33.3 de la Constitución no exige el previo pago de la indemnización y esto, unido a la garantía de que la expropiación se realice "de conformidad con lo dispuesto por las Leyes", hace que dicho artículo consienta tanto las expropiaciones en que la Ley impone el previo pago de la indemnización como las que no lo exigen, no siendo, por tanto, inconstitucional la Ley que relega el pago de la indemnización a la última fase del procedimiento expropiatorio"* STC 166/1986, de 19 de diciembre.

A nuestro juicio, el justiprecio integra elementos propios tanto de un precio como de una indemnización, sin que su naturaleza jurídica se corresponda exactamente con la de ninguno de ellos. No es una verdadera indemnización porque éstas se pagan con posterioridad a la producción del daño y porque el esquema de la responsabilidad no se corresponde con el de la expropiación forzosa. Tampoco es un precio porque faltan la voluntad de transmitir y la libertad para determinarlo. Podría caracterizarse como un precio fijado por un tercero al que se suman determinados conceptos para suplir las injusticias derivadas de la falta de voluntad transmisora. Más allá de la interesante polémica doctrinal respecto de su naturaleza, cuyo estudio excede el propósito de este libro, interesa señalar algunos aspectos del justiprecio.

El justiprecio es un **elemento esencial de** la expropiación forzosa. Este carácter esencial es independiente del momento de su pago: sin justiprecio o indemnización expropiatoria no cabe hablar de expropiación forzosa.

La **finalidad** del justiprecio es indemnizar al expropiado por la pérdida patrimonial que supone la privación del objeto de la expropiación. El Tribunal Constitucional ha dicho que "*En cuanto al contenido o nivel de la indemnización, una vez que la Constitución no utiliza el término de «justo precio», dicha* ***indemnización debe corresponder con el valor económico del bien o derecho expropiado****, siendo por ello preciso que entre éste y la cuantía de la indemnización exista un proporcional equilibrio para cuya obtención el legislador puede fijar distintas modalidades de valoración, dependientes de la naturaleza de los bienes y derechos expropiados, debiendo ser éstas respetadas, desde la perspectiva constitucional, a no ser que se revelen manifiestamente desprovistas de base razonable. Conforme a lo expuesto, la garantía constitucional de la «correspondiente indemnización» concede el* ***derecho a percibir la contraprestación económica que corresponda al valor real de los bienes de los bienes y derechos expropiado****s, cualquiera que sea este, pues lo que garantiza la Constitución es el razonable equilibrio entre el daño expropiatorio y su reparación.* (STC 166/1986).

La necesidad de asegurar que la indemnización se correspondiese con el valor real de lo expropiado llevó a la LEF, después de regular los criterios de valoración correspondientes a las diferentes clases de bienes, a incluir un artículo, el art. 43, que en su apartado 1 dispone: "*No obstante lo dispuesto en los artículos anteriores, tanto el propietario como la Administración podrán llevar a cabo la tasación aplicando los criterios estimativos que juzguen más adecuados, si la evaluación practicada por las normas que en aquellos artículos se fijan no resultare, a su juicio, conforme con el valor real de los bienes y derechos objeto de la expropiación, por ser éste superior o inferir a aquélla. El Jurado provincial de expropiación también podrá hacer aplicación de este artículo cuando considere que el precio obtenido con sujeción a las reglas de los anteriores resulte notoriamente inferior o superior al valor real de los bienes, haciendo uso de los criterios estimativos que juzgue más adecuados*". Se consagró así, en la práctica, la libertad de criterios de valoración.

Por último, es unánime la doctrina jurisprudencial que considera que el justiprecio es un **concepto jurídico indeterminado**, lo que significa que no existe discrecionalidad alguna del Jurado de Expropiación al fijarlo y que la resolución del Jurado es plenamente controlable por los Tribunales.

2. *Reglas de valoración comunes*

Fecha de valoración (art. 36.1 LEF). Las tasaciones se efectuarán con arreglo al valor que tengan los bienes o derechos expropiables al tiempo de iniciarse el expediente de justiprecio.

Inapropiabilidad de plusvalías (art. 36.1 LEF). No podrán tenerse en cuenta las plusvalías que sean consecuencia directa del plano o proyecto de obras que dan lugar a la expropiación y las previsibles para el futuro. Esta regla ya estaba presente en la LEF de 1879 (art. 49) y no debe confundirse con el problema de las plusvalías urbanísticas, pues una cosa es la plusvalía derivada del plano o proyecto que da lugar a la expropiación, y otra muy distinta la plusvalía derivada de la clasificación del suelo, que es previa a la expropiación y al proyecto del que ésta trae causa, y que debería aprovechar por igual tanto a los propietarios de terrenos que se ejecutan mediante el sistema de expropiación como a los de aquellos que se ejecutan mediante el sistema de compensación, cooperación u otro.

Mejoras (art. 36.2 LEF). Las mejoras realizadas con posterioridad a la incoación del expediente de expropiación no son indemnizables, salvo que fueran indispensables para la conservación de los bienes. Las anteriores son indemnizables si no se han hecho de mala fe.

Conceptos indemnizables. En virtud del principio general de indemnidad patrimonial contenido en el art. 1 de la LEF, son indemnizables todos los daños y perjuicios derivados de la expropiación.

Premio de afección (art. 47). Se abonará al expropiado, además del justo precio, un cinco por ciento como premio de afección. Este premio no procede en el caso de que el justo precio se haya determinado de mutuo acuerdo.

3. *Criterios de valoración del suelo*

La Ley del Suelo de 1956, aprobada solo dos años después de la LEF, estableció un sistema de valoraciones propio que tenía que aplicarse si las expropiaciones eran urbanísticas. Este sistema vinculaba la valoración del suelo a su clasificación, en atención a las mayores facultades que corresponden y al mayor valor real que tiene cada clase de suelo. Se estableció así la regla de que, en función de la naturaleza de la expropiación, se aplicarían unos u otros criterios de valoración. Las sucesivas reformas de la legislación urbanística han seguido regulando criterios de valoración propios y, a partir de la reforma introducida por la Ley 8/1990, de 25 de julio, sobre reforma del régimen urbanístico y valoraciones del suelo, los criterios de valoración de la legislación urbanística rigen cualquier que sea la finalidad que motive la expropiación y la legislación, urbanística o de otro carácter que la legitime (art. 73). Hoy, el TR de la Ley del Suelo y Rehabilitación

Urbana, (LSRU) aprobado por RD Legislativo 7/2015, de 30 de octubre, regula las valoraciones del suelo, incluyendo la fijación del justiprecio en la expropiación, en su título V.

La LSRU intenta desvincular la valoración del suelo de su clasificación, regulando a tal efecto la categoría de las "situaciones básicas del suelo": suelo rural y suelo urbanizado (art. 21). El suelo rural se viene a corresponder con las clases de suelo no urbanizable y urbanizable de la legislación urbanística autonómica. Y el suelo urbanizado se corresponde con la clase de suelo urbano y el incluido en los núcleos rurales tradicionales.

3.1. Valoración del suelo rural

El **suelo rural** se valora por el método de **capitalización de la renta real o potencial** de la explotación, la que sea superior, según su estado en el momento al que deba entenderse referida la valoración. La capitalización de la renta consiste en dividir la renta por el tipo de capitalización, de acuerdo con la fórmula Valor = Renta tierra / tasa de capitalización, siendo la tasa aplicable el valor promedio de la rentabilidad de las obligaciones del Estado a treinta años correspondientes a los tres años anteriores a la fecha, pudiendo ser corregida esta tasa en función del tipo de cultivo, explotación o aprovechamiento del suelo (disposición adicional séptima de la LSRU).

El valor así obtenido puede ser corregido al alza en función de función de factores objetivos de localización, como la accesibilidad a núcleos de población o a centros de actividad económica o la ubicación en entornos de singular valor ambiental o paisajístico, cuya aplicación y ponderación habrá de ser justificada en el correspondiente expediente de valoración, todo ello en los términos que reglamentariamente se establezcan

Las e**dificaciones, construcciones e instalaciones**, cuando deban valorarse con independencia del suelo, se tasan por el **método de coste de reposición** según su estado y antigüedad en el momento al que deba entenderse referida la valoración.

Las plantaciones y los sembrados preexistentes, así como las indemnizaciones por razón de arrendamientos rústicos u otros derechos, se tasan con arreglo a los criterios de las Leyes de Expropiación Forzosa y de Arrendamientos Rústicos.

En ningún caso pueden considerarse expectativas derivadas de la asignación de edificabilidades y usos por la ordenación territorial o urbanística que no hayan sido aún plenamente realizados.

3.2. Valoración en suelo urbanizado

En este caso la LSRU distingue tres supuestos: a) que el suelo no esté edificado o cuente con una edificación ilegal o ésta se encuentre en situación de ruina física; b) que el suelo esté edificado o en curso de edificación; c) que se trate de suelo sometido a operaciones de reforma o de renovación.

En el primer supuesto, **suelo no edificado, con edificación ilegal (existente o en curso) o en estado de ruina física** (art. 37.1), la edificación no se valora y el suelo se valora multiplicando la edificabilidad del suelo por el valor de repercusión según el uso correspondiente. La edificabilidad y uso a considerar son los atribuidos a la parcela por la legislación urbanística y, si no los tienen asignados, se les atribuye la edificabilidad media y el uso mayoritario en el ámbito en que la ordenación urbanística los haya incluido. El valor de repercusión es el valor del suelo con relación al metro cuadrado construido y se obtiene por el método residual estático. El método residual consiste en la obtención del valor del suelo partiendo del valor de mercado de la edificación que podría construirse en éste y descontando todos los costes necesarios para realizar la promoción de la edificación.

En el supuesto del **suelo edificado o en curso de edificación** el valor es el superior de los siguientes (art. 37.2): a) El determinado por la tasación conjunta del suelo y de la edificación existente que se ajuste a la legalidad, por el método de comparación, aplicado exclusivamente a los usos de la edificación existente o la construcción ya realizada. b) El determinado por el método residual aplicado exclusivamente al suelo, sin consideración de la edificación existente o la construcción ya realizada.

El supuesto del **suelo urbanizado sometido a operaciones de reforma o de renovación** se corresponde con el suelo clasificado como urbano no consolidado. En este caso, se establece la regla de que el método residual considerará los usos y edificabilidades atribuidos por la ordenación en su situación de origen (art. 37.3).

3.3. Valoración de la perdida de la facultad de participar en actuaciones de nueva urbanización e indemnización de la iniciativa y la promoción de actuaciones de urbanización o de edificación

El art. 38 LRSU establece la obligación de indemnizar al expropiado por la pérdida de la facultad de participar en la ejecución de una actuación de nueva urbanización cuando los terrenos expropiados hayan sido incluidos en la delimitación del ámbito de la actuación y la expropiación no se produzca por incumplimiento de los deberes inherentes al ejercicio de la función social de la propiedad. Esta indemnización se calculaba, de acuerdo con el art. 38.2.a, aplicando el porcentaje que determina la legislación sobre ordenación territorial y urbanística para la participación de la comunidad en las plusvalías a la diferencia de valor del suelo en su situación de origen y el valor que le correspondería si estuviera terminada la actuación. Pero la STC 218/2015, de 22 de octubre, declaró inconstitucional el art. 25.2.a) del Texto Refundido de la Ley del Suelo, aprobado por RD Legislativo 2/2008, del que trae causa el art. 38.2.a LSRU, por considerarla insuficiente, sin que corresponda al TC sustituir al legislador en el método de valoración, pero "*dejando señalado que la valoración del suelo en situación básica de suelo rural sometido a una actuación de primera urbanización cuando ha nacido para los propietarios la facultad de participar de la actuación y se dan el resto de requisitos establecidos en el art. 25.1 del texto refundido de la Ley de suelo* (actual art. 38.1 LSRU), *requiere de un complemento indemnizatorio que responda al valor real de la facultad de la que los propietarios se han visto privados, con respeto al art. 33.3 CE.*"

Además, el art. 39 LRSU prevé la indemnización de los gastos y costes en que haya incurrido el propietario una vez iniciada la actuación urbanística.

4. *Otros criterios de valoración*

En los arts. 40 a 46 la LEF regula varios supuestos de valoración. Los **títulos mobiliarios** se valoran *en la media aritmética que resulte de aplicar los siguientes criterios valorativos: 1) La cotización media en el año anterior a la fecha de apertura del expedientes. 2) La capitalización al tipo de interés legal del beneficio promedio de la Empresa en los tres ejercicios sociales anteriores*[1]*. 3) El valor teórico de los títulos objeto de expropiación. Se entenderá por valor teórico la diferencia entre activo real y pasivo exigible en el último balance aprobado.*

Las **concesiones** administrativas cuya legislación especial no contenga normas de valoración en caso de expropiación o rescate se valoran: a) si son concesiones perpetuas de bienes de dominio público, en la media aritmética del valor resultante de la capitalización de rentas y el valor en venta de fincas análogas, descontando la capitalización anual del canon concesional; b) si son concesiones de servicios públicos o concesiones mineras con más de tres años de antigüedad, capitalizando al interés legal los rendimientos líquidos de la concesión en los tres últimos años, teniendo en cuenta, en su caso, el plazo de reversión, y sin que el precio pueda ser inferior al valor material de las instalaciones de la concesión

---

1 El art. 43 del REF, en su apartado b) aclara que *el beneficio promedio de las Empresas utilizado como criterio valorativo en el apartado 2 será el resultante según el balance en los tres ejercicios sociales anteriores, debidamente capitalizado al interés legal.*

afectas a la misma; c) si son concesiones con menos de tres años de antigüedad, se valoran aplicando la libertad de criterios del art. 43 LEF.

El justiprecio de los **derechos reales** sobre bienes inmuebles se calcula aplicando las reglas de valoración de la legislación del impuesto sobre derechos reales.

El **art. 43**, que hemos examinado en el apartado 8.1, establece la regla de la **libertad de criterios de valoración** si como consecuencia de la aplicación de los demás criterios no es posible obtener el valor real del bien. Desde el año 2008 este artículo no es aplicable a la valoración de bienes inmuebles, para cuyo justiprecio se estará exclusivamente al sistema de valoración de la ley del suelo, y solo es aplicable a la valoración de bienes muebles cuando éstos no tengan criterio particular de valoración señalado por leyes especiales (art. 43.2, modificado por la disposición adicional quinta del Texto refundido de la Ley del suelo de 2008, aprobado por RD Legislativo 2/2008, de 20 de junio).

El art. 44 establece el derecho de los **arrendatarios** de una finca a obtener una indemnización, calculada de acuerdo con la legislación de Arrendamientos. Esta indemnización es independiente de la del expropiado. En los demás casos, los titulares de derechos o intereses sobre el bien expropiado no perciben indemnización independiente, sin perjuicio de que puedan hacerlos valer sobre el justiprecio derivado de la expropiación principal (art. 6.3 REF). Las cosechas pendientes también deben ser indemnizadas.

Y, cuando la Administración rechace la expropiación total, se incluirá en el justiprecio la indemnización por los perjuicios que se produzcan a consecuencia de la expropiación parcial de la finca (art. 46).

IX. EL PAGO, LA OCUPACIÓN Y LA RESPONSABILIDAD POR DEMORA (INTERESES Y RETASACIÓN)

Con el pago del justiprecio finaliza el procedimiento expropiatorio y se perfecciona la expropiación. Salvo en los procedimientos de urgencia, el beneficiario no puede ocupar el bien expropiado hasta que haya pagado. Esta ocupación, junto con el pago, determina la perfección del negocio jurídico expropiatorio y la transferencia de la propiedad expropiada.

1. *El pago*

Determinado el justiprecio administrativamente se procederá a su pago en el plazo máximo de seis meses. El pago se verificará mediante talón nominativo al expropiado o por transferencia bancaria, en el caso en que el expropiado haya manifestado su deseo de recibir el precio precisamente por este medio.

Si el propietario rehúsa recibir el precio o existe cualquier litigo o cuestión entre el interesado y la Administración, se consignará el justiprecio por la cantidad objeto de discordia en la Caja General de Depósitos. La consignación produce los mismos efectos que el pago. Para que esto sea así, debe cumplir los siguientes requisitos: debe haberse ofrecido al expropiado la posibilidad de recibir el justiprecio y éste debe haberla rechazado; debe haber sido notificada a este correctamente; debe consignarse a disposición de la autoridad o Tribunal competente, pero si la causa de la consignación es que el expropiado se niega a recibir el precio debe consignarse a su disposición; ha de ser completa, comprendiendo, en su caso, los intereses de demora

Si existe litigio o recurso pendiente, el expropiado tiene derecho a que se le entregue la indemnización hasta el límite en que exista conformidad entre aquél y la Administración.

2. *La ocupación y la transferencia de la propiedad*

La expropiación produce la extinción de los arrendamientos y de cualesquiera otros derechos relativos a la posesión y ocupación de los bienes expropiados.

La ocupación puede realizarse, por vía administrativa, una vez hecho efectivo el pago, o consignado si así procede, salvo que se haya seguido el procedimiento de urgencia, en el que la ocupación lo precede (art. 51 LEF). El REF exige que se extienda acta de ocupación de la cosa o derecho expropiados a continuación de la de pago o consignación, aunque es habitual realizarlos en unidad de acto.

La LEF no dice nada sobre la transferencia de la propiedad, salvo que ésta se adquiere libre de cargas y que puede conservarse algún derecho real sobre el objeto expropiado, si resultase compartible con el nuevo destino que haya de darse al mismo y existiera acuerdo entre el expropiante y el titular del derecho (art. 8). Ante el silencio de la ley, la doctrina ha aplicado la teoría del título y el modo a la expropiación para explicar la transferencia de la propiedad y determinar el momento en que esta se produce (STS 19 julio 1997). El pago del justiprecio o su consignación o la del depósito previo a la ocupación en las expropiaciones urgentes actuaría como título y la ocupación como modo.

El momento de la transferencia de la propiedad, se produce, en consecuencia, con la ocupación del bien, después del pago o depósito (STS 4 diciembre 1991, STS 1 junio 1987). En el caso de las expropiaciones urgentes la jurisprudencia ha establecido que la transferencia de la propiedad también se produce con la ocupación, antes de que se haya determinado y pagado el justiprecio, operando el depósito previo a la ocupación como título porque en nada beneficia al expropiado mantener la ficción de que sigue siendo propietario del bien cuya disposición ya ha perdido (Dictamen del Consejo de Estado de 9 de julio de 1959 y STS 1 junio 1987)

3. La responsabilidad por demora

La LEF no prevé ningún mecanismo que permita al expropiado exigir de manera ejecutiva el pago del justiprecio. Esta laguna probablemente se debe a la regla general según la cual el bien no se puede ocupar hasta que se ha realizado el pago, pero en el caso de las expropiaciones tramitadas por el procedimiento de urgencia la ocupación es anterior al pago, lo que priva al beneficiario de incentivo alguno para pagar y convierte al expropiado en financiador involuntario de la obra, servicio o fin que justifica la expropiación.

La LEF regula dos mecanismos para compensar la demora en el pago del justiprecio: los intereses de demora y la retasación.

3.1 Los intereses de demora

La LEF regula tres tipos de intereses que deben ser satisfechos al propietario en concepto de responsabilidad por demora: 1. Por demora en la determinación del justiprecio (art. 56). 2. Por demora en el pago del justiprecio (art. 57). Y 3. Derivada de la utilización del procedimiento de urgencia (art. 52. 8º).

Los intereses de demora se devengan automáticamente por imperio de la ley y deben pagarse, aunque no se hayan solicitado y aunque no se haya hecho referencia a ellos al fijar el justiprecio. Se calculan sobre el justiprecio fijado definitivamente por la jurisdicción contencioso-administrativa, si se ha acudido a ella. Se consideran frutos civiles y se devengan día a día, al tipo vigente durante el período de tiempo durante el que deban ser calculados. El tipo aplicable es el interés legal del dinero.

Los intereses por demora en la determinación del justiprecio se devengan transcurridos seis meses desde la iniciación del expediente expropiatorio sin haberse determinado por resolución definitiva el justo precio de las cosas o derechos, hasta el momento en que se haya determinado, si la Administración o el beneficiario son culpables de la demora

Los intereses por demora en el pago del justiprecio se devengan transcurridos seis meses desde su fijación sin que se haya producido el pago.

Los intereses en las expropiaciones tramitadas por el procedimiento de urgencia se devengan desde la fecha en que se haya producido la ocupación del bien.

3.2 La retasación

La retasación consiste en la posibilidad que tiene el expropiado, transcurridos cuatro años sin que se haya pagado o consignado el justiprecio, de obtener una nueva valoración.

Además, el art. 47 LSRU reconoce el derecho a la retasación en los casos de expropiaciones urbanísticas en que se alteren los usos o la edificabilidad del suelo expropiado para ejecutar una actuación de urbanización, en virtud de una modificación del instrumento de ordenación territorial y urbanística que no se efectúe en el marco de un nuevo ejercicio pleno de la potestad de ordenación (modificaciones puntuales del plan urbanístico), y ello suponga un incremento de su valor conforme a los criterios aplicados en su expropiación.

La retasación debe solicitarla el expropiado, para lo que formulará nueva hoja de aprecio, sin necesidad de requerimiento de la Administración. A continuación, se seguirán los trámites previstos en el Capítulo III del título II de la LEF para la determinación del justiprecio. Aunque la retasación sirve para actualizar el justiprecio no pagado, no resuelve el problema del pago del justiprecio, pues nada impide que el beneficiario de la expropiación vuelva a demorarse en el pago del nuevo justiprecio fijado en la retasación.

X. EL PROCEDIMIENTO DE URGENCIA

El art. 52 de la LEF regula un procedimiento de urgencia que consiste en la inversión del orden de tramitación del procedimiento expropiatorio, de manera que la ocupación del bien expropiado precede a la determinación y al pago del justiprecio. La regulación de un procedimiento de urgencia puede estar justificada siempre y cuando se trate de un procedimiento excepcional, pues permite privar al expropiado de su propiedad antes de pagarle el justiprecio, dejando además al expropiante sin incentivo alguno para pagar diligentemente el justiprecio. Y así parece entenderlo la LEF, que comienza afirmando el carácter excepcional de este procedimiento. El art. 56 REF exige que el acuerdo en que se declare la urgente ocupación de bienes afectados por una expropiación esté debidamente motivado, con exposición de las circunstancias que, en su caso, justifican el excepcional procedimiento previsto en el art. 52 de la ley y conteniendo referencia expresa a los bienes a que la ocupación afecta o al proyecto de obras en que se determina, así como al resultado de la información pública en la que por imposición legal, o en su defecto, por plazo de quince días, se haya oído a los afectados por la expropiación de que se trate. Lamentablemente, esa excepcionalidad solo existe sobre el papel, pues lo cierto es que la gran mayoría de las expropiaciones se llevan a cabo siguiendo el procedimiento de urgencia, debido a las facilidades que este procedimiento ofrece al expropiante y al escaso rigor con el que los Tribunales han controlado el abuso de este procedimiento por la Administración.

Compete al Consejo de Ministros **declarar la urgente ocupación** de los bienes afectados por la expropiación a que dé lugar la realización de una obra o finalidad determinada. Esta declaración implica las siguientes consecuencias: 1. Se entenderá cumplido el trámite de declaración de necesidad de la ocupación de los bienes que hayan de ser expropiados, según el proyecto y replanteo aprobados y los reformados posteriormente, y dará derecho a su ocupación inmediata. 2. Se notificará a los interesados afectados citándoles para el levantamiento del acta previa a la ocupación, con una antelación mínima de ocho días. Si no consta o se desconoce su domicilio se entregará la cédula al inquilino u ocupante del bien afectado y se publicarán edictos en los tablones oficiales y un resumen en el BOE, en el de la provincia, un periódico de la localidad y dos diarios de la provincia. 3. En la fecha anunciada se constituirán el representante de la Administración, acompañado de un perito y del Alcalde o Concejal en que delegue y, reunidos con los propietarios o sus representantes, levantarán el **Acta previa a la ocupación**, en la que describirán el bien o derecho expropiable y se harán constar cuantas manifestaciones y datos sean útiles para determinar los derechos afectados, sus titulares, su valor y los perjuicios derivados de la rápida ocupación. 4. A la vista del acta previa a la ocupación y de la documentación obrante, la Administración formulará las **hojas de depósito previo a la ocupación**. El depósito se calcula capitalizando al interés legal del dinero el líquido imponible, o la renta líquida, incrementado en un veinte por ciento, según los casos. La cantidad así fijada se consigna en la Caja General de Depósitos, devengando el interés legal del dinero a favor del expropiado. 5. También se fijarán por la Administración las indemnizaciones correspondientes por los perjuicios derivados de la rápida ocupación. 6. Efectuado el depósito y abonada o consignada la previa indemnización por perjuicios, se procederá a la inmediata ocupación del bien. 7. A continuación se tramitará el expediente de ocupación en sus fases de justiprecio y pago, debiendo tramitarse con preferencia para su rápida resolución.

XI. LA REVERSIÓN EXPROPIATORIA

La reversión es el derecho que la LEF reconoce al expropiado o a sus causahabientes de recuperar la totalidad o la parte sobrante de lo expropiado en el caso de que no se ejecutase la obra, no se estableciese el servicio que motivó la expropiación, hubiera alguna parte sobrante de los bienes expropiados o desapareciese la afectación (art. 54.1).

La reversión está vinculada a la causa de la expropiación pues si el bien expropiado no se destina al fin para el que se expropió, en realidad la expropiación no estaría justificada y por eso la LEF regula este derecho que permite revertir o deshacer la expropiación. La reversión es una consecuencia de la ineficacia o invalidez sobrevenida, con efectos "ex nunc", sin carácter retroactivo de la expropiación originaria por la desaparición de la causa que la motivó (STS de 5 de marzo de 2017). Existen posiciones dispares sobre su naturaleza, habiéndose sostenido que es un supuesto de invalidez sucesiva sobrevenida de la expropiación (GARCÍA DE ENTERRÍA), o un derecho potestativo de compra en favor del expropiado que funciona como un derecho real de adquisición preferente (PARADA). La jurisprudencia la considera una condición resolutoria del negocio expropiatorio (STS 1 de abril de 1989, STS de 21 de noviembre de 1979)

Según la doctrina jurisprudencial y constitucional, es un derecho de configuración legal, que el Tribunal Constitucional no considera incluido en la garantía expropiatoria del art. 33.3 CE (STC 67/1988) y que puede ser eliminado o modulado por el legislador en supuestos específicos de modo razonable y no arbitrario a la finalidad de la expropiación (STS 18 de julio de 1997). A nuestro juicio, sin embargo, esta doctrina es discutible debido a la vinculación entre la reversión y la causa de la expropiación. En la medida en que para la Constitución la expropiación siembre es causal, la reversión también formaría parte de la garantía expropiatoria, como necesaria garantía del cumplimiento del fin que justifica la expropiación, sin la cual podría expropiarse alegando una causa y luego destinarse el bien expropiado a cualquier otro fin no amparado por la "causa justificada de utilidad pública o interés social". Eso no significa que la reversión deba configurarse como un derecho absoluto, siendo compatible con esta interpretación que proponemos la posibilidad de que el legislador regule los supuestos en que procede y las condiciones de su ejercicio.

Es importante señalar que la legislación aplicable al derecho de reversión es la vigente en el momento que se ejercita pues es un derecho nuevo y autónomo, que no nace con la expropiación y el procedimiento mediante el que se ejerce es un procedimiento nuevo, que no es continuación del procedimiento expropiatorio (STS de 21 de diciembre de 1996). El derecho de reversión es transmisible.

La regulación de la reversión está repartida entre la LEF, que la regula en general, y la LSRU, que regula dos supuestos de reversión en expropiaciones urbanísticas: en los casos en que se altere el uso que motivó la expropiación de suelo en virtud de modificación o revisión del instrumento de ordenación territorial y urbanística; y en los casos en que el suelo haya sido expropiado para ejecutar una actuación de urbanización.

1. Supuestos de reversión

De acuerdo con el régimen general, la reversión procede en el caso de que no se ejecutase la obra, no se estableciese el servicio que motivó la expropiación, hubiera alguna parte sobrante de los bienes expropiados o desapareciese la afectación (art. 54.1).

Pero no hay derecho de reversión en los siguientes casos: a) Cuando simultáneamente a la desafectación del fin que justificó la expropiación se acuerde justificadamente una nueva afectación a otro fin que haya sido declarado de utilidad pública o interés social. b) Cuando la afectación al fin que justificó la expropiación o a otro declarado de utilidad pública o interés social se prolongue durante diez años desde la terminación de la obra o el establecimiento del servicio.

De acuerdo con el régimen urbanístico (art. 47 LSRU):

1. Si se alterara el uso que motivó la expropiación de suelo en virtud de modificación o revisión del instrumento de ordenación territorial y urbanística, procede la reversión salvo que concurra alguna de las siguientes circunstancias a) Que el uso dotacional público que hubiera motivado la expropiación hubiera sido efectivamente implantado y mantenido durante ocho años, o bien que el nuevo uso asignado al suelo sea igualmente dotacional público. b) Haberse producido la expropiación para la formación o ampliación de un patrimonio público de suelo, siempre que el nuevo uso sea compatible con los fines de éste. c) Haberse producido la expropiación para la ejecución de una actuación de urbanización. d) Haberse producido la expropiación por incumplimiento de los deberes o no levantamiento de las cargas propias del régimen aplicable al suelo conforme a esta ley. e) Cualquiera de los restantes supuestos en que no proceda la reversión de acuerdo con la Ley de Expropiación Forzosa.

2. En los casos en que el suelo haya sido expropiado para ejecutar una actuación de urbanización, procede la reversión, cuando hayan transcurrido diez años desde la expropiación sin que la urbanización se haya concluido.

2. Procedimiento

Cuando proceda la reversión, el dueño primitivo o sus causahabientes tienen un plazo de tres meses para solicitarla, a contar desde la fecha en que la Administración hubiera notificado el exceso de expropiación, la desafectación del bien o derecho expropiados o su propósito de no ejecutar la obra o de no implantar el servicio. En defecto de notificación, el derecho de reversión podrá ejercitarse por el expropiado y sus causahabientes en los casos y con las condiciones siguientes: a) Cuando se hubiera producido un exceso de expropiación o la desafectación del bien o derecho expropiados y no hubieran transcurrido veinte años desde la toma de posesión de aquéllos. b) Cuando hubieran transcurrido cinco años desde la toma de posesión del bien o derecho expropiados sin iniciarse la ejecución de la obra o la implantación del servicio. c) Cuando la ejecución de la obra o las actuaciones para el establecimiento del servicio estuvieran suspendidas más de dos años por causas imputables a la Administración o al beneficiario de la expropiación sin que se produjera por parte de éstos ningún acto expreso para su reanudación.

La Administración en cuya titularidad se halle el bien o derecho en el momento en que se solicite aquélla o a la que se encuentre vinculado el beneficiario de la expropiación resolverá sobre la reversión.

En el caso de que no sea posible legalmente la reversión, como consecuencia de una alteración indebida del bien, el art. 66.2 REF reconoce al reversionista el derecho a ser indemnizado. Se considera una alteración indebida el incumplimiento de la prohibición de realizar obras o el establecimiento de servicios distintos a los que motivaron la expropiación (art. 66.1 REF, STS 3 de diciembre de 1991). Se considera que no es posible legalmente la reversión cuando hay una imposibilidad legal, como en el caso de que los bienes se hayan incorporado al dominio público (STS 3 diciembre 1991) o cuando la reversión plantea problemas jurídicos por afectar a derechos de terceros (STS 10 de marzo de 1997), entre otros casos. La indemnización se calcula en un 5% del valor de la finca en el momento de solicitar la reversión, que se corresponde con el premio de afección (STS 14 de junio de 2006, entre otras muchas).

XII. GARANTÍAS JURISDICCIONALES

La LEF establece en el Título V (garantías jurisdiccionales) un régimen de protección especialmente garantista que permite a quienes se ven perturbados en su propiedad como consecuencia de una actuación materialmente expropiatoria, sin haber cumplido los requisitos establecidos por la ley, utilizar tanto la vía jurisdiccional civil como la contencioso-administrativa.

El art. 124 LEF enuncia el principio general de la garantía expropiatoria: "*nadie podrá ser expropiado, sino por causas de utilidad pública o interés social, previa la correspondiente indemnización y de conformidad con lo dispuesto en las leyes*".

El concepto de **vía de hecho** está íntimamente ligado a la protección del expropiado frente a expropiaciones irregulares. La vía de hecho es "una actuación material ajena a una actuación administrativa y sin fuerza legitimadora de acto administrativo" (Sentencia del Tribunal de Conflictos de 14 de diciembre de 1990) y se da tanto en los casos de total ausencia de acto administrativo de cobertura o su nulidad de pleno derecho, como en aquellos en que el acto no alcanza a cubrir la actuación desproporcionada de la Administración, excedida de los límites que el acto permite (STS 8 de junio de 1993). En el caso de la expropiación forzosa, se considera que una actuación es constitutiva de vía de hecho cuando se produce una intervención que tiene contenido expropiatorio, de acuerdo con el concepto de expropiación del art. 1 LEF, con infracción de la garantía expropiatoria, lo que puede ocurrir tanto si ha habido una actuación de hecho pura, una ocupación del bien sin expropiación alguna, como si se ha producido una infracción grave de los requisitos de la expropiación.

Para hacer frente a la vía de hecho, el art. 125 LEF reconoce a los interesados el derecho a utilizar, aparte de los demás medios legales procedentes, los interdictos de retener y recobrar, siempre que, sin haberse cumplido los requisitos sustanciales de declaración de utilidad pública o interés social, necesidad de ocupación y previo pago o depósito, según proceda, la Administración ocupare o intentase ocupar la cosa objeto de la expropiación.

Por otra parte, la Ley reguladora de la Jurisdicción contencioso-administrativa de 1998 (LJCA) ha incluido también un recurso específico frente a la vía de hecho, sin que se haya derogado el art. 125 LEF, por lo que el interesado tiene abiertas ambas vías para reaccionar frente a la vía de hecho.

La resolución que pone fin al expediente expropiatorio es recurrible ante la jurisdicción contencioso-administrativa, y puede estar basada, no sólo en discrepancias sobre cuantía del justiprecio, sino en cualquier irregularidad que vicie la expropiación o el procedimiento. Además, el art. 125.1 LEF permite interponer recurso contencioso-administrativo de manera independiente contra cada una de las piezas separadas, lo que proporciona un grado de protección muy superior al expropiado, al habilitar la impugnación, por ejemplo, de la declaración de urgencia o del acuerdo de necesidad de ocupación, sin tener que esperar a que concluya la expropiación.

BIBLIOGRAFÍA: AA.VV. *Memento práctico Francis Lefebvre. Expropiación forzosa. Patrimonios públicos,* Ediciones Francis Lefebrre, 2012; AA.VV. *La expropiación forzosa. Teoría y práctica de la institución.* Tirant lo Blanch, 2019; CALVO CHARRO, M., "La imparcialidad del Jurado de Expropiación: comentario crítico a la jurisprudencia del Tribunal Supremo", REDA nº. 78; GARCÍA DE ENTERRÍA, E., *Los principios de la nueva ley de expropiación forzosa,* Civitas, reimpresión de 1984; GARCÍA DE ENTERRÍA, E. y FERNÁNDEZ, T.-R., *Curso de Derecho Administrativo, II.* Decimoquinta edición; GARCÍA GÓMEZ DE MERCASO, F., *El justiprecio de la expropiación forzoosa,* Comarres, 2018; NIETO, A., "*Evolución expansiva del concepto de la expropiación forzosa"* RAP nª 38, mayo-agosto de 1962; ORTIZ RAMÍREZ, J., *Expropiación forzosa: conceptos, procedimientos y criterios de valoración del justiprecio,* 2ª edición, Ed. Sepin, 2021; PARADA VÁZQUEZ, R., *Derecho administrativo II. Régimen jurídico de la actividad administrativa.* 24 Edición, Dykinson; PERA VERDAGUER, F., *Expropiación forzosa,* Bosch, 5ª Ed.; SANCHEZ MARTINEZ DE PINILLOS, F., *El procedimiento de urgencia de la ley de expropiación forzosa como instrumento de financiación de la obra pública;* SERRANO ALBARCA, J. M., *El derecho de propiedad, la expropiación y la valoración del suelo,* Aranzadi, 2009.

Capítulo 7

EL SISTEMA ESPAÑOL DE EMPLEO PÚBLICO

JESÚS FUENTETAJA PASTOR

SUMARIO:

RESUMEN: Cuatro son las clases de empleados públicos al servicio de la Administración: funcionarios de carrera; funcionarios interinos; personal laboral y personal eventual. Aunque la Constitución atribuye al Estado la potestad de establecer una legislación básica de los funcionarios —actualmente, el Estatuto Básico del Empleado Público (Texto Refundido de 2015)—, las Comunidades Autónomas pueden establecer una legislación de Función Pública para sus Administraciones.

PALABRAS CLAVE: Estatuto Básico, Empleado público, Funcionario de carrera, Funcionario interino, Personal laboral, Personal laboral, Personal directivo

I. FUNCIÓN PÚBLICA Y ADMINISTRACIÓN.

Las Administraciones Públicas, en cuanto que organizaciones, precisan de un personal a su servicio para la realización de las funciones de interés general que se les asignan por las Leyes y por sus respectivos Gobiernos. Además de medios jurídicos, materiales y financieros, el Ordenamiento otorga a la Administración la posibilidad de contar con los medios humanos que garanticen tanto el funcionamiento interno de su complejo entramado orgánico como la prestación de los servicios a los ciudadanos y el ejercicio de las funciones públicas.

La vinculación de este personal con la Administración se realiza a través de relaciones jurídicas que, originariamente, eran exclusivamente de Derecho Administrativo, si bien hoy día también se articulan a través de las modalidades de contratación laboral existentes en el sector privado. Esta coexistencia de personal sometido al Derecho Administrativo, de una parte, y de empleados cuyo régimen es el Derecho laboral, de otra, se encuentra hoy día admitida como algo irreversible, descartadas por el Tribunal Constitucional las posturas que postulaban la exclusividad del régimen funcionarial para el desempeño de los puestos de la Administración, sin que la delimitación de los espacios respectivos de uno y otro personal estén, no obstante, muy claros.

Ello ha permitido que se alimentara la ilusión de superar esa dicotomía funcionarios-laborales a través de la creación de una síntesis superadora —el empleado público— que, como veremos, no deja de ser un término referencial, sin sustantividad jurídica propia. Y nutre también a los que abogan, de forma simplista, por la eliminación del régimen funcionarial, universalizando el laboral tanto para el sector privado como para el público, tildando aquel de reducto de privilegios —en particular, la inamovilidad—, pero obviando —por desconocimiento, cuando menos— que el régimen funcionarial, de Derecho Administrativo, es el más adecuado para garantizar la primacía del interés público sobre el interés particular del trabajador, configurando un estatuto jurídico que otorga estabilidad a los funcionarios para el mejor desempeño profesional, imparcial y objetivo de las funciones públicas.

Ahora bien, la configuración y mantenimiento de un régimen jurídico-público singular y específico para el personal al servicio de la Administración no es un fin en sí mismo, sino que constituye un instrumento para ese desempeño imparcial y objetivo en aras de las funciones públicas que ejercen los funcionarios. Son estas funciones públicas las que justifican y legitiman a la Función Pública, impidiendo que la vinculación entre el funcionario y la Administración se reduzca a una mera relación de derechos y obligaciones, pues aquel queda sujeto a la potestad de organización de ésta para la consecución de los intereses generales.

Por otra parte, la construcción moderna de la Función Pública —en cuanto que Institución del sistema político y administrativo— precisó superar las fuerzas contrapuestas de su **politización** y de su **patrimonialización**, que la supeditaban al interés político de los gobernantes y al interés particular de los empleados. Técnicas como la inamovilidad, la reserva de ley en el establecimiento del régimen jurídico funcionarial o la neutralidad política del funcionario se encaminaban a reforzar la situación jurídica e institucional del funcionario. Sin embargo, la evolución del régimen funcionarial ha incorporado otros elementos —como la libre designación, las libertades sindicales, excedencias por puro interés particular o un generoso sistema de incompatibilidades— que no han dejado de distorsionar el sistema.

Cada país articula las relaciones de su personal con la Administración conforme a los fundamentos políticos y sociales que les son propios. Sin embargo, el estudio de los **modelos comparados de Función Pública** continúa siendo una constante, al erigirse en referentes externos para problemas y retos internos, pero comunes. Así, desde el siglo XIX se ha prestado una particular atención a la Función Pública en Francia, paradigma del modelo estatutario de Función Pública. También se ha estudiado con interés el intenso proceso de laboralización italiana o los principios del modelo alemán. De Estados Unidos atrajo la perspectiva organizativa, basada en los puestos de trabajo, así como la neutralidad exigida por el *Civil Service* británico. Incluso la Administración de la Unión Europea no ha dejado de fascinar por constituir una singular confluencia de culturas administrativas y un laboratorio de técnicas de gestión. De una u otra manera, trazas de estos modelos podemos encontrar en el Derecho de la Función Pública en España.

El **número de empleados públicos** al servicio de las Administraciones Públicas en España asciende a 2.731.117 empleados, según datos del Registro Central de Personal de julio de 2022. Se incluye ahí el personal al servicio de la Administración del Estado (515.449, más de la mitad destinados a las Fuerzas Armadas y a las Fuerzas y Cuerpos de Seguridad del Estado), de las Comunidades Autónomas (1.617.142) y de las Entidades Locales (598.526). No se incluyen, en cambio, los empleados al servicio de empresas públicas o fundaciones de la Administración, cuyo número no se sabe con exactitud a cuánto asciende, aunque se suele aventurar que sume varios cientos de miles más, lo que explica que la Encuesta de Población Activa eleve el empleo público a 3.517.000 trabajadores, alrededor del 17 por ciento de los ocupados en nuestro país, lo que —según Eurostat— nos sitúa precisamente en la media europea, por debajo de países como Suecia (29%), Dinamarca (28%) o Francia (22%), pero por encima de Italia (14%) o de Alemania (11%). Por sectores, es interesante destacar que, de la cifra registrada, se desprende que la mitad de los empleados públicos trabajan en servicios públicos tan esenciales como la sanidad o la educación no universitaria, ambos de competencia autonómica y con alrededor de seiscientos mil efectivos cada uno.

Finalmente, hay que tener en cuenta que el régimen jurídico de la Función Pública es una parte del Derecho Administrativo que, por la intensidad y frecuencia de las relaciones jurídicas entre Administración y funcionarios, resulta particularmente relevante por el desarrollo de conceptos y elementos fundamentales del Ordenamiento jurídico-administrativo (por ejemplo, control de la discrecionalidad, regulación y gestión de procedimientos competitivos, etc.). En cualquier caso, se trata de una legislación especial de Derecho Administrativo que es necesario siempre integrar con la legislación general (Ley 39/2015 de Procedimiento administrativo, Ley 40/2015 de Régimen Jurídico del Sector Público, etc.).

II. EVOLUCIÓN DE LA FUNCIÓN PÚBLICA EN ESPAÑA

No se puede comprender adecuadamente el sistema de Función Pública vigente en España sin conocer la evolución histórica que ha experimentado, la cual explica sus elementos más característicos (funcionariado público, estable y profesional), así como otros cuyo contenido originario se ha visto modificado (caso de la función de los Cuerpos o de la unilateralidad de la determinación de las condiciones de empleo).

Continuando la tradición y concepción histórica de los oficios públicos, en los siglos XVIII y XIX, los empleados públicos eran considerados una parte y prolongación de la organización administrativa, por lo que la autoridad que los nombraba tenía capacidad igualmente para determinar sus condiciones de empleo (emolumentos, dedicación al servicio, etc.). Dicha autoridad —históricamente, la Corona; posteriormente, los Gobiernos— nombraba y cesaba libremente a los ocupantes de cargos y oficios, salvo que enajenase éstos para obtener rentas, en cuyo caso pasaban a ser propiedad de sus adquirentes, que los podían transmitir a sus herederos. El empleado se insertaba así en la organización, como prolongación subjetiva de la misma, y su régimen jurídico era el que el Poder público establecía. Se trataba, pues, de un **empleado público sometido a una normativa pública**.

Téngase en cuenta, además, que el Derecho del Trabajo no es que no fuese una alternativa adecuada, es que ni siquiera existía, pues hasta finales del siglo XIX y principios del XX no se conformará, progresivamente, ese sistema normativo encaminado a la protección de los trabajadores.

En todo caso, un aparato administrativo basado en la venta de puestos públicos no garantiza que quienes los desempeñen sean los más idóneos. Tampoco —entonces como hoy— si el criterio es la mera confianza, la afinidad ideológica o el parentesco. Además, los nuevos postulados políticos de los Estados después de la Revolución francesa se basaban en la **igualdad de todos los ciudadanos**, razón que hacía necesario encontrar un criterio legítimo para elegir a quienes trabajarían en la Administración. Se afirma, así, afanosamente el **principio de mérito**, que no sólo permitiría diferenciar legítimamente entre los ciudadanos para seleccionar a los ocupantes de los puestos públicos, sino que también garantizaría un personal preparado para la necesaria prestación, eficaz y eficiente, de los incipientes servicios públicos (educación, sanidad, correos, etc.) y para el ejercicio profesional de las funciones públicas (defensa jurídica del Estado, fe pública y registral, recaudación de impuestos, etc.). Igualdad y mérito se erigen, pues, en los principios básicos de la Función Pública profesional y moderna.

Sin embargo, la afirmación y consolidación de estos principios no fue tarea fácil, pues el sistema político liberal del XIX concebía a los empleados como un elemento más del gobierno, por lo que era radicalmente contrario al **principio**

de inamovilidad de los empleados civiles (salvo jueces y magistrados). De ahí que tanto los nombramientos de empleados como su remoción se dejaran al arbitrio de los gobernantes. Se sentaban, así, las bases para proveer y cesar empleados en función de la afinidad ideológica con el Gobierno o Ministro de turno, lo que en nuestro convulso siglo XIX haría de las «cesantías» —versión castiza española del *spoil system* o «sistema de botín»— una práctica periódica y de los cesantes una auténtica categoría social, como lo muestran algunas de las novelas de GALDÓS. Esta inamovilidad será otra de las piezas fundamentales de la nueva Función Pública, pues de nada sirve seleccionar y nombrar a los más meritorios en condiciones de igualdad si, posteriormente, la autoridad los puede cesar con libertad.

La construcción de la nueva Función Pública durante los siglos XIX y XX no fue un proyecto previamente concebido en todos sus elementos y posteriormente implantado de forma coherente y sistemática, sino que tuvo que superar numerosos obstáculos políticos y sociales. En la práctica, podemos observar dos vías paralelas de configuración de esta Función Pública profesional, basada en la igualdad, en el mérito y en la inamovilidad.

La primera de ellas son los Cuerpos de funcionarios que se crean desde principios del siglo XIX para garantizar la realización de funciones altamente especializadas, que exigen una idoneidad técnica a sus miembros que será verificada, bien a través de Escuelas especiales, bien mediante exámenes específicos. El Cuerpo se creaba para la realización de esas funciones, las cuales, por su parte, quedaban reservadas a aquel. Internamente el Cuerpo no se organizaba a partir de los empleos de la organización, sino de categorías subjetivas que ordenaban a los miembros de aquel.

La implantación, como decimos, de las técnicas modernizadoras de la Función Pública profesional se hará con más facilidad en los numerosos Cuerpos que se irán aprobando durante todo el siglo, a partir de la identificación de funciones especializadas: Cuerpo de Ingenieros Civiles (1835), que comprendía el Cuerpo de Ingenieros de Minas y el Cuerpo de Ingenieros de Caminos, Canales y Puertos; Cuerpo de Archiveros y Bibliotecarios (1859), Cuerpo de Ingenieros Agrónomos (1867), Cuerpo de Empleados de Aduanas (1869). Más tarde aparecerán los Cuerpos no especiales, de base departamental: Cuerpo de Letrados de Hacienda (1868), Cuerpo de Inspectores de Hacienda (1871) y Cuerpo de Contabilidad y Tesorería de Hacienda (1870).

Junto a los Cuerpos, el resto de empleos civiles se localizaba en los Ministerios, donde la técnica organizativa de los Cuerpos no era fácil de trasplantar, tendiendo cada Departamento a regular a su personal autónomamente. A lo largo del siglo XIX se suceden una serie de «Estatutos», más o menos generales, que intentan establecer en la Administración general esos principios y técnicas de una Función Pública profesional. Independientemente de su vigencia y problemática efectividad, lo cierto es que contribuyeron a introducir y consolidar progresivamente todos los elementos que conforman el sistema de Función Pública.

Comenzando con el conocido como «***Estatuto de LOPEZ BALLESTEROS***» (1825 y 1827), limitado a los empleados de Hacienda, organizaba el personal sobre la base de categorías subjetivas e introducía pruebas de idoneidad para la ocupación de los empleos. El siguiente hito lo constituye el importante «***Estatuto de BRAVO MURILLO***» (1852), ya de carácter interdepartamental, que consolida las categorías subjetivas como técnica organizativa, pero que sobre todo hace del principio de mérito la clave de bóveda del sistema, tanto en el ingreso —mediante pruebas de idoneidad— como en los ascensos, pues aunque éstos continúan siendo discrecionales, ya no se basan exclusivamente en la antigüedad, sino que también tienen en cuenta la «inteligencia, celo, buena conducta, subordinación y servicios extraordinarios». También conviene citar el denominado «***Estatuto de O'DONNELL***» (1866) que, entre otros aspectos, reconoce por primera vez la inamovilidad para algunos empleados según su antigüedad: así, los que llevaran más de quince años de servicio sólo podían ser cesados «por causa grave, con su audiencia y previo informe de la sección respectiva del Consejo de Estado»; mientras que los empleados con más de seis años sólo podían ser separados mediante expediente, en el que se requería el informe de, al menos, dos de sus jefes, en el que se determinase «que no reúnen las condiciones de moralidad, aptitud, lealtad, y aplicación necesaria para el buen desempeño de sus cargos».

El acervo de la centuria anterior se recoge en la Ley de Bases de 22 de julio de 1918 —conocido como «***Estatuto de 1918***»— que, en gran medida, procedió a una coherente sistematización de la evolución administrativa de la Función Pública española en lo relativo a estructuras subjetivas, ingreso por oposición, ascenso por mérito y antigüedad. Pero sobre todo consagra la inamovilidad de los empleados públicos, al imponer rigurosas formalidades para los ceses por conveniencia del servicio —las cesantías— y al desarmar su utilización política, mediante el simple expediente de determinar que las vacantes resultantes sólo podrían proveerse por rigurosa antigüedad.

Los avatares políticos e históricos incidirían en este Estatuto de 1918, pues, aunque formalmente no fue derogado, en la práctica fue cayendo en desuso, llegando así a la Ley de Bases de los Funcionarios Civiles del Estado (1963), cuyo texto articulado lo constituye la ***Ley de Funcionarios Civiles del Estado (1964)***, que introduce novedades importantes en el sistema de Función Pública.

Así, se abandona el sistema de categorías subjetivas para sustituirlo por otro, basado en el puesto de trabajo. Los Cuerpos generales devienen interdepartamentales, ordenados según la titulación exigida para su acceso, asignándoseles en abstracto unas funciones administrativas determinadas.

El ingreso en la Función Pública sigue realizándose previa oposición, pero la carrera ya no se articula como derecho de ascenso en virtud de la antigüedad y de otros méritos, sino a través de la ocupación sucesiva de puestos a los que concurre el funcionario o en los que es libremente designado. Importante también es la introducción de nuevas categorías de personal: «funcionarios de empleo» (*funcionarios eventuales,* puestos de trabajo de confianza o asesoramiento especial, y *funcionarios interinos,* personal que, por razones de necesidad y urgencia, ocupa plazas de plantilla en tanto no lo puedan ser por funcionarios de carrera), «contratados administrativos» (trabajos específicos y concretos, extraordinarios o urgentes) y abre la puerta, previa regulación reglamentaria, a la contratación de «personal laboral». Esta será la Función Pública sobre la que incidirá la Constitución de 1978.

III. LA FUNCIÓN PÚBLICA EN LA CONSTITUCIÓN

Aunque la Constitución española de 1978 carezca de un «modelo constitucional de Función Pública», las diferentes previsiones que incluye determinan una serie de elementos que caracterizan el sistema de Función Pública español.

En primer lugar, y en línea con la tradición histórica española, la Constitución menciona, explícita y exclusivamente, a los funcionarios como la clase de personal que presta servicios en la Administración. Ello no significa que no pueda haber otras clases de personal no funcionario —personal laboral—, pero de tales previsiones sí se derivaría una «**opción preferencial**» **por el personal funcionario** (STC 99/1987), de manera que la regla general será que los puestos de trabajo en la Administración estén ocupados por funcionarios, resultando excepcional la presencia de contratados laborales y debiendo las leyes señalar los puestos o funciones que pueden ser desempeñados por éstos.

En segundo lugar, la Constitución proclama que todos los ciudadanos tienen derecho a acceder a la Función Pública, en condiciones de **igualdad** (23.2 CE) y de acuerdo con los principios de **mérito y capacidad** (103.3 CE). Igualdad y mérito se erigen así en los principios fundamentales de un sistema de Función Pública profesional, que rigen no sólo el acceso, sino también toda la relación jurídica entre el funcionario y la Administración.

En tercer lugar, pese a que la Constitución no menciona explícitamente a los funcionarios cuando reconoce a los trabajadores la **libertad sindical** y los medios de negociación y conflicto colectivos (huelga), su ámbito subjetivo se ha extendido, legal y jurisprudencialmente, a los funcionarios, introduciendo parámetros novedosos en la regulación y en la gestión del personal al servicio de las Administraciones Públicas.

En cuarto lugar, es preciso señalar la radical transformación de la Función Pública española por la incidencia de la **redistribución territorial del poder político,** que ha propiciado la configuración de nuevas o renovadas burocracias —autonómicas y locales, respectivamente—. A partir de la autonomía organizativa que la Constitución otorga a las Comunidades Autónomas y a la Administración local, cada Administración puede configurar su propio modelo de Función Pública y sus propias Políticas de personal, si bien el Estado puede establecer una legislación básica mínima sobre el régimen de los funcionarios públicos.

Y, en quinto lugar, la virtualidad de la **reserva de Ley** que la Constitución establece modula decisivamente la tradicional unilateralidad reglamentaria de la Administración a la hora de establecer el régimen estatutario funcionarial.

Por la trascendencia que estos dos últimos aspectos suponen para el sistema español de Función Pública, desarrollaremos con más detalle, primero, la reserva de ley del estatuto funcionarial, con la consecuente delimitación del ámbito reglamentario en esta materia; y, segundo, la distribución de competencias en materia de Función Pública entre las distintas Administraciones, lo que nos permitirá explicar y sistematizar el sistema de fuentes que establecen el régimen jurídico de los funcionarios públicos.

IV. RESERVA DE LEY DEL ESTATUTO FUNCIONARIAL

La Constitución impone que la regulación del estatuto de los funcionarios públicos se haga por norma con rango de ley (art. 103 CE). Esta reserva de ley del estatuto funcionarial supone, para el Legislador, una obligación positiva y, para la Administración, una limitación negativa.

> El fundamento de la reserva radica en la protección del funcionario, cuyo régimen jurídico de derechos y obligaciones no se deja en manos de la Administración, dotándolo, además, de la estabilidad inherente a la regulación legal, frente a la mutabilidad más proclive del reglamento. Pero, además, la reserva de ley protege al propio sistema de Función Pública respecto a los propios funcionarios —que no pueden libremente disponer de su régimen jurídico a través de la negociación colectiva—, así como frente a las autoridades políticas —proclives a transigir en esa negociación, en aras de su paz social—. Finalmente, la reserva de ley garantiza la unidad del marco jurídico en una Administración, evitando su fragmentación —en particular, respecto a la Administración local— y la generación de desigualdades.

En lo que respecta al alcance de la reserva de ley, la Constitución recoge un elenco de materias que deben ser reguladas mediante norma con rango de ley: «el acceso a la función pública de acuerdo con los principios de mérito y capacidad, las peculiaridades del ejercicio de su derecho a sindicación, el sistema de incompatibilidades y las garantías para la imparcialidad en el ejercicio de sus funciones». Se trata de una enumeración ejemplificativa, pues la reserva debe cubrir todas las instituciones jurídicas que forman parte del estatuto de los funcionarios públicos, en particular las relativas a los derechos de los funcionarios, atenuándose en el caso de técnicas organizativas (v.gr. ordenación de puestos de trabajo, planificación, etc.).

Sin embargo, hay que tener en cuenta que no todo el régimen jurídico de una institución funcionarial debe ser regulado por Ley, pues ésta se puede limitar a los elementos esenciales de una materia funcionarial, dejando al **reglamento** el desarrollo técnico o instrumental de la misma. De esta manera, la Administración puede y debe utilizar el reglamento: como complemento de la Ley, sin que pueda restringir los derechos reconocidos por ella; como interpretación de la Ley; y como adaptación o particularización de la regulación legal.

V. DISTRIBUCIÓN DE COMPETENCIAS EN MATERIA DE FUNCIÓN PÚBLICA

1. Competencia del Estado

1.1 Legislación básica de Función Pública

Al constituir la Función Pública el elemento subjetivo de la organización administrativa de toda entidad político-administrativa, cada Administración Pública es la competente para establecer el régimen jurídico de sus funcionarios, posibilitando, en particular, el desarrollo de Políticas de personal propias (por ejemplo, los criterios y las formas de seleccionar a su personal; los mecanismos de control; las opciones de carrera; o la política retributiva que pretende seguir).

Sin embargo, la Constitución ha otorgado al Estado la competencia para establecer las «**bases del régimen estatutario de los funcionarios públicos**» (art. 149.1.18ª). Se trata, por tanto, de la potestad de aprobar una normativa básica común del régimen funcionarial para todas las Administraciones, normativa que cumpliría varias finalidades:

- Fijar un modelo mínimo de Función Pública para todas las Administraciones. Por ejemplo, clases de personal; principios y sistemas de ingreso en la Función Pública en desarrollo del derecho constitucional de acceso en condiciones de igualdad; sistemas de provisión de puestos; etc.
- Garantizar una mayor homogeneidad —es decir, igualdad— de los derechos de todos los funcionarios, independientemente de la Administración en la que trabajen. Por ejemplo, reconocimiento de derechos funcionariales; articulación del derecho a la negociación colectiva.
- Permitir la intercomunicación entre las diferentes Funciones Públicas de cada Administración. Por ejemplo, reconociendo el derecho a los funcionarios de presentarse a procedimientos de provisión de puestos en otras Administraciones o de no perder la condición de funcionario en la Admi-

nistración de origen por ello (situación de servicio en otras Administraciones Públicas, como veremos).

Desde un punto de vista formal, la normativa básica deberá establecerla el Estado mediante normas con rango de Ley, aunque se permite que excepcionalmente utilice el reglamento. Y, desde un punto de vista material, la legislación básica funcionarial debe limitarse —como su calificación indica— a lo «básico», permitiendo que las Comunidades Autónomas establezcan su propio modelo de Función Públicas, que les permita configurar y aplicar sus propias Políticas de personal.

En la actualidad, la legislación básica del régimen de los funcionarios públicos está constituida por el Real Decreto Legislativo 5/2015, de 30 de octubre, por el que se aprueba el texto refundido de la Ley del **Estatuto Básico del Empleado Público** (TREBEP), norma que será el fundamento de la exposición que hagamos en este capítulo y en los siguientes. No obstante, hay que tener en cuenta que este Estatuto Básico no recoge toda la legislación básica del Estado sobre esta materia, pues también tiene tal carácter la Ley 53/1984 de incompatibilidades del personal al servicio de las Administraciones Públicas.

1.2 Función Pública y competencia estatal sobre la economía

Por la dimensión económica de la Función Pública, al suponer los costes de personal uno de los elementos más importantes de los presupuestos públicos, reviste particular importancia la competencia del Estado para establecer las **bases y la coordinación de la planificación de la actividad económica general** (art. 149.1.13ª de la Constitución). Al amparo de este título competencial, el Estado —normalmente a través de la **Ley de Presupuestos Generales del Estado**— puede adoptar diferentes medidas que afectan a elementos del régimen funcionarial, ya se trate de las retribuciones —estableciendo limitaciones a su incremento, congelaciones o, incluso, reducciones—, ya de amortizaciones de puestos —limitando las reposiciones de personal de nuevo ingreso (tasa de reposición)—.

1.3 Normativa de Función Pública de la Administración del Estado

La eficacia supletoria de la Legislación del Estado (art. 149.3 *in fine* CE) presenta una gran importancia en el complejo Ordenamiento jurídico de la Función Pública, fragmentario e incompleto en el caso de muchas Administraciones autonómicas y de casi todas las locales. La vocación de unidad y exhaustividad de la normativa de Función Pública de cada Administración es una característica inherente a su autonomía política y administrativa, si bien la progresiva implantación de las burocracias territoriales ha sido desigual, encontrándonos con un nivel legislativo completo, pero un escaso o inexistente desarrollo reglamentario, generando lagunas y vacíos que deben ser completados acudiendo a la eficacia supletoria última de la normativa de Función Pública de la Administración General del Estado.

El recurso a esta normativa del Estado es especialmente intenso y necesario en el caso de la normativa relativa a la Función Pública Local, donde la confluencia de títulos competenciales diferentes (régimen local y función pública) y de fuentes normativas de origen diverso (Estado, Comunidades Autónomas y las propias Entidades locales) propicia la conformación de un sistema complejo y confuso tanto de la normativa aplicable como incluso de la vigente. Por no hablar de los numerosos sectores que cuentan con legislación específica, la cual, normalmente, se limita a recoger las especialidades propias de cada ámbito o colectivo (Función pública sanitaria, educativa y el personal enumerado en el art. 4 del TREBEP).

De ahí la importancia del régimen jurídico de la Función Pública de la Administración General del Estado, jurídicamente supletorio y teóricamente referente para la normativa propia de otras Administraciones Públicas, que tradicionalmente, bien han imitado la normativa del Estado, bien se han remitido a ella de forma tácita a través de la técnica de su eficacia supletoria.

2. *Competencias de las Comunidades Autónomas*

Las Comunidades Autónomas ostentan competencia para regular y gestionar su propia Función Pública. Sin embargo, como hemos visto, esa competencia debe ejercerse, primero, respetando las previsiones constitucionales —por ejemplo, reserva de ley— y, segundo, conforme al marco normativo básico que haya fijado el Estado —«las Asambleas Legislativas de las Comunidades Autónomas aprobarán, en el ámbito de sus competencias, las Leyes reguladoras de la Función Pública [...] de las Comunidades Autónomas» (art. 6 TREBEP)—.

Este desarrollo legislativo autonómico de la legislación básica del Estado en materia de Función Pública constituye una competencia legislativa propia en virtud de la cual las Comunidades Autónomas deben disponer de la suficiente capacidad de configuración para diseñar un modelo propio de Función Pública. De ahí que la intensidad de lo básico —como hemos visto— sea limitada, para dejar ese margen a las Comunidades Autónomas, lo que en el caso de la Función Pública viene acentuado por su conexión con la potestad de autoorganización de aquellas.

En cualquier caso, la legislación autonómica de Función Pública es esencial para conformar un estatuto funcionarial completo para las respectivas Administraciones autonómicas, toda vez que la legislación básica del Estado se limita, en la actualidad, a ese mínimo común considerado necesario en el sistema español de Función Pública.

No obstante, el panorama legislativo autonómico en materia de Función Pública es heterogéneo. Aunque muchas Comunidades Autónomas han aprobado leyes cuyo contenido se adecúa ya al Estatuto Básico del Empleado Público, extrayendo de éste muchas de sus potencialidades (v.gr. Directivo público, carrera horizontal, etc.), otras Comunidades continúan con la normativa previa a aquel, lo que configura un escenario normativo muy disímil.

3. Administración local y Función Pública

Las competencias de las Entidades locales en materia de Función Pública trascienden la mera gestión de su personal para extenderse igualmente a la regulación y desarrollo reglamentarios de la legislación básica del Estado (tanto el Estatuto Básico del Empleado Público como las previsiones incluidas en las Ley de Bases de Régimen Local) y de la legislación y normativa autonómicas aprobadas en el marco de la legislación básica del Estado. El sistema de fuentes es complejo, pues a la pluralidad de Legisladores (estatal y autonómico) se une la pluralidad de títulos competenciales desde los que se dicta la normativa reguladora del régimen jurídico de los funcionarios locales. Además, la premisa constitucional de la reserva de ley impide que la normativa local —carentes las Entidades locales de potestad legislativa— pueda regular aspectos esenciales del estatuto de los funcionarios locales. De ahí que su ámbito propio será el de completar, interpretar y adaptar la legislación del Estado y de las Comunidades Autónomas que les sean aplicables.

En cualquier caso, en relación con la Administración Local, aunque el Estatuto Básico establece que «el personal funcionario de las Entidades Locales se rige por la legislación estatal que resulte de aplicación, de la que forma parte este Estatuto y por la legislación de las Comunidades Autónomas, con respeto a la autonomía local», es la Ley de Bases de Régimen Local la que establece el sistema de fuentes regulador del régimen jurídico de los funcionarios locales. El tenor literal es lo suficientemente expresivo: «Los funcionarios al servicio de la Administración local se rigen, en lo no dispuesto en esta Ley, por la Ley 7/2007, de 12 de abril, del Estatuto Básico del Empleado Público, por la restante legislación del Estado en materia de función pública, así como por la legislación de las Comunidades Autónomas, en los términos del artículo 149.1.18ª de la Constitución» (92.1). Por tanto, prima la legislación básica de régimen local sobre la legislación básica de régimen funcionarial, incluyendo las referencias y remisiones que aquella contiene, aplicándose posteriormente la legislación de Función Pública de la Comunidad Autónoma y, finalmente, la propia normativa reglamentaria de la entidad local.

VI. DERECHO DE LA UNIÓN EUROPEA Y FUNCIÓN PÚBLICA

Aunque la Unión Europea carece de una competencia específica sobre la Función Pública de los Estados miembros, el Derecho de la Unión incide indirectamente sobre ella a partir de otros títulos competenciales, al concebir al funcionario como un trabajador en el seno del mercado interior o como objeto de protección de la Política social europea.

De esta manera, en el ámbito del mercado interior, el concepto trabajador presenta el contenido económico y el alcance subjetivo propios de la libre circulación de trabajadores. La principal incidencia al respecto ha sido la prohibición de discriminaciones por razón de la nacionalidad, que ha afectado decisivamente a la apertura de las Funciones Públicas nacionales a los nacionales de otros Estados miembros europeos. Pero también se encamina a la aplicación del principio de reconocimiento mutuo, para dar eficacia a títulos o cualificaciones profesionales de cara al acceso a las Administraciones Públicas o para fomentar la libre circulación de empleados públicos, reconociendo a éstos la experiencia profesional en Administraciones de otros Estados o los derechos de pensión causados en otros sistemas nacionales.

Pero el ámbito de acción que más trascendencia está teniendo en la Función Pública española es la Política Social europea, en la que al concepto trabajador se asocian una serie de derechos laborales encaminados, por un lado, a la protección del trabajador ante situaciones de debilidad —como la normativa de seguridad y salud en el trabajo, que tanta trascendencia tiene en la ordenación del tiempo del trabajo de funcionarios que deben garantizar un servicio continuado, caso de médicos, bomberos o policías— y, por otro lado, a la prohibición de discriminaciones por diferentes motivos, entre otros, sexo, edad, discapacidad o temporalidad de la relación. Esta última cuestión —la protección de las relaciones de empleo temporales— está obligando no sólo a reconceptualizar el régimen jurídico sustantivo de los funcionarios interinos (con un reconocimiento cada vez más amplio de derechos para equipararlos a los que gozan los funcionarios de carrera), sino también a tomarse en serio la articulación de medidas para evitar o sancionar los abusos en la duración de figuras interinas que se perennizan en el tiempo.

VII. CLASES DE EMPLEADOS PÚBLICOS

El Estatuto Básico del empleado público ha recuperado la expresión decimonónica de «empleado público» —desplazada, en su momento, por el término «funcionario», originado en el seno de la Revolución francesa—. La expresión no hace, sin embargo, referencia a una clase o categoría de personal concretas, sino que es un término formal de conveniencia que engloba, en abstracto, a «quienes desempeñan funciones retribuidas en las Administraciones Públicas al servicio de los intereses generales» (art. 8.1 TREBEP). Posteriormente, sí, el Estatuto Básico clasifica a los empleados públicos en clases que constituyen auténticas relaciones jurídicas, dotadas de regímenes jurídicos con contenido propio y diferenciado. Tales clases son: funcionarios de carrera, funcionarios interinos, personal laboral y personal eventual, a las que cabría añadir, eventualmente, al directivo público.

Además de una técnica legislativa, para referirse de una manera abstracta a todas las personas al servicio de las Administraciones Públicas, la utilización de la expresión «empleado público» responde a la idea de superar el debate de la naturaleza jurídica del vínculo —público o privado— que une al empleado con la Administración, propugnando una convergencia de regímenes jurídicos de funcionarios y laborales, que se encontrarían sometidos a las mismas reglas jurídicas. Sin embargo, el propio texto del Estatuto Básico desmiente esa unificación jurídica, remitiéndose al sistema propio de fuentes del contrato laboral (en particular, el convenio colectivo).

1. Funcionarios de carrera

La principal clase de empleado público en la Administración es el funcionario de carrera. El Estatuto Básico lo define desde una perspectiva formal, atendiendo a la forma de nombramiento y a la naturaleza y duración de la relación; pero también lo caracteriza materialmente, por el carácter y tipo de funciones que se le reservan.

Formalmente, en efecto, el Estatuto considera funcionarios de carrera a «quienes, en virtud de nombramiento legal, están vinculados a una Administración Pública por una relación estatutaria regulada por el Derecho Administrativo para el desempeño de servicios profesionales retribuidos de carácter permanente» (9.1 TREBEP). De esta definición, debemos destacar la constitución de la relación jurídica funcionarial mediante nombramiento unilateral, así como el carácter estatutario y permanente de dicha relación, tal y como tendremos ocasión de desarrollar en el capítulo siguiente.

Además de estos elementos formales, el Estatuto Básico quiere caracterizar al funcionario de carrera por las funciones que estaría llamado a desempeñar, puesto que «el ejercicio de las funciones que impliquen la participación directa o indirecta en el ejercicio de las potestades públicas o en la salvaguardia de los intereses generales del Estado y de las Administraciones Públicas corresponden exclusivamente a los funcionarios públicos, en los términos que en la ley de desarrollo de cada Administración Pública se establezca» (9.1 TREBEP).

Ahora bien, obsérvese que esta reserva lo es de determinadas funciones a los funcionarios de carrera. Pero no a la inversa. Esto es, que los funcionarios de carrera sólo pudieran desempeñar puestos que tuvieran asignadas esas funciones (como ocurre, por ejemplo, en Alemania por imperativo constitucional). La ya mentada opción preferencial constitucional por el funcionario de carrera impide, en España, tal delimitación restrictiva. Por ello, la consecuencia de esta reserva funcionarial es identificar un núcleo irreductible de funciones que no pueden ser desempeñadas por contratados laborales en la Administración.

Por lo demás, no resulta sencillo identificar en abstracto las funciones que impliquen «*la participación directa o indirecta en el ejercicio de las potestades públicas o en la salvaguardia de los intereses generales*». A partir de las previsiones que recoja la Ley de Función Pública correspondiente, cada Administración deberá identificar los puestos de su organización cuyo ejercicio estará reservado a funcionarios de carrera.

Al respecto, se suele considerar «*ejercicio de potestades públicas*», a efectos de esta reserva funcionarial, las funciones por las que la Administración aprueba actos jurídicos o actuaciones materiales administrativas que resultan imperativas para los ciudadanos, al imponerles obligaciones o prohibiciones cuyo cumplimiento efectivo puede ser garantizado coercitivamente por la propia Administración. Se incluyen, así, funciones como la aprobación de órdenes de policía; fe pública administrativa; control interno económico-financiero; inspección, control de cumplimiento de normas y actos, sanción; otorgamiento de autorizaciones; actos registrales. Más impreciso es el concepto jurídico indeterminado «*salvaguardia de los intereses generales*» de la Administración, cuya concreción deberá ser realizada por ella misma según su autonomía político-administrativa.

2. *Funcionarios interinos*

Por razones expresamente justificadas de necesidad y urgencia, la Administración puede nombrar, con carácter temporal, funcionarios interinos para el desempeño de funciones propias de funcionarios de carrera.

Sin embargo, la Administración no puede nombrar funcionarios interinos por cualquier motivo, sino que sólo puede hacerlo cuando se dé alguna de las siguientes circunstancias que, de forma exhaustiva, establece el Estatuto Básico:

a) Existencia de **plazas vacantes**, cuando no sea posible su cobertura por funcionarios de carrera, por un máximo de tres años. Por ejemplo, puestos que quedan sin ocupante porque el titular que las desempeñaba deja de ser funcionario o es nombrado en otro puesto. Estas plazas vacantes desempeñadas por personal funcionario interino deberán ser convocadas para su ocupación por funcionarios de carrera, sea mediante procedimientos selectivos, sea través de cualquiera de los mecanismos de provisión o movilidad aplicables.

   En todo caso, transcurridos tres años desde el nombramiento del personal funcionario interino, se producirá el fin de la relación de interinidad, pudiendo ocuparse la vacante solo por personal funcionario de carrera, salvo que el correspondiente proceso selectivo quede desierto, en cuyo caso se podrá efectuar otro nombramiento de personal funcionario interino. Excepcionalmente, el personal funcionario interino podrá permanecer en la plaza que ocupe temporalmente, siempre que se haya publicado la correspondiente convocatoria dentro del plazo de los tres años, a contar desde la fecha del nombramiento del funcionario interino, convocatoria que también deberá ser resuelta dentro del plazo de tres años que el Estatuto fija para ejecutar la Oferta de empleo público (art. 70 TREBEP); en este caso, podrá permanecer hasta la resolución de la convocatoria, sin que su cese dé lugar a compensación económica.

b) **Sustitución** transitoria de los titulares, durante el tiempo estrictamente necesario. En estos casos, el titular del puesto sigue siéndolo, pero no puede desempeñarlo efectivamente por enfermedad, licencia, situación administrativa con reserva de puestos, etc.

c) **Ejecución de programas** de carácter temporal, programas que no podrán tener una duración superior a tres años, salvo que la Ley de Función Pública correspondiente prevea que puedan durar hasta doce meses más

d) **Exceso o acumulación de tareas** por plazo máximo de nueve meses, dentro de un periodo de dieciocho meses.

Como puede observarse, se trata siempre de causas temporales, queriéndose evitar que lo que debe ser una relación temporal se convierta en indefinida en el tiempo o, en todo caso, se prolongue más allá de la duración que la Ley fija. De ahí que se le exija a la Administración la formalización de la finalización de la relación de interinidad cuando concurra alguna de las causas que la terminan. A saber:

a) Todas las causas de extinción de la relación de servicio de los funcionarios de carrera también se aplican a los funcionarios interinos, produciendo igualmente la extinción de su relación temporal (renuncia, jubilación, inhabilitación penal, etc.).

b) Cobertura reglada del puesto por personal funcionario de carrera a través de cualquiera de los procedimientos legalmente establecidos.

c) Razones organizativas que den lugar a la supresión o a la amortización de los puestos asignados.

d) Finalización del plazo autorizado expresamente recogido en su nombramiento.

e) Finalización de la causa que dio lugar a su nombramiento (v.gr. reincorporación al servicio del funcionario de carrera que estaba de baja, de licencia o en una situación administrativa con reserva de puesto; finalización de la duración del programa temporal; desaparición del exceso o acumulación de las tareas para las que fue nombrado el funcionario).

En lo que respecta al régimen jurídico aplicable a los funcionarios interinos, la Ley no lo desarrolla, sino que se limita a una críptica remisión al mismo régimen de los funcionarios de carrera, eso sí, «*en cuanto sea adecuado a la naturaleza de su condición temporal y al carácter extraordinario y urgente de su nombramiento*», por lo que excluye «*aquellos derechos inherentes a la condición de funcionario de carrera*». En consecuencia, los funcionarios interinos tienen los mismos derechos y obligaciones que los funcionarios de carrera, sin que se les pueda discriminar por la sola razón de la temporalidad de su relación. Sin embargo, sí estaría justificado que no se les reconozcan ciertos derechos que, bien son propios de los funcionarios de carrera (v.gr. Inamovilidad), bien son contradictorios con los elementos específicos de la relación interina (v.gr. Excedencia voluntaria por interés particular, participación en procedimientos de provisión de puestos de trabajo, etc.).

La regulación y gestión de los funcionarios interinos en España ha sido muy deficiente, propiciando prolongaciones desmesuradas y abusivas de unas relaciones que, teóricamente, debían ser temporales. Como puede apreciarse de lo anteriormente explicado, el Estatuto Básico del Empleado Público se preocupa hoy día por precisar la temporalidad de las causas y prever mecanismos reactivos en caso de que se incumplan las previsiones que imponen la duración limitada de las relaciones interinas. Además de señalar vagamente la responsabilidad en la que incurran las autoridades y funcionarios por actuaciones irregulares en esta cuestión, así como la nulidad de los actos, pactos, acuerdos y reglamentos que contravengan los plazos máximos de duración de las relaciones interinas, destaca el *derecho a una compensación económica* que se reconoce a los funcionarios interinos en caso de incumplimiento del plazo máximo de permanencia previsto en el Estatuto Básico (DA 17ª TREBEP).

3. Personal laboral

Ya hemos señalado, en las páginas precedentes, que el Derecho Administrativo creó un régimen específico —el funcionarial— para el personal que trabajaría en la Administración, configurado para permitir a ésta gestionar a sus empleados garantizando el interés público, por encima del interés particular de los propios funcionarios, por muy legítimo que éste sea. Y también apuntamos cómo, de manera limitada, la normativa fue permitiendo a la Administración contratar personal sometido al régimen laboral. Esta dicotomía —personal funcionarial y personal laboral— se ha consolidado en nuestras Administraciones, obligando, por un lado, a delimitar los espacios respectivos de ambos y, por otro, a especificar las singularidades que para la relación laboral se derivan de constituir el contratado laboral, simultáneamente, un empleado público.

En lo que respecta al **reparto de puestos entre funcionarios y laborales**, el Estatuto Básico del Empleado Público no lleva a cabo tal distribución, limitándose

—como hemos visto— a imponer que determinados puestos o funciones —ejercicio de potestades públicas y salvaguarda de intereses generales— sean desempeñados necesariamente por funcionarios de carrera. Respetando esta previsión, la Ley de Función Pública de cada Administración establecerá «los criterios para la determinación de los puestos de trabajo que pueden ser desempeñados por personal laboral» (11.2 TREBEP), sin que pueda abdicar de tal cometido y dejar entera libertad a la Administración (STC 61/1987); posteriormente, cada Administración, conforme a esos criterios legales, establecerá los concretos puestos de trabajo para los que podrá contratar personal laboral.

Al no existir criterio básico común para distribuir dicotómicamente los puestos públicos entre funcionarios y laborales, encontramos regulaciones diferentes en cada Ley de Función Pública. A pesar de algunas singularidades, se suelen identificar como puestos y funciones para el personal laboral los siguientes: los que requieran conocimientos técnicos especializados o actividades propias de oficios, sin que exista agrupación funcionarial en esa Administración que los incluya; puestos de carácter instrumental para el funcionamiento de la Administración, sin afectar jurídicamente a la situación de los ciudadanos o de otras Administraciones; puestos no permanentes; etc.

En relación con las **singularidades** que para la **relación laboral** se derivan de entablarse no con un simple empresario, sino con una Administración, el art. 11 del Estatuto Básico del Empleado Público se limita, primero, a definir al personal laboral en cuanto que empleado público —«el que en virtud de contrato de trabajo formalizado por escrito, en cualquiera de las modalidades de contratación de personal previstas en la legislación laboral, presta servicios retribuidos por las Administraciones Públicas» (11.1 TREBEP)—; segundo, a señalar que, en función de la duración, el contrato laboral «podrá ser fijo, por tiempo indefinido o temporal»; y, tercero, a exigir que los procedimientos de selección del personal laboral sean públicos, rigiéndose siempre por los principios de igualdad, mérito y capacidad, aunque los del personal laboral temporal también por el principio de celeridad (11.3 TREBEP).

Sin embargo, más allá de esta definición legal del personal laboral en cuanto que empleado público, a lo largo de su articulado, el Estatuto Básico del Empleado Público señala aspectos del régimen jurídico de este personal laboral —situaciones jurídicas; retribuciones; carrera; etc.— que se remiten a su específico sistema de fuentes (Estatuto de los Trabajadores y convenios colectivos), incluyendo la legislación y normativa especial que les fuere aplicable.

4. Personal eventual

Junto al personal funcionarial y al personal laboral, la normativa de Función Pública también recoge un personal que, en realidad, le es ajeno por cuanto no responde al principio de mérito y sus tareas se ubican, más adecuadamente, en el apoyo a la función de gobierno (los llamados «gabinetes»).

En efecto, el Estatuto Básico del Empleado Público define al personal eventual como aquel «que, en virtud de nombramiento y con carácter no permanente, sólo realiza funciones expresamente calificadas como de confianza o asesoramiento especial, siendo retribuido con cargo a los créditos presupuestarios consignados para este fin».

La confianza no sólo cualifica las funciones que desempeña este personal, sino que también se erige en el criterio de su nombramiento y de su cese, actos ambos que la Ley considera significativamente «*libres*» (11.3). Se trata de una confianza subjetiva en la persona sobre la que recae el nombramiento, no en razón de su capacidad y mérito profesionales (STS 29-3-2023). Además de la falta o desaparición de la confianza que propició el nombramiento, el cese «tendrá lugar, en todo caso, cuando se produzca el de la autoridad a la que se preste la función de confianza o asesoramiento».

Para evitar la proliferación de esta clase de personal, las Leyes de Función Pública determinarán los órganos de gobierno de las Administraciones Públicas que podrán disponer de este tipo de personal, mientras que su número máximo será establecido por esos mismos órganos de gobierno. En todo caso, este número y las condiciones retributivas serán públicas.

Como señalábamos, se trata de un personal cuyo nombramiento no obedece a los principios de igualdad y de mérito, razón por la cual el Estatuto Básico impide que el tiempo de servicios prestados como personal eventual pueda constituir mérito para el acceso a la Función Pública o para la promoción interna.

Por lo demás, al personal eventual le será aplicable —en lo que sea adecuado a la naturaleza de su condición— el régimen general de los funcionarios de carrera, sin que su carácter temporal permita discriminarles en sus derechos (por ejemplo, para negarles conceptos retributivos como trienios).

5. *Personal directivo*

Además de los funcionarios —de carrera e interinos— y de los contratados laborales, caracterizados por la naturaleza jurídica, pública o privada, de su relación, y del personal eventual —caracterizado por la confianza que afecta tanto a las funciones como al criterio de nombramiento y cese—, el Estatuto Básico del Empleado Público ha previsto la posibilidad de que las Administraciones Públicas creen una clase de personal específica para el ejercicio de las funciones directivas: «*Es personal directivo el que desarrolla funciones directivas profesionales en las Administraciones Públicas, definidas como tales en las normas específicas de cada Administración*» (13.1 TREBEP).

Adviértase que el Estatuto Básico no crea directamente la clase de empleado público «personal directivo profesional», pues su artículo 8.2 —donde se enumeran las clases de personal— no lo incluye. Sin embargo, esta previsión del Estatuto Básico del Empleado Público, en cuanto que legislación básica del régimen funcionarial, tiene el efecto de permitir que la normativa de Función Pública de las distintas Administraciones implante esta clase de personal, considerada por muchos un elemento necesario de reforma y modernización del sector público. Pues no bastaría con que los puestos que tienen asignadas funciones directivas sean ocupados por funcionarios o laborales al servicio de la Administración a través de los procedimientos ordinarios de provisión o de contratación, sino que sería conveniente crear una clase de empleado público nueva, con formación, preparación y experiencia en el ejercicio de funciones directivas y sometido a un particular régimen de derechos, obligaciones y exigencia de responsabilidad.

Aunque el Estatuto Básico establece que serán el Gobierno y los órganos de gobierno de las Comunidades Autónomas los que puedan establecer el régimen jurídico específico del personal directivo, así como los criterios para determinar su condición, es necesaria una intervención legislativa para regular los elementos de dicho régimen cubiertos por la reserva de ley.

Por lo demás, ese régimen jurídico que establezca la normativa de Función Pública de una Administración debe tener en cuenta una serie de «principios» que recoge el propio Estatuto Básico y que hacen referencia a su selección, control, negociación colectiva de sus condiciones de trabajo y la identificación del tipo de contrato de trabajo que constituye cuando se trate de personal laboral.

Respecto a su *selección*, el Estatuto Básico establece: «Su designación atenderá a principios de mérito y capacidad y a criterios de idoneidad, y se llevará a cabo mediante procedimientos que garanticen la publicidad y concurrencia» (13.2 TREBEP). Sobre el *control* al que será sometido esta clase de personal, según el Estatuto Básico «estará sujeto a evaluación con arreglo a los criterios de eficacia y eficiencia, responsabilidad por su gestión y control de resultados en relación con los objetivos que les hayan sido fijados» (13.3 TREBEP). Desde el punto de vista de la *negociación colectiva*, la determinación de sus condiciones de empleo no tendrá la consideración de materia objeto de negociación colectiva (13.4 TREBEP). Finalmente, se admite que el personal directivo tenga también un *vínculo de naturaleza laboral*, en cuyo caso «estará sometido a la relación laboral de carácter especial de alta dirección» (13.4 TREBEP).

V. ORGANIZACIÓN DE LA FUNCIÓN PÚBLICA

A) *Estructuración de la Función Pública.* Administración y Función Pública no son masas informes de funciones y funcionarios, sino que ambas precisan de una correcta organización que las ordene con criterios racionales, garantizando que los funcionarios desempeñan las funciones para las que están capacitados y que las funciones que la Administración debe realizar son cumplidas de una manera eficiente y eficaz por los funcionarios.

Se trata, pues, de vincular las funciones con los funcionarios, para lo cual es necesario articular una serie de técnicas que organicen y relacionen a unas y a otros (CANTERO). En palabras del Estatuto Básico, «[e]n el marco de sus competencias de autoorganización, las Administraciones Públicas estructuran sus recursos humanos de acuerdo con las normas que regulan la selección, la promoción profesional, la movilidad y la distribución de funciones» (72 TREBEP).

Se trata del elemento del régimen funcionarial más vinculado a la organización administrativa, razón por la cual la legislación básica cede, en este caso, a la Ley de cada Administración y a su potestad de autoorganización la configuración y gestión de las técnicas de estructuración de su Función Pública.

B) *La originaria organización basada en Cuerpos.* Históricamente, como hemos visto, cuando se identificaban funciones especializadas (posteriormente, también funciones administrativas generales), su realización se organizaba a través de la creación de **Cuerpos** de funcionarios. Es decir, una estructura que no sólo agrupaba a los funcionarios, sino que también se responsabilizaba de la prestación de determinadas funciones. El Cuerpo seleccionaba a sus miembros, constatando su idoneidad, y los organizaba internamente a través de categorías subjetivas jerarquizadas, a las que se iba accediendo progresivamente por antigüedad. Para el ejercicio de las funciones que se encomendaban a los Cuerpos, estos contaban con una serie de plazas, que suponían la correspondiente dotación presupuestaria y que se distribuían según las necesidades de las funciones que debían ser aseguradas. El Cuerpo, asimismo, gestionaba a sus miembros, incluyendo el control de su desempeño y la exigencia de responsabilidades disciplinarias y hasta éticas. De esta manera, la Función Pública presentaba un paisaje parecido a una constelación de Cuerpos.

C) *El puesto de trabajo.* Posteriormente, la organización basada en los Cuerpos se alteró, aunque sin suprimir éstos, si bien con un contenido y efectos muy diferentes, como luego veremos. Descartado el Cuerpo como unidad organizativa básica, las funciones —salvo excepciones— no se encomiendan ya a los Cuerpos, sino que se distribuyen entre **puestos de trabajo**, de manera que cada uno de ellos tiene asignada una porción de las funciones o competencias que corresponden a una Administración o a los órganos en los que se organiza. El puesto de trabajo es, pues, el gozne entre el funcionario, que lo ocupa, y la organización administrativa, que le asigna las funciones y tareas en las que se articulan las competencias de la Administración.

La Administración regula cada puesto de trabajo, estableciendo los requisitos para poder ocuparlo (titulación; carácter funcionarial o laboral del empleado; forma de provisión; etc.), su nivel en la jerarquía organizativa, así como otros aspectos tan importantes como ciertas retribuciones complementarias ligadas al puesto. El contenido funcional (tareas, funciones, responsabilidades, cometidos, etc.) del puesto vendrá determinado, formalmente, por la propia regulación del puesto y por los órganos de que forme parte y, operativamente, por toda la normativa sectorial y todos los documentos (circulares, orientaciones, directrices, manuales operativos, etc.) que ordenen las funciones asignadas a los puestos.

Toda esta regulación del puesto obedece —o debería obedecer— a un previo análisis de los puestos que atienda a las funciones y responsabilidades que se le asignen. En efecto, sin ese análisis, resulta problemático identificar los requisitos necesarios para su ocupación y, sobre todo, fijar su nivel respecto a otros puestos o asignarle un complemento retributivo específico. Estos dos últimos aspectos, por ejemplo, propician una alta conflictividad judicial, cuando los funcionarios alegan discriminación respecto a otros funcionarios que ocupan puestos, con similares funciones y responsabilidades, pero dotados de mayor nivel o de mayores complementos retributivos.

Llegados a este punto, Administración y Función Pública tampoco pueden entenderse como una mera yuxtaposición de puestos ocupados por funcionarios, pues la agrupación de unos y otros es necesaria para ordenar la dinámica de la relación funcionarial (selección, carrera, provisión de puestos, movilidad, etc.).

D) *Agrupaciones de puestos*: **relaciones de puestos de trabajo** En primer lugar, hay que tener en cuenta que, aunque los puestos de trabajo sean objeto de una regulación y gestión individual con el alcance antes señalado, pueden recogerse conjuntamente en un solo instrumento formal (relación de puestos de trabajo o instrumento organizativo similar), así como «agruparse en función de sus características para ordenar la selección, la formación y la movilidad» (73.3 TREBEP).

E) *Agrupaciones de funcionarios (Cuerpos) y su clasificación en Grupos y Subgrupos.* Y, en segundo lugar, es preciso señalar que los funcionarios continúan organizándose a través de Cuerpos (u otro tipo de agrupaciones), aunque éstos ya no presentan sus elementos originarios e idiosincráticos, pues al verse privados —salvo excepciones— de la adscripción de funciones, los Cuerpos quedan reducidos a meras estructuras formales con una virtualidad muy limitada.

Hoy día, en efecto, para el Estatuto Básico del Empleado Público, los funcionarios «se agrupan en cuerpos, escalas, especialidades u otros sistemas que incorporen competencias, capacidades y conocimientos comunes acreditados a través de un proceso selectivo» (75.1 TREBEP). Sobre los Cuerpos ya no recae la responsabilidad en exclusiva de la realización de determinadas funciones, salvo que excepcionalmente así se continúe regulando —por ejemplo, defensa jurídica del Estado por el Cuerpo de Abogados del Estado; función de secretaría, comprensiva de la fe pública y asesoramiento legal preceptivo en la Administración local, asignada a la Escala de Funcionarios con habilitación de carácter nacional—, pues las funciones se distribuyen entre los puestos de trabajo y los funcionarios pueden ocuparlos cumpliendo los requisitos exigidos.

Pero los Cuerpos continúan organizando a los funcionarios, utilizando como criterio de incorporación a los mismos la acreditación de competencias, capacidades y conocimientos homogéneos en el seno de procesos selectivos. Por tanto, los procesos selectivos se organizan por Cuerpos según esas competencias, capacidades y conocimientos y el candidato, al superarlos, es nombrado funcionario, incorporándose a un Cuerpo. En sentido estricto, el funcionario no ingresa en la Función Pública, en abstracto, sino que ingresa en un Cuerpo, donde desarrolla su vida administrativa como funcionario, independientemente de los concretos puestos de trabajo que ocupe a lo largo de ella.

Los Cuerpos ordenan a los funcionarios según esas competencias, capacidades y conocimientos. Por ello, no todos los Cuerpos son iguales, no ya por el sector de actividad en el que la ley los crea (sanidad, educación, tributos, etc.), sino por el nivel de formación requerido para ingresar en cada Cuerpo, atendiendo al tipo de funciones que los funcionarios del mismo están llamados a desempeñar (concepción, estudio, análisis, gestión, tareas operativas, etc.). En virtud de la titulación exigida para acceder a ellos, los Cuerpos se clasifican en diferentes grupos. Esta clasificación en grupos lo es, directamente, de los Cuerpos e, indirectamente, de los funcionarios de carrera. Esta clasificación es importante porque los puestos de trabajo también recogen el Grupo o Subgrupo que debe reunir un funcionario para poder ocuparlo, que le vendrá dado por el Cuerpo al que pertenezca.

<table>
<tr><th>GRUPO</th><th>SUBGRUPO</th><th>TITULACIÓN</th><th></th></tr>
<tr><td rowspan="2">Grupo A</td><td>Subgrupo A1</td><td rowspan="2">Título universitario de Grado u otro exigido por Ley (v.gr. Master para profesiones reguladas: STS 8-3-3021)</td><td rowspan="2">La clasificación de los cuerpos y escalas en cada Subgrupo estará en función del nivel de responsabilidad de las funciones a desempeñar y de las características de las pruebas de acceso</td></tr>
<tr><td>Subgrupo A2</td></tr>
<tr><td>Grupo B</td><td></td><td>Técnico Superior</td><td></td></tr>
<tr><td rowspan="2">Grupo C</td><td>Subgrupo C1</td><td>Título de Bachiller o Técnico</td><td></td></tr>
<tr><td>Subgrupo C2</td><td>Título de Graduado en Educación Secundaria Obligatoria</td><td></td></tr>
</table>

Además del Cuerpo y del puesto de trabajo, otros instrumentos permiten ordenar y organizar la Función Pública para una mejor gestión del personal. De entre ellos, podemos destacar los **instrumentos de planificación** —por ejemplo, planes de ordenación de recursos humanos—, encaminados a la consecución de la eficacia en la prestación de los servicios y de la eficiencia en la utilización de los recursos económicos disponibles mediante la dimensión adecuada de sus efectivos, su mejor distribución, formación, promoción profesional y movilidad (69 TREBEP). Se trata de analizar el personal que se necesita en lo que respecta tanto a su número como a sus características (servicios infradotados; envejecimiento de plantillas; capacitación adecuada para formas actuales de funcionamiento administrativo, como nuevas tecnologías, idiomas, etc.).

Gran relevancia presenta la **Oferta de empleo público** (o instrumento similar): tiene como objeto las «necesidades de recursos humanos, con asignación presupuestaria, que deban proveerse mediante la incorporación de personal de nuevo ingreso» (70 TREBEP). Constituye, pues, presupuesto necesario para convocar plazas de acceso a la Función Pública, estando la Administración obligada a tal convocatoria para las plazas comprometidas en la Oferta —y hasta un diez por ciento adicional—. La Oferta fijará el plazo para convocar los procesos selectivos, pero no puede establecer requisitos para participar en los mismos; en todo caso, la ejecución de la oferta de empleo público deberá desarrollarse dentro del plazo improrrogable de tres años, so pena de invalidez de las convocatorias extemporáneas (STS 21-5-2019). La Oferta de empleo pública será aprobada por los órganos de Gobierno de las Administraciones Públicas, publicándose en el Diario Oficial correspondiente.

Por último, es necesaria destacar el **Registro de personal**, que cada Administración está obligada a constituir y en el que se inscribirán los datos relativos a su personal. Estos Registros permiten no sólo conocer la situación jurídica de cada empleado, sino también proceder al intercambio de información entre Administraciones.

BIBLIOGRAFÍA: A) Bibliografía general y especializada en Función Pública: PARADA, R. y FUENTETAJA, J., *Derecho de la Función Pública,* Civitas Thomson Reuters 2019; SÁNCHEZ MORÓN, M., *Derecho de la Función Pública,* Tecnos 2023; IZQUIERDO CARRASCO, M. y LOPEZ BENITEZ, M., (Coord), *Derecho Administrativo. Tomo IV,* 2018; GOSÁLBEZ, H.; MELLADO, L.; ROCA, M. L. *Manual Básico de Derecho del empleo público,* Tecnos, 2013; CANTERO, J., FUENTETAJA, J., MAESO, L., y MARINA, B., *Régimen Jurídico de la Función Pública* (Coord. M. Sánchez Morón), Lex Nova, Valladolid, 2013. B) Sobre la evolución histórica de la Función Pública en España, resultan imprescindibles los estudios de ARROYO YANES, L. M., *La Ordenación de la Función Pública Contemporánea: la carrera administrativa (1808-1963),* Instituto Andaluz de Administración Pública, Sevilla, 1996 y JIMENEZ ASENSIO, R., *Políticas de selección en la Función Pública española (1808-1978),* INAP, 1989. C) Sobre modelos comparados de Función Pública: Alemania (BACIGALUPO, M.: «Reducción y laboralización de la función pública alemana en el marco del proceso de privatización de servicios públicos de los años noventa (en particular, la privatización del control aéreo, los ferrocarriles, el correo y las telecomunicaciones)» en *Documentación administrativa,* nº 243, 1995, pp. 293-324); Francia (AUBIN, E., *La fonction publique,* Gualino 2015; TAILLEFAIT, A., *Droit de la fonction publique,* Dalloz 2019); Bélgica (RENDERS, D., *Droit Administratif Générale,* 4 ed., Larcier 2022); para los Estados Unidos, Italia y Unión Europea, FUENTETAJA, J., *Pasado, presente y futuro de la Función Pública. Entre la politización y la patrimonialización,* Civitas Thomson 2013. D) Sobre las clases de personal: CANTERO, J., *Temporalidad y estabilización en el empleo público,* Thomson Reuters Aranzadi 2022; ROQUETA, R., *Derecho del empleo público,* 3ª ed., Tirant lo Blanch 2022; SANCHEZ MORON, M.,

Régimen jurídico de los funcionarios interinos, Thomson Reuters Aranzadi 2020; D) Sobre la organización de la Función Pública: CANTERO, J., *Claves para la modernización de la estructura funcionarial: la coexistencia ordenada de cuerpos y puestos de trabajo,* Thomson Reuters Aranzadi 2016; RODRIGUEZ VILLANUEVA, J., *La estructuración de la Función Pública española: diseño, gestión y posibilidades de optimización,* Thomson Reuters Aranzadi 2021.

Capítulo 8

LA RELACIÓN FUNCIONARIAL (I): NACIMIENTO, CARRERA, SITUACIONES Y EXTINCIÓN

JESÚS FUENTETAJA PASTOR

SUMARIO:

RESUMEN: Entre la Administración y el funcionario se establece una relación jurídica de carácter estatutario y regulada por el Derecho Administrativo. Desde una perspectiva dinámica, se analiza, en primer lugar, la forma en que se constituye tal relación a través del nombramiento del funcionario, a resultas de un procedimiento selectivo competitivo que articula los principios de igualdad y de mérito. En segundo lugar, se estudia el desarrollo de esta relación (carrera, provisión de puestos, movilidad, situaciones administrativas). Y, en tercer y último lugar, las causas que extinguen la relación funcionarial.

PALABRAS CLAVE: relación estatutaria, selección, nombramiento, carrera administrativa, provisión de puestos, concurso, libre designación, situaciones administrativas

I. LA RELACIÓN JURÍDICA ENTRE LA ADMINISTRACIÓN Y EL FUNCIONARIO

Como hemos visto al exponer las clases de empleados públicos, el Estatuto Básico del Empleado Público considera funcionarios de carrera a los que, «*mediante nombramiento, se encuentran vinculados a la Administración Pública por una relación caracterizada por su naturaleza estatutaria, por venir regulada por el Derecho Administrativo, por tener como objeto el desempeño de servicios profesionales retribuidos y por su carácter permanente*» (9.1 TREBEP). La constitución unilateral de una relación jurídica, así como las características de ésta (naturaleza estatutaria, régimen jurídico-público, objeto y duración), son los elementos que cualifican al funcionario de carrera y que es necesario desarrollar.

En efecto, entre la Administración y el funcionario de carrera se constituye una relación jurídica que vincula a ambos, a través de un conjunto recíproco de derechos, deberes y obligaciones, potestades y responsabilidades.

Sin embargo, la posición jurídica de Administración y funcionario no se limita exclusivamente a la **correlación de derechos y obligaciones**, sino que aquel se encuentra igualmente sujeto al ejercicio de las diferentes potestades que el Derecho atribuye a la Administración respecto a su personal. Esta situación de **sujeción del funcionario a la potestad de la Administración** permite a esta última adoptar decisiones de gestión mediante las que se impone el interés público y general por encima del interés particular de los propios funcionarios. Además de la potestad disciplinaria —que responde a unos principios constitucionales propios—, la Administración ostenta una potestad de gestión del personal a su servicio, potestad inherente a la de autoorganización y proyección subjetiva de ésta, que se manifiesta en un haz de facultades reguladas, formal y sustantivamente, por el régimen estatutario de los funcionarios (selección, provisión, estructuración, evaluación, etc.). Esta potestad permite a la Administración afectar continua e intensamente la situación jurídica del funcionario, mediante prescripciones encaminadas a la mejor organización y prestación de las funciones públicas.

Estas posiciones jurídicas correlativas de potestad de la Administración y de sujeción del funcionario han permitido considerar la relación funcionarial como el prototipo de la categoría de las «**relaciones de sujeción especial**», en las que se atenuarían las exigencias de algunos principios como el de legalidad —v.gr. en materia disciplinaria para definir faltas—, se otorgarían amplias potestades discrecionales a la Administración o se definirían los presupuestos de su actuación mediante conceptos jurídicos indeterminados muy amplios —«necesidades del servicio», en particular—, e incluso permitirían limitar el ejercicio de algunos derechos fundamentales (v.gr. libertad de expresión, intimidad, etc.). El Tribunal Constitucional, aunque inicialmente recurrió a esa categoría, considera hoy día que no constituye una justificación constitucional de tales limitaciones, sino una descripción de las que lleva a cabo el régimen jurídico en cuestión (STC 132/2001).

Esta relación jurídica se caracteriza no solo por esa correlación de situaciones jurídicas —derechos y obligaciones; sujeción del funcionario a las potestades de la Administración—, sino también por crear un estatus o condición subjetiva en el funcionario, al que la Ley califica y constituye como tal en cuanto que sujeto de los derechos, obligaciones y responsabilidades del régimen funcionarial. El funcionario no se limita a ingresar objetivamente en una organización, sino que adquiere una condición subjetiva que es, incluso, independiente de aquella vinculación objetiva. Así, por ejemplo, el funcionario no deja de serlo por ver desaparecer el puesto que ocupa, por ser desvinculado del mismo al demostrarse posteriormente su incapacidad para desempeñarlo o por encontrarse en una situación jurídica que le permite no tener que prestar los servicios profesionales que se derivan del puesto que tiene asignado (situaciones administrativas).

Esta relación jurídica entre el funcionario de carrera y la Administración se caracteriza por las siguientes cualidades:

Por su forma de constitución, la relación se crea mediante nombramiento de la Administración. No, por tanto, a través de contrato bilateral, sino por ***decisión unilateral*** de aquella, aunque —obviamente— a nadie se le obliga a ser funcionario, recayendo el nombramiento sobre quien voluntariamente participó en un procedimiento de selección y acepta, mediante la toma de posesión, ser nombrado.

Por su naturaleza, se trata de una ***relación estatutaria de Derecho Administrativo***. Este adjetivo —«estatutaria»— hace referencia no tanto a que la relación venga regulada formalmente por un texto denominado «Estatuto» —lo cual es contingente y, aunque históricamente era más frecuente, no es la situación actual— como al hecho de que se trate de un régimen, propio y específico, de los funcionarios de carrera, creado y configurado para ellos y no para el resto de trabajadores, sean del sector público o del sector privado. Pero, además de tratarse de un régimen propio, éste viene regulado por el Derecho Administrativo. El funcionario se encuentra, así, sometido a una normativa jurídico-pública que, de forma general y abstracta, establece su régimen jurídico de derechos, deberes y responsabilidades. Al estar fijado este «estatuto» mediante leyes y reglamentos, el contenido de aquellos derechos y obligaciones puede ser alterado por el Legislador, sin que el funcionario pueda impedir esas modificaciones normativas invocando un derecho a la inalterabilidad futura de su régimen jurídico, fuera de los derechos ya perfeccionados (por ejemplo, un cambio en las cuantías de las retribuciones no puede afectar a la remuneración del trabajo ya realizado).

Aunque se teorizó la existencia de «derechos adquiridos» que impedirían o limitarían la modificación legislativa o reglamentaria del régimen funcionarial, se ha reafirmado constantemente este carácter estatutario de la relación del funcionario por los Tribunales, incluido el Constitucional —que ha hablado, muy significativamente, de la «huidiza teoría de los derechos adquiridos» (SSTC 27/1981 y 108/1986)—. Las formulaciones del Tribunal Constitucional son elocuentes cuando, además de señalar que «el cambio legislativo es consustancial a la propia relación estatutaria» (STC 41/1990), acuña una doctrina continuamente invocada por los Jueces y Tribunales: «el funcionario que ingresa en la Administración Pública se coloca en una situación jurídica objetiva, definida legal y reglamentariamente y, por ello, modificable por uno u otro instrumento normativo», en tanto en cuanto esa posibilidad «se integra en las determinaciones lícitas del legislador, al margen de la voluntad de quien, al hacerlo, acepta el régimen que configura la relación estatutaria funcionarial» (STC 99/1987).

Así, por ejemplo, la prolongación de la duración del servicio activo no vulneraría ningún pretendido derecho adquirido por el funcionario a jubilarse a determinada edad, pues se trataría de simples expectativas que pueden ser estatutariamente modificadas (STS 5-12-2018). Ello sin perjuicio de que no pueda privarse al funcionario de derechos ya perfeccionados o consolidados, según se ha señalado, y de que el Legislador se cuide mucho de no empeorar la situación jurídica de los funcionarios al proceder a reformas normativas en esta materia, mediante disposiciones transitorias o técnicas compensatorias.

Por su objeto, la relación consiste en la ***prestación de servicios profesionales*** por el funcionario, a cambio de los cuales, de forma sinalagmática, obtiene una retribución.

Finalmente, por su duración, se trata de una ***relación permanente***. La relación jurídica entre el funcionario de carrera y la Administración es permanente en el sentido de que, por un lado, el nombramiento no puede tener una duración explícitamente determinada y, por otro, la finalización de la relación sólo se puede producir por las causas expresamente establecidas en el Estatuto Básico. Esta permanencia de la relación se refuerza por el hecho de que tales causas de finalización presentan un carácter objetivo (edad de jubilación, inhabilitación penal, sanción de separación por falta muy grave, etc.), sin que nuestro Ordenamiento contemple la posibilidad de que la Administración expulse de la Función Pública a funcionarios por razones más o menos subjetivas o difícilmente objetivables (como la insuficiencia profesional, por no hablar del libre cese por falta de confianza, como ocurría en el siglo XIX).

El estudio de la relación funcionarial puede abordarse tanto desde la perspectiva estática de su contenido —derechos, deberes, responsabilidades, potestad de gestión de la Administración— como desde una perspectiva dinámica que, comenzando con su constitución y terminando con su extinción, analice su desarrollo a través de la carrera funcionarial, el sistema de provisión de puestos y las diferentes situaciones jurídicas en que se puede encontrar el funcionario. Dedicaremos el presente tema a estos elementos dinámicos de la relación funcionarial, estudiando los primeros en el siguiente.

II. CONSTITUCIÓN DE LA RELACIÓN: ADQUISICIÓN DE LA CONDICIÓN DE FUNCIONARIO Y ACCESO A LA FUNCIÓN PÚBLICA

El nacimiento de la relación funcionarial, que determina la constitución del estatus de funcionario —en cuanto que adquisición de una condición jurídica— y su acceso a la Función Pública —en cuanto que ingreso en la Administración—, se produce, en sentido estricto, mediante el nombramiento. Sin embargo, este trascendental acto administrativo viene precedido, necesariamente, de un procedimiento administrativo en el que, verificando las capacidades de los candidatos y su mejor mérito en concurrencia con otros participantes, se articulan los principios constitucionales de igualdad y de mérito y capacidad. Es, pues, necesario exponer todos estos elementos.

1. Principios que rigen el acceso a la Función Pública

1.1 Principios constitucionales de igualdad y de mérito

El acceso al empleo público se ve decisivamente informado por dos principios que —como hemos visto en el devenir histórico de la Función Pública— son más institucionales que constitucionales. En todo caso, la Constitución proclama el «derecho a acceder en condiciones de igualdad a las funciones y cargos públicos, con los requisitos que señalen las leyes» (art. 23.2), derecho cuya eficacia no se limita al ingreso, sino que se proyecta sobre todo puesto al que el funcionario acceda durante su carrera (STC 75/1983), si bien en este caso con menor intensidad al poder ponderarse con otros bienes u objetivos (por ejemplo, eficacia del servicio público, conciliación familiar o protección de víctimas de violencia de género o terrorista).

De la igualdad del artículo 23.2 CE se deriva la necesidad formal de que las condiciones y requisitos de acceso a la Función Pública se regulen en términos generales y abstractos, así como la exigencia sustantiva de interpretar el derecho de acceso en condiciones de igualdad a la luz del principio de mérito y capacidad. Es decir, de la relación consustancial entre los artículos 23.2 y 103.3 de la Constitución [que establece que la ley regulará «el acceso a la función pública de acuerdo con los principios de mérito y capacidad»]. Pues «aunque esta exigencia figura en el art. 103.3 y no en el 23.2 de la Constitución, la necesaria relación recíproca entre ambos preceptos que una interpretación sistemática no puede desconocer, autoriza a concluir que, además de la definición genérica de los requisitos o condiciones necesarios para aspirar a los distintos cargos y funciones públicas, el art. 23.2 de la Constitución impone la obligación de no exigir para el acceso a la función pública requisito o condición alguna que no sea referible a los indicados conceptos de mérito y capacidad, de manera que pudieran considerarse también violatorios del principio de igualdad todos aquellos que, sin esa referencia, establezcan una diferencia entre españoles» (STC 50/1986).

La conjunción de los principios de igualdad y de mérito y capacidad conduce, como primera consecuencia, a que las reglas de procedimiento para el acceso a los puestos públicos se establezcan en términos generales y abstractos, no mediante referencias individualizadas y concretas, lo que impide que la Ley o la convocatoria singularicen —explícita o implícitamente— las reglas de acceso y los criterios de selección en atención a personas predeterminadas (STC 148/1986). La segunda consecuencia es la obligación de no exigir para el acceso a la función pública requisito o condición alguna que no sea referible a los conceptos de mérito y capacidad, de manera que pudieran considerarse también vulneradores del principio de igualdad todos aquellos que, sin esa referencia, establezcan una diferencia entre los aspirantes. (STC 138/2000).

La originaria afirmación de la igualdad política como fundamento de la Función Pública sólo admitió que el mérito la limitase o, si se prefiere, que sólo el mérito fuese el principio legítimo de diferenciación o de tratamientos desiguales en el acceso a los empleos públicos. De esta manera, el mérito articula la igualdad o, mejor aún, la desigualdad considerada legítima y legal, por lo que el principio de mérito sólo podrá operar en la medida en que el principio de igualdad se lo permita. De ahí la compleja e inestable relación existente entre ambos principios, pues el aumento del alcance de uno reduce la eficacia del otro. Por tanto, ambos principios se limitan mutuamente. La tensión inherente en las relaciones entre el principio de igualdad y el principio de mérito responde, en última instancia, a los diferentes objetivos a los que sirven y que se concilian de forma equilibrada según la concepción que de ellos se tenga en cada momento histórico, concepción que se plasmará en las leyes de Función Pública.

En cualquier caso, igualdad y mérito constituyen principios diferentes pero intrínsecamente relacionados tanto para permitir la operatividad de ambos como para limitarse mutuamente.

La igualdad en la Función Pública presenta un alcance diferente según la concepción que se tenga de aquella. Inicialmente —en la fase de construcción de las Funciones Públicas en el siglo XIX— se consideró que bastaba una perspectiva que asegurase una *igualdad formal* ante la ley de todos los ciudadanos. Sin embargo, una primera evolución de su comprensión la completó con la idea de *igualdad de oportunidades*, cuya profundización en última instancia permite trascender esta doble acepción de la igualdad formal —propia del Estado liberal— para afirmar finalmente la *igualdad material* o efectiva —propia del Estado social— como objetivo o resultado a alcanzar por los Poderes públicos, los cuales también utilizarían la Función Pública como instrumento para dicho objetivo. Así, en el siglo XX, la igualdad formal se ve trascendida por la igualdad material que propugna su realización social práctica, atenuando en consecuencia la eficacia del principio de mérito en beneficio de colectivos desfavorecidos (por ejemplo, acciones en pro de la igualdad de género; o las previsiones normativas a favor de los discapacitados, etc.). En última instancia, subyace en todas estas dimensiones una actitud diferente de la igualdad respecto al tratamiento jurídico que hace de las diferencias reales: desde ignorarlas (igualdad formal ante la ley) a protegerlas (igualdad material), pasando por tenerlas en cuenta (igualdad de oportunidades).

Por lo demás, las diferentes dimensiones de la igualdad antes señaladas tienen importantes consecuencias desde el punto de vista de su naturaleza jurídica, pues mientras que la igualdad formal constituye un derecho subjetivo exigible ante los Tribunales, la igualdad material viene a ser un principio que informa la actuación de los Poderes públicos (en particular del Legislador y de la Administración). Por tanto, la igualdad en la Función Pública, por un lado, se erige como un derecho individual de los ciudadanos y, por otro, se impone como principio organizador de las Administraciones Públicas, las cuales deberán no sólo respetar tal derecho sino también informar su actuación por tal principio en el momento tanto de configurar normativamente el régimen jurídico de la Función Pública como de aplicarlo en situaciones singulares.

1.2 Principios legales

A partir de los principios constitucionales de igualdad y de mérito, el Estatuto Básico del Empleado Público (art. 55) añade otros principios que, bien se derivan de aquellos —como la *publicidad* de las convocatorias y de sus bases o la *transparencia* de los procedimientos—, bien constituyen opciones informadoras del sistema de acceso a la Función Pública.

De tales opciones, destaca la distribución de funciones entre la Administración y órganos técnicos y especializados a los que el sistema encomienda el discernimiento de la capacidad de los candidatos y la gradación de su mérito en condiciones competitivas. En efecto, la Administración no selecciona a los funcionarios, pues esta misión corresponde necesariamente a los **órganos de selección**, de composición imparcial y profesional, de actuación independiente y dotados de discrecionalidad técnica al constatar y valorar capacidades y méritos. La Administración, por su parte, elabora las bases del procedimiento selectivo y lo convoca, nombrando finalmente a los candidatos seleccionados por esos órganos técnicos y especializados.

Además de imponer que los órganos de selección sean colegiados y tendencialmente paritarios entre mujeres y hombres, el Estatuto Básico del Empleado Público pretende garantizar su imparcialidad y profesionalidad, por un lado, prohibiendo que formen parte de ellos «el personal de elección o de designación política, los funcionarios interinos y el personal eventual» y, por otro, afirmando que la pertenencia a los órganos de selección será siempre a título individual, no pudiendo ostentarse ésta en representación o por cuenta de nadie, con lo que se erradica la regla y costumbre anteriores de deferir a los sindicatos la designación de algunos miembros (art. 60 TREBEP).

La **discrecionalidad técnica** de los órganos de selección es un elemento esencial del sistema de acceso. A través de ella, estos órganos constatan la capacidad de los aspirantes y miden su mérito respecto a otros candidatos. No es la Administración convocante quien lo hace, no solo por reforzar la objetividad e imparcialidad del procedimiento selectivo, sino también por razón del contenido altamente técnico y especializado en que consisten esa capacidad y esos méritos. Así, los funcionarios de las Consejerías de Sanidad o de Educación pueden no ser lo más idóneos para seleccionar a los médicos y a los Profesores, según las respectivas y correspondientes áreas de conocimiento.

Las decisiones que adoptan los órganos de selección en ejercicio de esta discrecionalidad técnica no pueden ser revisadas ni por la Administración ni por los Jueces y Tribunales, salvo que aquellos cometan errores objetivos demostrables conforme a los conocimientos científicos y técnicos a cuyo amparo realizaron la constatación de las capacidades y la valoración de los méritos. También puede ocurrir que algunas decisiones de los órganos de selección no estén cubiertas por esa discrecionalidad técnica cuyo ejercicio les caracteriza, decisiones que sí podrían ser controladas. Así, aplicar o interpretar incorrectamente las bases (v.gr. exigir contenidos no incluidos en las bases o en el temario; realizar pruebas no previstas o en condiciones contrarias a las establecidas; excluir méritos que deberían ser valorados según la redacción de las bases). Y, en todo caso, la discrecionalidad técnica que ejercen no exime a los órganos de selección de motivar sus decisiones, lo que exige no sólo adoptar y publicar con antelación a la realización de las pruebas los criterios de valoración de capacidades y méritos, sino también explicar y especificar las razones por las que se ha asignado una concreta valoración (por ejemplo, en el caso de puntuaciones numéricas o calificaciones genéricas —apto, no apto, etc.—, será necesario comunicar al interesado tanto los criterios de valoración y de corrección utilizados como la justificación del resultado obtenido por aquel en atención a los méritos que aportó o a las pruebas que realizó).

2. *Requisitos*

Para poder ser nombrado funcionario de carrera, el Estatuto Básico del Empleado Público establece que será necesario reunir los siguientes ***requisitos generales*** (art. 56):

a) Tener la **nacionalidad** española. Los nacionales de los Estados miembros de la Unión Europea podrán acceder, como personal funcionario, en igualdad de condiciones que los españoles a los empleos públicos, con excepción de aquellos que directa o indirectamente impliquen una participación en el ejercicio del poder público o en las funciones que tienen por objeto la salvaguardia de los intereses del Estado o de las Administraciones Públicas. Esta excepción del requisito de nacionalidad se amplía al cónyuge de los españoles y de los nacionales de otros Estados miembros de la Unión Europea, siempre que no estén separados de derecho y a sus descendientes y a los de su cónyuge siempre que no estén separados de derecho, sean menores de veintiún años o mayores de dicha edad dependientes. Igualmente, se extenderá a las personas incluidas en el ámbito de aplicación de los Tratados Internacionales celebrados por la Unión Europea y ratificados por España en los que sea de aplicación la libre circulación de trabajadores, salvo que impliquen ejercicio de poder público. Finalmente, todos estos extranjeros, así como los que tengan residencia legal en España, podrán acceder a las Administraciones Públicas en calidad de personal laboral.

b) Poseer la **capacidad funcional** para el desempeño de las tareas. En las ofertas de empleo público se reservará un cupo no inferior al siete por ciento de las vacantes para ser cubiertas entre personas con discapacidad, del cual, al menos, el dos por ciento se ofertará para ser cubierto por personas con discapacidad intelectual (según definición del Real Decreto Legislativo 1/2013). Esta reserva no les exime de la necesidad de superar los procesos selectivos, acreditando en todo caso su discapacidad y la compatibilidad con el desempeño de las tareas (art. 59 TREBEP).

c) Tener cumplidos dieciséis años y no exceder, en su caso, de la **edad** máxima de jubilación forzosa. Sólo por ley podrá establecerse otra edad máxima, distinta de la edad de jubilación forzosa, para el acceso al empleo público.

d) **No haber sido separado** mediante expediente disciplinario del servicio de cualquiera de las Administraciones Públicas o de los órganos constitucionales o estatutarios de las Comunidades Autónomas, **ni hallarse en inhabilitación** absoluta o especial para empleos o cargos públicos por resolución judicial.

e) Poseer la **titulación** exigida.

f) En las Comunidades Autónomas que gocen de dos **lenguas oficiales**, las Administraciones Públicas, en el ámbito de sus competencias, deberán prever la selección de empleados públicos debidamente capacitados para cubrir los puestos de trabajo. Admitida constitucionalmente la lengua cooficial autonómica como requisito de acceso a la Función Pública para garantizar, así, el derecho de los ciudadanos de esas Comunidades Autónomas a relacionarse con su Administración en esa lengua, se exige únicamente que la exigencia del conocimiento de la lengua cooficial se derive de la naturaleza de las funciones de los puestos —por ejemplo, atención al público o prestación de servicios a los ciudadanos— y que tal exigencia no sea desproporcionada —por ejemplo, que se justifique o pruebe que se imponga a todos los puestos de la plantilla: ATS 20-7-2023—.

El Estatuto Básico permite que pueda exigirse el cumplimiento de otros ***requisitos específicos*** que, materialmente, guarden relación objetiva y proporcionada con las funciones asumidas y las tareas a desempeñar y, formalmente, se establezcan de manera abstracta y general. Así, por ejemplo, la exigencia de carnet de conducir de un tipo determinado, por considerarlo la Administración imprescindible para el ejercicio de las funciones (bomberos o policías locales).

3. Sistemas selectivos

Para la selección de los funcionarios, además de la previsión de órganos de selección técnicos y especializados, el Estatuto Básico establece una serie de criterios y de sistemas selectivos —la oposición, el concurso y el concurso-oposición—, caracterizados por la mayor o menor discrecionalidad que otorguen a la Administración —al configurarlos— y a los órganos de selección —al seleccionar a los candidatos más capacitados y meritorios—.

De ahí que los sistemas ordinarios de selección de funcionarios de carrera sean la oposición y el concurso-oposición, reputándose tan excepcional el concurso —por su alto grado de discrecionalidad— que el Estatuto Básico exige cobertura legal explícita para poder recurrir a él. Para la selección del personal laboral, en cambio, todos los sistemas selectivos —incluido el de valoración de méritos— son considerados ordinarios.

En la **oposición**, la capacidad y el mérito se constatan y valoran mediante la realización de *pruebas*, conforme a programas de contenidos previamente establecidos, resultando un orden de prelación de los aspirantes.

Estas pruebas pueden «consistir en la comprobación de los conocimientos y la capacidad analítica de los aspirantes, expresados de forma oral o escrita, en la realización de ejercicios que demuestren la posesión de habilidades y destrezas, en la comprobación del dominio de lenguas extranjeras y, en su caso, en la superación de pruebas físicas» (61.2 TREBEP). En todo caso, las oposiciones son objeto, hoy día, de numerosas críticas, ya sea por su concepción, ya por su configuración (por ejemplo, pruebas memorísticas que no garantizan la selección de los mejores candidatos para la realización de las funciones públicas). Por eso, el Estatuto Básico exige que se cuide especialmente «la conexión entre el tipo de pruebas a superar y la adecuación al desempeño de las tareas de los puestos de trabajo convocados, incluyendo, en su caso, las pruebas prácticas que sean precisas» (61.2 TREBEP). Además, para asegurar la objetividad y la racionalidad del proceso, las pruebas podrán completarse con la superación de cursos, de periodos de prácticas, con la exposición curricular por los candidatos, con pruebas psicotécnicas, con la realización de entrevistas o, incluso, con reconocimientos médicos (61.5 TREBEP).

En el **concurso**, la capacidad se presupone por las titulaciones y por la experiencia profesional de los candidatos, valorándose competitivamente solo sus méritos. Como decimos, es un sistema tan excepcional que se exige que una Ley le permita a la Administración su utilización, conforme a los requisitos y méritos que la propia norma regula con precisión. Así ocurre, por ejemplo, con el célebre «cuarto turno» para el acceso como Magistrado del Tribunal Supremo. Excepcional y extraordinariamente, se ha permitido este sistema para estabilizar, como funcionario de carrera o laborales fijos, a personal temporal de larga duración (Ley 20/2021).

En el **concurso-oposición**, además de la realización de pruebas de capacidad, se valoran también los méritos de los aspirantes, por lo que constituye una combinación de los dos sistemas anteriores. Este sistema se utiliza, en particular, en aquellos sectores donde los aspirantes han trabajado previamente para la Administración, valorándose esta experiencia profesional como mérito (sanidad y educación, en particular). El principal problema del concurso-oposición es la ponderación relativa que se da a cada fase, con el doble riesgo de que se seleccione por méritos a quien no ostenta capacidad y de que se impida acceder a la Función Pública a quien ostenta poco o ningún mérito por no haber tenido oportunidad de trabajar ya en la Administración, vulnerando así el principio de igualdad. El Estatuto Básico no precisa la solución, pero señala que la valoración de méritos de los aspirantes sólo deberá recibir «una puntuación proporcionada que no determinará, en ningún caso, por sí misma el resultado del proceso selectivo» (61.3 TREBEP).

4. Procedimiento selectivo

El nombramiento de un funcionario debe ir precedido de un procedimiento administrativo. Y ello no sólo porque el procedimiento selectivo se establezca como requisito formal de producción del nombramiento, viniendo a ser la resolución de aquel, sino también porque, materialmente, es la manera de articular en la práctica tanto la concurrencia competitiva —en condiciones de igualdad— de todos aquellos que quieran ingresar en la Administración como la realización de las pruebas y valoraciones de méritos.

Los procedimientos de selección de personal constituyen una especie singular de procedimiento administrativo, caracterizados por articular el derecho fundamental de acceso a la Función Pública, por estar informados por los principios de igualdad y de mérito, por concitar habitualmente la participación de muchos interesados y por la intervención —en la fase de instrucción— del órgano de selección. Su gestión es compleja y larga, entre otras cosas por la conflictividad que muchos de sus trámites generan (en particular, listados de admitidos y de calificaciones de ejercicios o pruebas, auténticos actos de trámite cualificados y, por ello, directamente impugnables).

Ya la Ley 39/2015 de Procedimiento Administrativo Común recoge una primera previsión especial sobre la notificación de los actos integrantes de un procedimiento selectivo, que se hará mediante publicación, debiendo la convocatoria del procedimiento indicar «el medio donde se efectuarán las sucesivas publicaciones, careciendo de validez las que se lleven a cabo en lugares distintos» (art. 45).

Esa «**convocatoria**» constituye el llamamiento general a todos los ciudadanos que estén interesados en participar en el procedimiento para devenir funcionarios. Al ser un acto que tiene por destinatario una pluralidad indeterminada de personas, debe ser —como hemos señalado— objeto de publicación en los Boletines oficiales correspondientes.

Junto a la convocatoria, otro acto esencial del procedimiento selectivo son las «**bases**» reguladoras del mismo. Elaboradas por la Administración convocante del procedimiento, en ellas se establecen las plazas que se convocan, los requisitos de participación, las pruebas a realizar, los méritos a valorar, el órgano de selección, medio de publicación de actos, etc. Metafóricamente se las considera la «ley del concurso», esto es, la norma o regla jurídica que regula los aspectos concretos del singular procedimiento selectivo en cuestión. Con todo, su naturaleza jurídica es la de un acto administrativo, que puede ser impugnado al publicarse (por ejemplo, por establecer requisitos discriminatorios o excluir titulaciones arbitrariamente). De no recurrirse en ese momento, se entiende que los participantes en el procedimiento las consienten, deviniendo firmes. No obstante, la jurisprudencia ha admitido que se recurran indirectamente al dictarse actos posteriores del procedimiento que las aplican (SSTS 10-7-2019, 4-10-2021), siempre que adolezcan de vicios de nulidad de pleno derecho (v.gr. recurso contra el acto de nombramiento final, por quien no resulta seleccionado, alegando que las bases discriminaban al valorar de forma diferente el mismo mérito según la Administración donde se obtuvo, por ejemplo, una titulación o una experiencia profesional).

La mayor singularidad del procedimiento es la fase de instrucción, donde interviene el órgano de selección para realizar las pruebas de capacidad y las valoraciones de méritos de los candidatos. A resultas de estas actuaciones, el órgano de selección elabora un listado de los aspirantes, con un orden de prelación según su mayor mérito y capacidad. Este listado final del órgano de selección constituye su propuesta para que la Administración proceda a los nombramientos de funcionarios, sin que dicha propuesta pueda incluir «un número superior de aprobados al de plazas convocadas, excepto cuando así lo prevea la propia convocatoria» (art. 61.8 TREBEP).

5. *Nombramiento*

A partir de la propuesta del órgano de selección, la Administración procede al nombramiento como funcionarios de carrera de los aspirantes que han superado la selección. El nombramiento es, pues, la resolución administrativa que pone fin al procedimiento administrativo de selección y su motivación se realiza «de conformidad con lo que dispongan las normas que regulen sus convocatorias, debiendo, en todo caso, quedar acreditados en el procedimiento los fundamentos de la resolución que se adopte» (35.1 LPAC), lo que hace referencia, en particular, a todas las actuaciones del órgano de selección.

El nombramiento será publicado en el Diario Oficial correspondiente, pero su eficacia queda condicionada a dos requisitos adicionales que el Estatuto Básico exige a los candidatos: primero, el acto de acatamiento de la Constitución y, en su caso, del Estatuto de Autonomía correspondiente y del resto del Ordenamiento Jurídico; y, segundo, la toma de posesión dentro del plazo que se establezca (62.1 TREBEP). Una vez que el nombramiento es eficaz, al nuevo funcionario de carrera se le adjudica su primer destino o puesto de trabajo, para que empiece a prestar sus servicios profesionales en la Administración.

III. CARRERA

Al explicar las clases de empleados públicos, habrá podido observarse que al funcionario permanente se le denomina legalmente «de carrera». Esta expresión es mucho más que una mera etiqueta, para denotar uno de los principios de nuestra Función Pública: la posibilidad de realización de una carrera por el funcionario permanente. En efecto, nuestra Función Pública no incorpora al funcionario para un puesto fijo y en razón del mismo, sino que, como hemos visto, le confiere un estatus subjetivo —la condición funcionarial— que le permite mejorar en los diferentes elementos que conforman el sistema de Función Pública: elementos objetivos (puestos y funciones, según su nivel); elementos subjetivos (categorías subjetivas en las que jerárquicamente se pueda estructurar: grados, Cuerpo, categorías, etc.); elementos económicos (mayor cuantía retributiva).

Evidentemente, los diferentes elementos que configuran la carrera funcionarial se encuentran estrechamente vinculados a la estructura organizativa de la Función Pública y de la Administración, pues no en vano el ascenso o progresión en que consiste la carrera se debe realizar en los elementos objetivos —puestos— o subjetivos —grados, cuerpos, categorías— en que se ordena la Función Pública. Aunque el Estatuto Básico remita a las Leyes de cada Administración para que éstas, en ejercicio de su autonomía política y organizativa, opten por el modelo de carrera que prefieren ofrecer a sus funcionarios, sí establece una serie de conceptos, principios y modalidades de la carrera de los funcionarios.

De entrada, conceptualiza la carrera como un derecho del funcionario permanente a la promoción profesional, definiéndola, después, como «el conjunto ordenado de oportunidades de ascenso y expectativas de progreso profesional conforme a los principios de igualdad, mérito y capacidad» (16 TREBEP).

Posteriormente, recoge diferentes modalidades de carrera que —como decimos— las Leyes de Función Pública de cada Administración pueden asumir, aislada o simultáneamente, pero también se les permite innovar tipos propios de carrera. Limitándonos a las modalidades recogidas en el Estatuto Básico (16 TREBEP), éstas serían la carrera vertical, la carrera horizontal y promoción interna, a su vez horizontal y vertical.

La **carrera vertical** «consiste en el ascenso en la estructura de puestos de trabajo por los procedimientos de provisión». Tomando como ejemplo el modelo de la Administración del Estado —el cual se aplica o replica aún en otras muchas Administraciones—, los puestos de trabajo en la Administración están jerarquizados según su importancia (responsabilidades, tareas, titulaciones exigidas, etc.), clasificando a cada uno con un nivel correspondiente a su posición en la estructura administrativa. Al obtener el funcionario un puesto, de su nivel se deriva, desde un punto de vista retributivo, la percepción de un complemento que se fija en función de dicho nivel y, desde el punto de vista de la carrera, la adquisición por el funcionario no de un nivel —pues este elemento es propio del puesto—, sino de un *grado personal* correlativo al nivel, que se incorpora al patrimonio jurídico del funcionario de carrera. Este grado personal constituye una garantía mínima de retribución complementaria que se fija según el correspondiente nivel del puesto (el complemento de destino, según explicaremos), así como un límite a la asignación de un puesto inferior, que sólo lo podrá ser dos niveles a su grado personal. Finalmente, el funcionario de carrera sólo puede verse privado de su grado por sanción disciplinaria.

La **carrera horizontal** «consiste en la progresión de grado, categoría, escalón u otros conceptos análogos, sin necesidad de cambiar de puesto de trabajo». Es una de las innovaciones del Estatuto Básico del Empleado Público, pensada, por un lado, para facilitar la carrera en organizaciones administrativas con pocos puestos de trabajo donde poder hacer carrera vertical (Administración local; organismos autónomos, etc.) y, por otro, para disminuir el trasiego de funcionarios que están continuamente concursando a puestos para mejorar su situación, con la consiguiente disrupción en la composición de unidades y servicios, así como su consiguiente descapitalización en términos de experiencia y continuidad institucional. La implantación de esta modalidad de carrera requiere, primero, articular un sistema de grados, categorías o escalones de ascenso, que es puramente virtual, sin reflejo alguno en la estructura de puestos o en la organización objetiva; y, segundo, asignarles una remuneración, con lo que la principal consecuencia, al mejorar en ese sistema de grados o categorías, es un aumento retributivo. Para ascender en tal sistema de grados o categorías, se deberá valorar la trayectoria y actuación profesional, la calidad de los trabajos realizados, los conocimientos adquiridos y el resultado de la evaluación del desempeño, pudiendo incluirse otros méritos y aptitudes por razón de la especificidad de la función desarrollada y la experiencia adquirida.

En lo que respecta a la **promoción interna**, hay que recordar que, al ingresar en la Función Pública, todo funcionario se incorpora a un Cuerpo. Por su parte, los Cuerpos están clasificados en Grupos o Subgrupos, según las titulaciones que se requieren para acceder y las responsabilidades que sus funcionarios están llamados potencialmente a desempeñar. De esta manera, los Cuerpos están también ordenados. A partir de aquí, los funcionarios pueden aspirar a ingresar en otros Cuerpos que, si tienen una clasificación superior de Grupo o Subgrupo, determinarían la producción de un ascenso (***promoción interna vertical***); pero si el acceso lo es a un Cuerpo del mismo Subgrupo profesional, entonces se verificaría una ***promoción interna horizontal***. En todo caso, la promoción interna se realizará mediante procesos selectivos, pues es la única manera de ingresar en un Cuerpo, a diferencia de la obtención de puestos dentro de la organización, que se lleva a cabo a través de los procedimientos de provisión de puestos de trabajo.

IV. PROVISIÓN DE PUESTOS DE TRABAJO Y MOVILIDAD

Tras ingresar en la Función Pública superando el proceso selectivo, al nuevo funcionario de carrera se le destina a un primer puesto, en el que comienza a prestar sus servicios profesionales. Sin embargo, el funcionario no está "encadenado", durante el resto de su vida administrativa, a ese primer puesto, sino que, como se le reconoce el derecho a hacer carrera y el sistema incluye ésta como principio que informa la Función Pública, el funcionario puede ocupar otros puestos de trabajo en la Administración a la que pertenece e, incluso, en otras Administraciones.

Aunque no se trate del acceso a la Función Pública, la ocupación de los puestos por quienes ya ostentan la condición de funcionarios de carrera debe hacerse, igualmente, mediante procedimientos basados en los principios de igualdad, mérito, capacidad y publicidad (78.1 TREBEP). El Estatuto Básico establece que la «provisión de puestos de trabajo en cada Administración Pública se llevará a cabo por los procedimientos de concurso y de libre designación con convocatoria pública», que serían los medios ordinarios, aunque la normativa propia de cada Administración puede prever otros para supuestos específicos: movilidad forzosa, permutas entre puestos de trabajo, movilidad por motivos de salud o rehabilitación del funcionario, reingreso al servicio activo, cese o remoción en los puestos de trabajo y supresión de los mismos (78 TREBEP).

Además del carácter ordinario o extraordinario de los procedimientos de provisión de puestos, hay que destacar también el carácter definitivo —concurso y libre designación, principalmente— o temporal —comisiones de servicio y adscripciones provisionales— de su ocupación, pues la situación idónea para el mejor desempeño objetivo e independiente de los puestos es su cobertura definitiva.

1. Concurso de provisión

El Estatuto Básico califica al concurso como el procedimiento ordinario y normal de provisión de puestos de trabajo en la Función Pública, sin duda porque es el más respetuoso con los principios de igualdad y de mérito. En efecto, el concurso consiste «en la valoración de los méritos y capacidades y, en su caso, aptitudes de los candidatos por órganos colegiados de carácter técnico» (79.1 TREBEP), por lo que no se realizan pruebas para determinar la capacidad de los candidatos, pues tal capacidad ya se probó en los procedimientos selectivos de ingreso. Para garantizar la igualdad de oportunidades, el procedimiento de concurso exige convocatoria pública.

Para evitar que los funcionarios de carrera estén continuamente concursando a otros puestos que vayan quedando disponibles —lo que, como hemos dicho, va en detrimento de la continuidad de las unidades administrativas y produce recurrentes vacantes—, la Ley de Función Pública de cada Administración deberá establecer un plazo mínimo de ocupación del puesto obtenido por concurso para poder concursar a otro (por ejemplo, en la Administración General del Estado son dos años).

La obtención de un puesto mediante concurso tiene carácter definitivo y el funcionario no puede verse privado del mismo, pues así se le protege jurídicamente para poder ejercer sus funciones con independencia, objetividad e imparcialidad. No obstante, la normativa contempla tres supuestos en que sí puede serlo:

1) Primero, la supresión del propio puesto, por decisión organizativa de la Administración (lo que se conoce como “amortización”); en este caso, «se deberá asignar un puesto de trabajo conforme al sistema de carrera profesional propio de cada Administración Pública y con las garantías inherentes de dicho sistema» (78.4 TREBEP);

2) Segundo, la remoción del funcionario, por evidencia posterior de su incapacidad o inidoneidad para la realización de las funciones y tareas del puesto, que se evidenciarían por un rendimiento insuficiente que no comporte inhibición —pues en este caso la consecuencia no sería la remoción, sino la sanción disciplinaria—. Se trata, por tanto, de carencia de idoneidad o capacidad para ocupar el puesto y desarrollar las tareas adscritas al mismo, no de un problema de actitud del funcionario, debida a su pasividad o inhibición que se pueda solventar con la debida diligencia

3) Y, tercero, a resultas de la evaluación del desempeño del funcionario, el funcionario también podrá ser removido del puesto obtenido por concurso, según la regulación que se haya hecho de la evaluación en cada Administración.

2. *Libre designación*

Determinados puestos de trabajo, por su especial responsabilidad operativa o por la confianza que la autoridad debe tener en quien los ocupa, no se proveen por concurso de méritos, sino por «libre designación», que «consiste en la apreciación discrecional por el órgano competente de la idoneidad de los candidatos en relación con los requisitos exigidos para el desempeño del puesto» (80 TREBEP).

Aunque también deban ser objeto de convocatoria pública, el principio de mérito se aplica de forma mucho más discrecional que en el caso del concurso: primero, porque la idoneidad de los candidatos no es apreciada por órganos técnicos, sino por el propio órgano que nombra; y, segundo, porque los méritos de los candidatos no se valoran conforme a un baremo preestablecido, sino que son objeto de una apreciación discrecional basada en la confianza que dichos méritos profesionales le suscitan al órgano que designa.

Libre designación comprende tanto libre nombramiento como libre remoción, lo que no exime a la Administración de motivar ambas decisiones. En lo que respecta al cese —tema siempre polémico—, anteriormente se entendía que bastaba con la mera invocación de que el órgano que en su día nombró al funcionario había perdido la «confianza» en él para el desempeño del puesto en cuestión. Ahora, sin embargo, la jurisprudencia exige a la Administración que la motivación del cese no sea vaga o imprecisa, sino que debe dar razón «de por qué la confianza profesional que motivó el nombramiento ha decaído y por qué ya no se reúnen las condiciones para desempeñar un destino atendiendo a sus requerimientos» (STS 29-3-2023, relativa al cese de un Jefe de Comandancia de la Guardia Civil).

En todo caso, al funcionario así cesado deberá asignársele «un puesto de trabajo conforme al sistema de carrera profesional propio de cada Administración Pública y con las garantías inherentes de dicho sistema» (78.4 TREBEP).

Para evitar que la Administración, al regular cada puesto de trabajo, extienda desmesuradamente esta forma de provisión —que, aunque sea ordinaria, resulta excepcional respecto al concurso—, el Estatuto Básico exige a las Leyes de Función Pública de cada Administración que establezcan los criterios para determinar los puestos que implican especial responsabilidad o confianza, lo que permitirá el control judicial posterior.

3. Provisiones temporales de puestos

Aunque la forma más adecuada de asignar los puestos de trabajo a los funcionarios sea con carácter definitivo, determinadas circunstancias pueden exigir la cobertura temporal de los mismos para garantizar el inmediato desempeño de las funciones. Como esta provisión temporal implica precariedad en la situación jurídica de los funcionarios que ocupan así los puestos y, además, impide optar con carácter definitivo a ellos al resto de funcionarios —limitando sus posibilidades de carrera—, el Estatuto Básico exige que se respeten los plazos temporales de ocupación que fije la normativa y que se convoquen los puestos para su ocupación definitiva (81.3 TREBEP).

Dos son las técnicas principales de provisión temporal de puestos: la comisión de servicios y la adscripción provisional. En caso de urgente e inaplazable necesidad —que no pueda esperar a la tramitación del correspondiente procedimiento de provisión definitiva—, los puestos se pueden ocupar nombrando en **comisión de servicios** a un funcionario de carrera para que los desempeñe durante un plazo determinado (en la Administración General del Estado, un año, ampliable a otro). Al finalizar la comisión temporal, el funcionario volverá a su puesto.

La **adscripción provisional**, por su parte, se utiliza para asignar temporalmente un puesto al funcionario que carece de él, bien por haberse visto privado de puesto —amortización por supresión— o por haber sido removido o cesado del que ocupaba definitivamente, bien al reingresar al servicio activo desde una situación administrativa en la que no se le reconocía reserva de puesto, tal y como estudiaremos más adelante.

4. Movilidad

La normativa también contempla la movilidad de los funcionarios de carrera, bien como potestad de la Administración, bien como derecho de aquellos para proteger su integridad. En el primer caso, por necesidades del servicio o funcionales, las Administraciones podrán trasladar a sus funcionarios a otras unidades o organismos, respetando sus retribuciones y condiciones esenciales de trabajo (81.2 TREBEP). Y, en el segundo, el Estatuto Básico contempla la movilidad por razón de violencia de género, violencia sexual y violencia terrorista, que tendrá la consideración de traslado forzoso (82 TREBEP).

V. SITUACIONES ADMINISTRATIVAS DE LOS FUNCIONARIOS

La constitución y eficacia de la relación jurídica funcionarial determina la producción de unos efectos jurídicos que conforman la situación jurídica del funcionario, consistente en el conjunto de derechos, obligaciones y responsabilidades que la normativa estatutariamente establece. Desde el punto de vista de su eficacia y efectividad, esta situación jurídica, primariamente, impone al funcionario la obligación de prestar sus servicios profesionales en el puesto de trabajo que se le haya asignado y le reconoce, correlativamente, el derecho a la percepción de las retribuciones correspondientes. Sin embargo, según determinadas circunstancias, la Ley puede configurar situaciones jurídicas particulares con un contenido específico de derechos, obligaciones y responsabilidades. De esta manera, la relación jurídica funcionarial puede tener un contenido diferente según la situación jurídica en la que se encuentre en cada momento el funcionario, conformando una suerte de «mini-estatutos» particulares. A esas diferentes situaciones jurídicas se las denomina «situaciones administrativas».

Las situaciones administrativas responden, como decimos, a circunstancias heterogéneas que la normativa considera para evitar que se extinga la relación funcionarial. Así, que un funcionario sea elegido parlamentario nacional o autonómico, o nombrado miembro de un Gobierno o de una institución pública; que obtenga un puesto en otra Administración; que necesite cuidar a un hijo o a un familiar; que sea suspendido por la instrucción de un procedimiento sancionador o un proceso penal; etc. Son circunstancias que, evidentemente, impiden al funcionario prestar sus servicios y que, en puridad, abocarían a que se extinguiera la relación funcionarial. Sin embargo, la Función Pública quiere evitar esa abrupta consecuencia, pues le interesa mantener la relación y no perder definitivamente a un funcionario, aunque mientras duren las circunstancias en cuestión no pueda trabajar para la Administración a la que pertenece. Es la Ley la que tiene que valorar y ponderar las circunstancias que justifican que el funcionario no preste los servicios que debiera sin que se extinga la relación jurídica con él. Así, facilitar que los puestos políticos, públicos e institucionales sean nutridos con funcionarios puede resultar de interés para enriquecer y ennoblecer esos cargos con personal que, al menos, ha acreditado su capacitación y profesionalidad en pruebas objetivas y exigentes, amén de la experiencia obtenida en el desempeño de puestos funcionariales. También que los funcionarios no tengan que dejar de serlo para cuidar a hijos pequeños o a familiares dependientes, o para protegerse efectivamente de situaciones en las que padecen violencia de género o terrorista.

El Estatuto Básico fija una serie de situaciones administrativas básicas: servicio activo; servicios especiales; servicio en otras Administraciones Públicas; excedencia; suspensión de funciones. No obstante, permite que las Leyes de Función Pública de cada Administración establezcan otras.

Obviamente, la situación jurídica normal de los funcionarios de carrera es aquella en la que, prestando sus servicios profesionales, «gozan de todos los derechos inherentes a su condición de funcionarios y quedan sujetos a los deberes y responsabilidades derivados de la misma» (86.2 TREBEP). Se la denomina situación de **servicio activo** y se identifica con la plena eficacia de la relación funcionarial. El resto de situaciones modulan el estatuto de derechos, obligaciones y responsabilidades en atención a las circunstancias o supuestos de hecho que determinan la declaración del funcionario en cada situación administrativa.

Las circunstancias que permiten declarar al funcionario en situación de **servicios especiales** son numerosas y variadas, pero se caracterizan por ser elegidos o nombrados temporalmente para ocupar puestos de carácter político, institucional o administrativo (87 TREBEP). Debido a tal carácter, esta situación administrativa refleja la posición institucional de la Función Pública en el sistema político y administrativo, al facilitar la permeabilidad entre el estrato profesional funcionarial y el político y dar cuenta de la separación entre Administración y

Política. Además, su regulación es sumamente generosa en lo que respecta tanto a los supuestos que dan lugar a esta situación como a los efectos jurídicos favorables para quienes se encuentran en ella.

Además de las extensiones, adaptaciones o precisiones que puedan hacer las Leyes de Función Pública de cada Administración, el Estatuto Básico contempla, por ejemplo, supuestos como: ser designados miembros del Gobierno o de los órganos de gobierno de las comunidades autónomas y ciudades de Ceuta y Melilla, miembros de las Instituciones de la Unión Europea o de las organizaciones internacionales, o sean nombrados altos cargos de las citadas Administraciones Públicas o Instituciones; ser elegidos parlamentarios nacionales o autonómicos, si perciben retribución por su función; ser elegido o designado para formar parte de órganos constitucionales; cuando sean designados como personal eventual, por ocupar puestos de trabajo con funciones expresamente calificadas como de confianza o asesoramiento político y no opten por permanecer en la situación de servicio activo; cuando adquieran la condición de funcionarios al servicio de organizaciones internacionales; o cuando sean designados asesores de los grupos parlamentarios de las Cortes Generales o de las asambleas legislativas de las comunidades autónomas.

El funcionario en situación de servicios especiales percibe, como es lógico, las retribuciones del puesto público que efectivamente desempeña. Pero el tiempo en que se encuentre en esta situación de servicios especiales le computará a efectos de ascensos, reconocimiento de trienios, promoción interna y derechos en el régimen de Seguridad Social que les sea de aplicación.

Más trascendente aún para los funcionarios afectados y para la propia organización administrativa —al generar la necesidad de sustituciones temporales— es si se les reserva el puesto que ocupaban con carácter definitivo antes de pasar a esta situación (piénsese en el supuesto, nada excepcional, de funcionarios que hacen carrera política encadenando puestos institucionales o mandatos parlamentarios). El Estatuto Básico no ha impuesto esa regla —reserva del puesto—, permitiendo, en consecuencia, que las Leyes de Función Pública de cada Administración así lo hagan (v.gr. Estado; Andalucía); pero sí exige que, al reingresar al servicio activo, se les destine como mínimo a un puesto en la misma localidad, en las condiciones y con las retribuciones correspondientes a la categoría, nivel o escalón de la carrera consolidados.

La normativa también contempla la posibilidad de que un funcionario pase a ocupar un puesto en otra Administración, en la que se encontraría en situación de servicio activo. En tal caso, la Administración a la que pertenecía originariamente el funcionario le declarará en situación de **servicio en otras Administraciones Públicas** (88 TREBEP), pero sólo si obtuvieron el puesto en virtud de procesos de transferencias —cada vez menos frecuentes, una vez culminado, aparentemente, el proceso de descentralización— o por los procedimientos de provisión de puestos de trabajo —qué es el mecanismo más frecuente y ordinario, hoy día—. Por tanto, no es aplicable esta situación si el funcionario ingresa en otra Administración por procedimientos selectivos de acceso. Este doble supuesto —transferencia y provisión— que da lugar a la situación de servicio en otras Administraciones Públicas determina los derechos y obligaciones que se reconocen al funcionario.

Los funcionarios transferidos a las Comunidades autónomas se integran plenamente en la organización de la Función Pública de éstas, respetando el Grupo o Subgrupo del Cuerpo o escala de procedencia, así como los derechos económicos inherentes a la posición en la carrera que tuviesen reconocido. Para evitar discriminaciones entre estos funcionarios transferidos y los funcionarios de la Comunidad Autónoma, el Estatuto Básico reconoce «la igualdad entre todos los funcionarios propios de las comunidades autónomas con independencia de su Administración de procedencia». Finalmente, en lo que respecta a la Administración de origen, los funcionarios transferidos mantienen todos sus derechos, «como si se hallaran en servicio».

En el caso de los funcionarios de carrera en la situación de servicio en otras Administraciones Públicas por haber obtenido un puesto de trabajo mediante procedimientos de provisión, pasan a regirse por la legislación de la Administración en la que estén destinados de forma efectiva, pero conservan su condición de funcionario de la Administración de origen y el derecho a participar en las convocatorias para la provisión de puestos de trabajo que se efectúen por esta última. El tiempo de servicio en la Administración Pública en la que estén destinados se les computará como de servicio activo en su cuerpo o escala de origen.

En la situación administrativa de **excedencia**, el funcionario deja de prestar servicios por diferentes circunstancias que dan lugar a otras tantas modalidades (89 TREBEP). Fuera del supuesto de la excedencia por interés particular, la norma protege, mediante estas excedencias, bienes jurídicos de tanta relevancia como la familia o la integridad personal, razón por la cual constituyen auténticos derechos de los funcionarios.

Comenzando con la **excedencia voluntaria por interés particular,** como su propia denominación denota, por puro interés particular —sin que se le pidan más causas o explicaciones— el funcionario puede solicitar que se le declare en excedencia. Al menos se le exige haber prestado servicios efectivos durante un período de cinco años inmediatamente anteriores a la solicitud —aunque la legislación de cada Administración puede rebajar esa cifra—.

También se subordina el otorgamiento de esta excedencia a las necesidades del servicio —debidamente motivadas, apostilla el Estatuto Básico— y, en todo caso, se impide su concesión si al funcionario se le está instruyendo expediente disciplinario, para evitar así que eluda sus responsabilidades. La causa de esta modalidad de excedencia —se insiste, el mero interés del funcionario— explica el draconiano régimen jurídico que se aplica a esta situación: «Quienes se encuentren en situación de excedencia por interés particular no devengarán retribuciones, ni les será computable el tiempo que permanezcan en tal situación a efectos de ascensos, trienios y derechos en el régimen de Seguridad Social que les sea de aplicación».

Para la **excedencia voluntaria por agrupación familiar** no se exige haber prestado servicios efectivos previos y se reconocerá a los funcionarios cuyo cónyuge resida en otra localidad por haber obtenido y estar desempeñando un puesto de trabajo, de carácter definitivo, como funcionario de carrera o como laboral fijo en cualquier Administración u órgano constitucional, en la Unión Europea o en organizaciones internacionales. En esta situación el funcionario no devenga retribuciones, ni se le computa el tiempo en la misma a ningún efecto.

La **excedencia por cuidado de familiares** dura como máximo tres años y se reconoce para atender al cuidado no solo de cada hijo, sino también de familiares a cargo. El tiempo de permanencia en esta situación será computable a efectos de trienios, carrera y derechos en el régimen de Seguridad Social que sea de aplicación. Incluso el puesto de trabajo desempeñado se reservará, al menos, durante dos años, transcurridos los cuales la reserva será ya solo a un puesto en la misma localidad y de igual retribución.

La **excedencia por razón de violencia de género** se reconoce exclusivamente a las funcionarias víctimas de violencia de género, para hacer efectiva su protección o su derecho a la asistencia social integral. No se les exige haber prestado un tiempo mínimo de servicios previos y tampoco se puede exigir un plazo de permanencia en la misma. A la funcionaria declarada en esta excedencia se le reserva el puesto de trabajo que ocupaba durante los seis primeros meses (cuando las actuaciones judiciales lo exigieran se podrá prorrogar este periodo por tres meses, con un máximo de dieciocho), computándose igualmente ese tiempo a efectos de antigüedad, carrera y derechos del régimen de Seguridad Social. Por último, desde un punto de vista retributivo, durante los dos primeros meses de esta excedencia la funcionaria tendrá derecho a percibir las retribuciones íntegras y, en su caso, las prestaciones familiares por hijo a cargo.

Finalmente, nos encontramos con la **excedencia por razón de violencia terrorista**. Los funcionarios que hayan sufrido daños físicos o psíquicos como consecuencia de la actividad terrorista, así como los amenazados, tendrán derecho a disfrutar de un periodo de excedencia en las mismas condiciones que las víctimas de violencia de género. Dicha excedencia será autorizada y mantenida en el tiempo en tanto que resulte necesaria para la protección y asistencia social integral de la persona a la que se concede, ya sea por razón de las secuelas provocadas por la acción terrorista, ya sea por la amenaza a la que se encuentra sometida, en los términos previstos reglamentariamente.

La última de las situaciones administrativas básicas contempladas en el Estatuto del Empleado Público es la de **suspensión de funciones**, en la que el funcionario queda privado —durante el tiempo de permanencia en la misma— del ejercicio de sus funciones y de todos los derechos inherentes a su condición funcionarial, si bien la pérdida del puesto de trabajo sólo se producirá cuando exceda de seis meses.

La situación de suspensión presenta dos modalidades que responden a la doble naturaleza posible de su causa: por un lado, como medida cautelar —suspensión provisional—, durante la tramitación de un proceso penal o un expediente disciplinario; y, por otro, precisamente como consecuencia —suspensión firme— de la decisión judicial (pena) o administrativa (sanción), adoptadas tras declarar la responsabilidad penal o disciplinaria del funcionario, a resultas de los citados proceso penal o procedimiento disciplinario.

Explicaremos la suspensión provisional al analizar el procedimiento disciplinario. La suspensión firme, por su parte, se impondrá en virtud de sentencia dictada en causa criminal o en virtud de sanción disciplinaria. La suspensión firme por sanción disciplinaria no podrá exceder de seis años, mientras que, si lo fuere por sentencia penal, tendrá la duración que establezca la sentencia al imponer la pena de suspensión de empleo. El funcionario declarado en la situación de suspensión de funciones no podrá prestar servicios en ninguna Administración Pública ni en los organismos públicos, agencias, o entidades de derecho público dependientes o vinculadas a ellas durante el tiempo de cumplimiento de la pena o sanción.

> Fuera de estas situaciones administrativas básicas, las Leyes de Función Pública de cada Administración pueden establecer otras situaciones administrativas que contemplen circunstancias diferentes que consideren conveniente regular y a las que dotan del régimen jurídico que estimen oportuno. Es el caso de la denominada excedencia por prestación de servicios en el sector público, también conocida como excedencia por incompatibilidad, que responde al supuesto típico de la persona que obtiene puestos en dos Administraciones por procedimientos selectivos. O circunstancias derivadas de medidas organizativas de estructuras administrativas, que pueden incluir la amortización de puestos (situaciones de excedencia forzosa o de expectativa de destino).

Elemento complementario final del régimen de las situaciones administrativas lo constituye el **reingreso del funcionario al servicio activo**. No en vano, toda situación administrativa no deja de ser una excepción al servicio activo. La vuelta a éste, desde las diferentes situaciones administrativas, resulta imprescindible en el decurso de la relación funcionarial. Si la situación administrativa reconocía el derecho a la reserva del puesto de trabajo, el reingreso se hace efectivo con la ocupación del mismo —lo que, por lo demás, puede conllevar el cese de quien lo estuviera desempeñando temporalmente, ya fuere otro funcionario en provisión temporal, ya se tratare de un funcionario interino—. En cambio, si la situación administrativa no establecía reserva de puesto, el funcionario puede reingresar, bien participando en procedimientos de provisión de puestos que se hayan convocado, bien solicitándoselo a la Administración, que lo adscribirá provisionalmente a un puesto vacante si estuviese disponible.

VI. EXTINCIÓN DE LA RELACIÓN

El Estatuto Básico recoge, con carácter exhaustivo, el elenco de causas que determinan la extinción de la relación funcionarial y, consiguientemente, la pérdida de la condición de funcionario y la salida de éste de la Función Pública. Como se verá, se trata de unas causas de carácter objetivo, impidiendo que la Administración cese en la condición funcionarial invocando causas discrecionales o subjetivas (como ocurría en nuestro siglo XIX con las cesantías). Ni siquiera la insuficiencia profesional o la falta de rendimiento se contemplan en nuestro Ordenamiento como motivos para expulsar al funcionario de la Administración, salvo que su conducta pueda ser igualmente calificada como infracción muy grave.

Además de la propia muerte del funcionario, las causas de extinción de la relación funcionarial son las siguientes:

a) **Renuncia** a la condición de funcionario. La renuncia voluntaria a la condición de funcionario habrá de ser manifestada por escrito y será aceptada expresamente por la Administración, salvo que el funcionario esté sujeto a expediente disciplinario o haya sido dictado en su contra auto de procesamiento o de apertura de juicio oral por la comisión de algún delito. El efecto de la renunia es la extinción de la relación, pero no inhabilita al interesado para ingresar de nuevo en la Administración Pública a través de los procedimientos de selección.

b) **Pérdida de la nacionalidad** tenida en cuenta para el nombramiento, salvo que simultáneamente se adquiera la nacionalidad de otro Estado que permita cumplir ese requisito de acceso.

c) **Sanción disciplinaria de separación del servicio** que tuviere carácter firme.

d) **Pena de inhabilitación** para cargo público, una vez que la sentencia judicial tuviere carácter firme: si la inhabilitación fue absoluta, la pérdida de la condición de funcionario lo será respecto a todos los empleos o cargos que tuviera el funcionario; mientras que, de ser especial, afectará sólo a aquellos empleos o cargos especificados en la sentencia.

e) **Jubilación** del funcionario. La jubilación podrá ser ***voluntaria***, a solicitud del funcionario, siempre que el funcionario reúna los requisitos y condiciones establecidos en el Régimen de Seguridad Social que le sea aplicable.

Y podrás ser, también, ***forzosa***, al cumplir la edad legalmente establecida. Se declarará de oficio, como regla general, al cumplir el funcionario los sesenta y cinco años de edad. Sin embargo, existen dos excepciones. Por un lado, puede darse el caso de que colectivos funcionariales tengan normas estatales específicas de jubilación (v.gr. Jueces y Magistrados, que tienen fijada la edad de jubilación a los setenta años: art. 386.1 LOPJ). Por otro, los funcionarios podrán solicitar la *prolongación del servicio* activo hasta los setenta años, siempre que así lo prevea la legislación que le sea aplicable; esta prolongación del servicio activo constituye un derecho de los funcionarios, si bien condicionado a las necesidades del servicio, entendidas no sólo desde un punto de vista organizativo u objetivo —carga de trabajo, otras vacantes, etc.—, sino también subjetivamente por las cualidades, aptitudes y rendimiento del funcionario y su potencial repercusión sobre aquellas necesidades (STS 15-11-2021) En todo caso, la edad de la jubilación forzosa del personal funcionario incluido en el Régimen General de la Seguridad Social será la que prevean las normas reguladoras de dicho régimen para el acceso a la pensión de jubilación en su modalidad contributiva. Finalmente, también cabe la

f) Por la declaración de ***incapacidad permanente*** para el ejercicio de las funciones propias de su cuerpo o escala, o por el reconocimiento de una pensión de incapacidad permanente absoluta o, incapacidad permanente total en relación con el ejercicio de las funciones de su cuerpo o escala.

Según la causa que la produjo, la extinción de la relación funcionarial puede no ser irreversible si la Administración decide la **rehabilitación de la condición de funcionario**, la cual puede tener carácter reglado o discrecional:

- Si la extinción tuvo lugar como consecuencia de pérdida de la nacionalidad o jubilación por incapacidad permanente para el servicio, el interesado, una vez desaparecida la causa objetiva que la motivó, podrá solicitar la rehabilitación de su condición de funcionario, que le será concedida.
- En cambio, si el funcionario perdió tal condición por haber sido condenado a la pena principal o accesoria de inhabilitación, los órganos de gobierno de las Administraciones Públicas podrán conceder, con carácter excepcional, la rehabilitación, a petición del interesado, atendiendo a las circunstancias y entidad del delito cometido. En todo caso, el interesado no ostenta derecho alguno a su rehabilitación (STS 29-6-2021), lo que, unido al carácter discrecional del otorgamiento de la rehabilitación de quien fue penalmente condenado a inhabilitación, explica que la falta de resolución expresa de la Administración produzca la desestimación de la solicitud por silencio. Adviértase que no es posible la rehabilitación del funcionario sancionado con separación del servicio, sanción que además impide ya al afectado volver a ingresar en la Función Pública.

BIBLIOGRAFÍA: ARROYO YANES, L. M., *El acceso al empleo público y la adquisición de la condición funcionarial: nuevas perspectivas para su regulación*, Atelier 2015; ARROYO YANES, L. M., *La carrera administrativas de los funcionarios públicos*, Tirant lo Blanch 1994; CHAVES, J. R., *Vademecum de oposiciones y concursos*, 10ª ed., Amarante 2022; FERNÁNDEZ DELPUECH, L.: *La reconstrucción de los principios de mérito y capacidad en el acceso al empleo púbico*, BOE 2015; FONDEVILA, J., *Manual para la selección de empleados públicos*, 3ª ed., Wolters Kluver 2021; FUENTETAJA, J. y GIL, A., *La configuración de la relación jurídica de los empleados públicos locales: situaciones administrativas, vacaciones, permisos y licencias*, CEMCI 2018; QUESADA LUMBRERAS, J.: *La carrera profesional en el sistema de empleo público español: modelos, análisis y propuestas*, Thomson Reuters/Aranzadi 2015.

Capítulo 9

LA RELACIÓN FUNCIONARIAL (II): DERECHOS Y OBLIGACIONES. CONTROL Y RESPONSABILIDAD

JESÚS FUENTETAJA PASTOR

SUMARIO:

RESUMEN: El funcionario disfruta de los derechos que tiene reconocido cualquier ciudadano y cualquier trabajador, además de los que son más específicos de la relación funcionarial (en particular, su inamovilidad). Destacan, por un lado, los derechos retributivos (por su trascendencia económica y presupuestaria, así como su regulación informada por los principios de igualdad y de mérito) y, por otro, los derechos de ejercicio colectivo (libertad sindical, negociación colectiva y huelga). Obviamente al funcionario se imponen una serie de obligaciones y deberes, siendo particularmente relevantes las incompatibilidades que se establecen para poder realizar otras actividades públicas o privadas. Finalmente, el funcionario que comete actos ilícitos incurre en responsabilidad patrimonial, penal y, particularmente, disciplinaria.

PALABRAS CLAVE: Derechos de los funcionarios, Retribuciones básicas, Retribuciones complementarias, Negociación colectiva, Incompatibilidades, Responsabilidad disciplinaria

I. DERECHOS INDIVIDUALES DE LOS FUNCIONARIOS

Los funcionarios tienen reconocidos un conjunto de derechos que podemos clasificar y singularizar —de manera no excluyente— en función de la diferente condición que pueden ostentar aquellos (funcionarios, trabajadores o ciudadanos) o según su contenido (derechos retributivos, derecho a la jornada de trabajo, derechos pasivos).

Aunque se trate de derechos de titularidad individual, el Estatuto Básico distingue unos derechos cuyo ejercicio es necesariamente colectivo (libertad sindical, negociación colectiva, huelga, representación), de gran trascendencia hoy día en la configuración y en la gestión de la Función Pública.

En la exposición que haremos en las próximas páginas, nos ceñiremos a los derechos establecidos en la legislación básica (art. 14 TREBPEP), por ser consecuentemente comunes a todos los funcionarios, con independencia de la Administración a la que pertenezcan y sin perjuicio de que su legislación propia amplíe el elenco de derechos del Estatuto Básico del Empleado Público.

El funcionario tiene reconocidos por el Ordenamiento un amplio conjunto de derechos, algunos de los cuales se derivan de su condición funcionarial —siendo específicos y propios de la relación estatutaria—, otros de la consideración del funcionario como trabajador —siendo comunes a los contratados laborales privados, aunque de contenido diferente— y, finalmente, algunos derechos que el funcionario tiene reconocidos como ciudadano (libertad de expresión, asociación, etc.), pero cuyo contenido y ejercicio pueden verse limitados o condicionados, precisamente, por su condición funcionarial.

Independientemente de esta clasificación en virtud de las diferentes dimensiones desde las que puede ser considerado el funcionario, no hay que olvidar la naturaleza estatutaria de la relación que, como señalamos, determina que los derechos de los funcionarios se regulan, en cada momento, de manera abstracta y general por las Leyes, que puede modificarlos sin que tal alteración legislativa pueda impedirse oponiendo cualesquiera «derechos adquiridos», salvo que se trate de derechos ya consolidados.

1. Derechos del funcionario en cuanto que funcionario

Como decimos, son los derechos más específicos y propios del funcionario en la medida en que su titularidad sólo puede corresponder a los funcionarios y su contenido se define a partir de los elementos genuinos del régimen jurídico de la Función Pública.

Respetando la literalidad de su formulación en el Estatuto Básico del Empleado Público, los derechos de los funcionarios, en atención a su condición funcionarial, serían:

1) Derecho a la **inamovilidad** en la condición de funcionario de carrera. No se trata de un derecho absoluto, pues la normativa establece circunstancias por las que un funcionario puede dejar de serlo. Sin embargo, la afirmación de su inamovilidad expresa la garantía reforzada para el funcionario de que sólo puede perder tal condición mediante las causas tasadas recogidas en la legislación básica, así como el carácter objetivo de tales causas, excluyendo la discrecionalidad en las extinciones de la relación funcionarial —fuera del caso de la separación del servicio por motivos disciplinarios, donde, por tal razón, las salvaguardas procedimentales se intensifican—.
2) Derecho al **desempeño efectivo de las funciones o tareas** propias de su condición profesional y de acuerdo con la progresión alcanzada en su carrera profesional.
3) Derecho a la progresión en la **carrera** profesional y promoción interna, según los principios constitucionales de igualdad, mérito y capacidad mediante la implantación de sistemas objetivos y transparentes de evaluación.
4) Derecho a participar en la consecución de los objetivos atribuidos a la unidad donde preste sus servicios y a ser informado por sus superiores de las tareas a desarrollar.
5) Derecho a la **defensa jurídica y protección** de la Administración Pública en los procedimientos que se sigan ante cualquier orden jurisdiccional como consecuencia del ejercicio legítimo de sus funciones o cargos públicos. El funcionario tiene la carga de demandar previamente de la Administración esa defensa (STS 6-2-2023).

2. *Derechos del funcionario en cuanto que trabajador*

El funcionario, además de tal, es también un trabajador, gozando de todos los derechos que, hoy día, el Ordenamiento reconoce a los trabajadores, independientemente de si prestan servicios en el ámbito público o privado. En este sentido, la equiparación formal entre funcionarios y laborales es plena, difiriendo, obviamente, en su contenido.

Merece, igualmente, destacarse que esta perspectiva —el funcionario en cuanto que trabajador— es la que adopta el Derecho de la Unión Europea al regular su Política social, con la que pretende proteger a los trabajadores. De esta manera, el Derecho europeo ha creado un conjunto uniforme o armonizado de derechos en favor de todos los trabajadores en los países de la Unión, incluyendo a los trabajadores y funcionarios de las Administraciones Públicas.

El alcance del Derecho de la Unión ha afectado, por ejemplo: a las prohibiciones de discriminaciones por razones de edad, sexo o discapacidad; a la protección de la seguridad y salud de los trabajadores (condicionando la jornada laboral de los empleados públicos, por ejemplo con tiempos de descanso, tan importantes en el ámbito sanitario); a la prohibición de discriminaciones por razón de la temporalidad de la relación, trascendental en la interpretación del régimen jurídico de los funcionarios interinos y de los trabajadores temporales de la Administración.

El Estatuto Básico del Empleado Público reconoce al funcionario-trabajador los siguientes derechos:

1) A percibir las **retribuciones** y las indemnizaciones por razón del servicio. Por su relevancia y contenido, desarrollaremos más adelante los derechos económicos de los funcionarios.
2) A la **formación** continua y a la actualización permanente de sus conocimientos y capacidades profesionales, preferentemente en horario laboral.
3) A la adopción de medidas que favorezcan la **conciliación** de la vida personal, familiar y laboral.
4) A recibir protección eficaz en materia de **seguridad y salud** en el trabajo.
5) A las **vacaciones, descansos, permisos y licencias**.
6) A la **jubilación,** según los términos y condiciones establecidas en las normas aplicables.
7) A las **prestaciones de la Seguridad Social** correspondientes al régimen que les sea de aplicación.

3. *Derechos del funcionario en cuanto que ciudadano*

Además de los derechos derivados de su condición funcionarial y de su consideración como trabajador, el funcionario ostenta, igualmente, los derechos que constitucional y legislativamente se reconocen a todos los ciudadanos. No es, por tanto, el estatuto funcionarial el que atribuye tales derechos, sino el estatuto de ciudadanía de la comunidad política a la que pertenece el funcionario. Sin embargo, el estatuto funcionarial puede establecer limitaciones o condiciones de ejercicio según el régimen singular de determinados Cuerpos (militares, policías, Jueces, etc.).

En todo caso, la legislación básica funcionarial recoge algunos de esos derechos fundamentales del funcionario:

1) Al respeto de su intimidad, orientación e identidad sexual, expresión de género, características sexuales, propia imagen y dignidad en el trabajo, especialmente frente al acoso sexual y por razón de sexo, de orientación e identidad sexual, expresión de género o características sexuales, moral y laboral.

2) A la **no discriminación** por razón de nacimiento, origen racial o étnico, género, sexo u orientación e identidad sexual, expresión de género, características sexuales, religión o convicciones, opinión, discapacidad, edad o cualquier otra condición o circunstancia personal o social.

3) A la intimidad en el uso de dispositivos digitales puestos a su disposición y frente al uso de dispositivos de videovigilancia y geolocalización, así como a la desconexión digital en los términos establecidos en la legislación vigente en materia de protección de datos personales y garantía de los derechos digitales.

4) A la **libertad de expresión,** dentro de los límites del ordenamiento jurídico.

5) A la **libre asociación** profesioal.

4. Derechos retributivos

Por la prestación de sus servicios profesionales, el funcionario tiene derecho a la retribución establecida estatutariamente. De ahí que, si no realiza tales servicios, no puede exigir esa contraprestación. Por ejemplo, situaciones administrativas —como excedencias voluntarias—, salvo que su régimen excepcionalmente reconozca aún así derechos retributivos; ejercicio del derecho de huelga; o el simple absentismo injustificado, para el que la Ley establece que, sin perjuicio de la sanción disciplinaria que pueda corresponder, «la parte de jornada no realizada dará lugar a la deducción proporcional de haberes» (30.1 TREBEP).

4.1 Principios del sistema retributivo

La retribución constituye, pues, uno de los principales derechos del funcionario, pero el peso que tienen los costes de personal en los presupuestos públicos la convierten en un elemento fundamental de la Política económica del país, lo que explica el papel preponderante del Estado al controlar esa partida presupuestaria.

Además, el sistema tiene que equilibrar la igualdad entre todos los funcionarios —independientemente de la Función Pública a la que pertenezcan— con la autonomía de cada Administración para configurar y gestionar las retribuciones de los funcionarios a su servicio. De ahí que se distingan unas retribuciones básicas —iguales en concepto y en cuantía para todos los funcionarios— y unas retribuciones complementarias, decididas por cada Administración.

La Ley de Presupuestos Generales del Estado, para cada ejercicio presupuestario, establece las cuantías de las retribuciones básicas, así como el incremento general de las cuantías globales de las retribuciones complementarias (21 TREBEP), cuya concreción singular —por cada concepto retributivo— corresponde a cada Administración. De esta manera, el Estado garantiza una mínima igualdad entre todos los funcionarios respecto a las retribuciones básicas y contiene la expansión del gasto público de los costes de personal.

Por otra parte, al constituir los derechos retributivos una parte esencial del régimen estatutario de los funcionarios, constitucionalmente su regulación debe hacerse mediante normas con rango de ley (art. 103.3 CE). Ello impide a la Administración crear, mediante reglamentos, conceptos retributivos no previstos en las Leyes, cosa que en ocasiones intentan con subterfugios más o menos palmarios (v.gr. primas por jubilación, premios, complementos de denominación variada).

Finalmente, siendo el principio de igualdad —junto con el de mérito— uno de los principios institucionales de la Función Pública, es necesario destacar su particular relevancia en el ámbito retributivo. De entrada, como hemos visto, el sistema de Función Pública impone una mínima igualdad entre todos los funcionarios a través de las ya mencionadas retribuciones básicas, cuyo establecimiento uniforme por el Estado garantiza de por sí ese mínimo común homogeneizador. Sin embargo, la necesidad, por un lado, de respetar el margen de autonomía de cada Administración y, por otro, de tener en cuenta el principio de mérito para diferenciar puestos y desempeños de estos por cada funcionario público, ha llevado a configurar una heterogeneidad retributiva que se articula a través de las retribuciones complementarias. No obstante, esta diferenciación retributiva sólo puede estar basada en el mérito (ya sea por la mayor importancia de los puestos, ya por el mejor desempeño de las funciones por cada funcionario) y, a su vez, no puede amparar tratamientos discriminatorios si, objetivamente, los méritos son sustancialmente idénticos (así, si dos puestos son funcionalmente iguales, iguales también deben ser sus niveles de clasificación jerárquica y los complementos retributivos que se les asignen).

4.2 Retribuciones básicas

Como ya hemos adelantado, las retribuciones de los funcionarios de carrera se clasifican en básicas y complementarias. Las retribuciones básicas retribuyen al funcionario, de un lado, según el Grupo o Subgrupo de clasificación del Cuerpo al que pertenezcan (**sueldo**) y, de otro, por su antigüedad en éste (**trienios**).

Esos dos son los únicos y exclusivos conceptos retributivos básicos que —recordemos— son fijados por la Ley de Presupuestos Generales del Estado. No lo son, por tanto, las *pagas* extraordinarias que, dos veces al año, se abonan al funcionario y que, como su propia denominación indica, no dejan de ser dos pagas más que se le hacen al funcionario, pero no por la misma cantidad mensual que el resto del año.

En efecto, aunque el Estatuto Básico establece que las pagas extraordinarias tendrán el importe de una mensualidad de retribuciones básicas y de la totalidad de las retribuciones complementarias —excepto las referidas al desempeño o rendimiento y a los servicios extraordinarios—, lo cierto es que, desde la crisis económica de 2010, las cuantías de las retribuciones básicas que se incluyen en la paga extraordinaria, en realidad, son menores, porque cada año la Ley de Presupuestos Generales del Estado establece cuantías específicas para los conceptos de sueldo y trienios que se utilizan para calcular el montante de esas pagas.

4.3 Retribuciones complementarias

Las retribuciones complementarias son las que retribuyen las características de los puestos de trabajo, la carrera profesional o el desempeño, rendimiento o resultados alcanzados por el funcionario. Su cuantificación y estructura son establecidas por las correspondientes leyes de cada Administración Pública. De esta manera, la igualdad garantizada por las retribuciones básicas se quiebra con las retribuciones complementarias, explicando las diferencias salariales entre funcionarios no sólo según la Administración a la que sirvan —incluso si realizan funciones semejantes—, sino también dentro de la propia Administración (complementos según cada puesto)

El Estatuto Básico, en todo caso, propone una serie de factores que podrán ser tenidos en cuenta por las Leyes de Función Pública y por cada Administración, para fijar la estructura y la cuantía de cada estas retribuciones complementarias (24 TREBEP):

a) La progresión alcanzada por el funcionario dentro del sistema de carrera administrativa. En este caso, la retribución complementaria dependerá de la configuración de la carrera en cada Administración. Así, la ordenación de los puestos por niveles en atención a su importancia permitiría asignar un complemento retributivo según tal nivel, con lo que lo relevante es la clasificación de cada puesto de la que, indirectamente, se derivaría el complemento que se percibiría según el nivel del destino ocupado por el funcionario. En la Administración del Estado es lo que aún se denomina «*complemento de destino*».
b) La especial dificultad técnica, responsabilidad, dedicación, incompatibilidad exigible para el desempeño de determinados puestos de trabajo o las condiciones en que se desarrolla el trabajo. Aquí el complemento se asigna individualmente a cada pues-

to según las características objetivas señaladas, lo que exige una valoración singularizada de los puestos (significativamente denominado «*complemento específico*» en la Administración del Estado). Ello propicia una continua y compleja conflictividad, al comparar los funcionarios los complementos específicos asignados a los puestos que ocupan respecto a otros que consideran semejantes.

c) El grado de interés, iniciativa o esfuerzo con que el funcionario desempeña su trabajo y el rendimiento o resultados obtenidos. Es lo que tradicionalmente se conoce como «*complemento de productividad*» y constituye una retribución complementaria de carácter subjetivo e individual, al tener en cuenta la forma en que el funcionario desempeña efectivamente sus funciones.

d) Los servicios extraordinarios prestados fuera de la jornada normal de trabajo.

4.4 Otras retribuciones y derechos económicos no retributivos

Además de las retribuciones que el funcionario percibe a medida que presta servicios, se permite a las Administraciones Públicas destinar ciertas cantidades económicas para financiar aportaciones a planes de pensiones de empleo o contratos de seguro que incluyan, en beneficio de su personal, la cobertura de la contingencia de jubilación. Estas cantidades económicas pueden presentar denominaciones dispares (planes, incentivos, gratificaciones, etc.) y justificaciones legítimas (por ejemplo, rejuvenecimiento de plantillas), pero la ley y la jurisprudencia no dejan por ello de considerarlas retribuciones diferidas (art. 29 TREBEP), con la consecuencia de someterlos a los principios propios del sistema retributivo (reserva de ley: STS 16-3-2022, relativa a incentivos por jubilación anticipada de Ayuntamientos; sometimiento a los límites fijados en las leyes de presupuestos generales del Estado, etc.).

Por otra parte, no toda cuantía económica que percibe un empleado público lo es a título de retribución. En efecto, con motivo de la prestación de servicios, los empleados públicos pueden incurrir en gastos o padecer perjuicios patrimoniales. Las cantidades económicas a las que tienen derecho por tales gastos o daños no se perciben a título de contraprestación por el trabajo realizado —no siendo, pues, retribuciones—, sino de resarcimiento en calidad de compensaciones en tanto en cuanto el empleado público no tiene la obligación de soportar tales gastos o perjuicios patrimoniales al producirse al servicio de la Administración.

Así, las **indemnizaciones por razón del servicio** se encaminan a resarcir al empleado por los gastos en que pudiera incurrir en el ejercicio de sus funciones al realizar actividades excepcionales (comisiones de servicio, viajes, manutención, etc.) o como consecuencia de decisiones imperativas de la Administración al amparo de su potestad de autoorganización (traslados). Tampoco tienen carácter retributivo las cantidades encaminadas a compensar circunstancias que el Ordenamiento y la Administración consideran dignas de protección respecto a sus empleados por la necesidad que implican o la situación de desigualdad que manifiestan (medidas asistenciales, acción social). La jurisprudencia, incluso, ha formulado un principio general de resarcimiento o de indemnidad, en virtud del cual las lesiones y perjuicios sufridos por los agentes de policía como consecuencia de acciones ilícitas de las personas sobre las que ejercen las funciones que son propias de su cargo deben ser resarcidos por la Administración (STS 8-7-2020).

5. Derecho a la jornada de trabajo, permisos y vacaciones

La **jornada de trabajo** de los funcionarios hace referencia no sólo al período temporal de duración de la prestación de servicios, sino también a las formas y modalidades (presencial, teletrabajo, tiempo completo o parcial) de dicha prestación. De ahí que la jornada de trabajo revista una dimensión organizativa que explica, a su vez, la competencia que el Estatuto Básico otorga a cada Administración para establecer la jornada general y las especiales de trabajo de sus funcionarios públicos (art. 47 TREBEP).

Sin embargo, la jornada de trabajo también presenta una dimensión subjetiva, en tanto en cuanto afecta a los derechos y obligaciones de los funcionarios, lo que justifica que el Estado pueda establecer, con carácter básico y con efecto homogeneizador, una cuantificación —uniforme o mínima— del tiempo de trabajo o dedicación exigible a todo funcionario (STC 156/2015). Así lo ha hecho el Estado, principalmente en sus Leyes de Presupuestos, al considerar que las reducciones o limitaciones del tiempo de trabajo se proyectan económicamente, pues pueden exigir, por ejemplo, nombramientos de funcionarios interinos para suplir o completar los servicios no prestados por funcionarios de carrera.

En la actualidad, la jornada de trabajo general, aunque se computa en cuantía anual, se establece en un promedio semanal cifrado de treinta y siete horas y media (LPGE 2018). No obstante, cada Administración Pública podrá fijar, previa negociación colectiva, otras jornadas ordinarias de trabajo, siempre que ello no afecte al objetivo de que la temporalidad no supere el ocho por ciento de las plazas de naturaleza estructural.

Particular importancia presenta, hoy día, el **teletrabajo** (RASTROLLO), «modalidad de prestación de servicios a distancia en la que el contenido competencial del puesto de trabajo puede desarrollarse, siempre que las necesidades del servicio lo permitan, fuera de las dependencias de la Administración, mediante el uso de tecnologías de la información y comunicación» (47 bis TREBEP). Aunque no se reconozca expresamente como un derecho y la prestación del servicio en esta modalidad requiera de autorización expresa, la Administración deberá decidir conforme a la normativa que la regule, la cual deberá ser objeto de negociación colectiva y contemplará criterios objetivos para acceder a esta modalidad de prestación.

El teletrabajo deberá contribuir a una mejor organización del trabajo a través de la identificación de objetivos y la evaluación de su cumplimiento. El personal que preste sus servicios mediante teletrabajo tendrá los mismos deberes y derechos que el resto del personal que preste sus servicios en modalidad presencial. Finalmente, se prevé que la Administración proporcione los medios tecnológicos necesarios para la prestación por teletrabajo. Como se ha indicado, la legislación básica no conceptualiza el teletrabajo como un derecho del funcionario, pero la Administración deberá ponderar no sólo el interés del servicio, sino también las circunstancias de los empleados (por ejemplo, conciliación familiar).

Diferentes causas y circunstancias eximen al funcionario de la prestación de servicios durante el tiempo que duran aquellas o el que establece la norma. Es lo que se conoce como **permisos**.

La legislación básica recoge, en primer lugar (48 TREBEP), unos *permisos generales*, con causas heterogéneas, como fallecimientos o enfermedades de familiares, traslados de domicilio sin cambio de residencia (un día), realización de funciones sindicales o de representación del personal, concurrencia a exámenes finales y otras pruebas definitivas de aptitud, asuntos particulares (seis días al año, conocidos como "moscosos") o matrimonio (quince días).

Y, en segundo lugar, establece unos *permisos por motivos de conciliación* de la vida personal, familiar y laboral (permiso por nacimiento; permiso por adopción; permiso por cuidado de hijo menor, afectado de cáncer u otra enfermedad grave), por razón de violencia de género o de violencia sexual y para las víctimas de terrorismo y sus familiares directos (49 TREBEP).

La regulación de las **vacaciones** de los funcionarios públicos se encuentra, hoy día, decisivamente informada por el Derecho europeo. De entrada, el Estatuto Básico (art. 50) reconoce el derecho de aquellos a disfrutar, durante cada año natural, de unas vacaciones retribuidas de veintidós días hábiles (o de los días que correspondan proporcionalmente si el tiempo de servicio durante el año fue menor). Tal período no puede ser sustituido por una cuantía económica, salvo extinción de la relación de servicios por causas ajenas al funcionario —en cuyo caso tendrá derecho a solicitar el abono de una compensación económica por las vacaciones devengadas y no disfrutadas—.

Finalmente, el Estatuto Básico establece que cuando las situaciones de permiso de maternidad, incapacidad temporal, riesgo durante la lactancia o riesgo durante el embarazo impidan iniciar el disfrute de las vacaciones dentro del año natural al que correspondan, o una vez iniciado el periodo vacacional sobreviniera una de dichas situaciones, el periodo vacacional se podrá disfrutar aunque haya terminado el año natural a que correspondan y siempre que no hayan transcurrido más de dieciocho meses a partir del final del año en que se hayan originado

6. Derechos pasivos

Históricamente se califican como «pasivos» los derechos que se reconocen al funcionario —o a sus familiares— al cesar en el servicio activo (pensión de jubilación; pensión de viudedad; pensión de orfandad, etc.). Ya desde el siglo XIX, estas situaciones engrosaban lo que se denominaban «clases pasivas», conformando un sistema protector específico dentro de la Función Pública que, no obstante, se ha ido vaciando de beneficiarios, al reconducir progresivamente al régimen general de la Seguridad Social a distintos colectivos —funcionarios interinos, funcionarios locales, funcionarios autonómicos, etc.—, tendencia universalizada desde 2011 a los funcionarios que ingresan en la Administración del Estado.

II. DERECHOS COLECTIVOS DE LOS FUNCIONARIOS

El Estatuto Básico reconoce a los empleados públicos unos derechos de titularidad individual, pero de ejercicio colectivo (art. 15 TREBEP). A partir de la fundamental libertad sindical, se regulan los diferentes medios en que ésta se articula (negociación colectiva, huelga, planteamiento de conflictos colectivos y reunión).

1. Libertad sindical

La universalidad de la libertad sindical de los trabajadores, establecida por la Constitución al señalar su virtualidad también para los funcionarios públicos, con la única matización para ellos de que la Ley regularía las «peculiaridades de su ejercicio» (art. 28.1 y 103.3 CE), supuso la irrupción de las organizaciones sindicales en la Función Pública, originariamente ámbito vedado y sólo limitadamente admitido con posterioridad (PARADA). De hecho, la Ley Orgánica 11/1985, de Libertad Sindical, dio un tratamiento unificado al contenido esencial del derecho de libre sindicación, incluyendo en su ámbito de aplicación a los funcionarios públicos (STC 98/1985, de 29 de julio). Quedaba, así, también regulado el ejercicio del derecho de libre sindicación de los funcionarios públicos, sin otros límites que los expresamente establecidos en la propia Ley Orgánica de Libertad Sindical, y resultaba, consecuentemente, de aplicación directa a las Administraciones Públicas lo preceptuado en dicha Ley en materia de libertad sindical, régimen jurídico sindical, representatividad sindical, acción sindical, tutela de la libertad sindical y represión de las conductas antisindicales.

Pero una cosa es el reconocimiento de la libertad sindical de los funcionarios y otra muy diferente el de sus medios de actuación en la Administración, en particular la negociación colectiva y el derecho de huelga.

2. *Negociación colectiva*

Aunque la posibilidad de celebrar acuerdos vinculantes entre representantes de los funcionarios y la Administración no sea un contenido inherente a la libertad sindical de aquellos (STC 57/1982), lo cierto es que el Legislador ha incluido el derecho de negociación en la Función Pública como un contenido adicional a la libertad sindical de los funcionarios (STC 80/2000). Ahora bien, al constituir un elemento adicional de aquella libertad, ello permite que la Ley establezca un régimen jurídico específico para la negociación colectiva en la Función Pública.

Para el Estatuto Básico del Empleado Público, la negociación colectiva es «el derecho a negociar la determinación de condiciones de trabajo de los empleados de la Administración Pública» (31.2). De entrada, esta negociación está sujeta a unos principios generales —legalidad, cobertura presupuestaria, obligatoriedad, buena fe negocial, publicidad y transparencia—.

Aunque la negociación colectiva sea un derecho de los funcionarios, su ejercicio solo se reconoce a las organizaciones sindicales más representativas en cada Administración. No, por tanto, ni a otras asociaciones de funcionarios ni a otras estructuras (como Cuerpos de funcionarios). Además, la negociación se lleva a cabo en el seno de «**Mesas de Negociación**», en las que estarán legitimados para estar presentes, por una parte, los representantes de la Administración Pública correspondiente, y por otra, las organizaciones sindicales más representativas. Las Mesas se caracterizan por su ámbito —según la Administración de que se trate— y por su objeto —Mesas generales y, por decisión de éstas, Mesas sectoriales para organizaciones administrativas o colectivos funcionariales peculiares—.

Pero más allá de estos aspectos formales, lo más relevante es el contenido y el resultado de la negociación, lo que nos obliga a analizar, respectivamente, las materias objeto de negociación y los instrumentos —Pactos y Acuerdos— que se adoptan.

A) En lo que respecta a las **materias objeto de negociación**, la Ley las delimita positiva y negativamente. Por un lado, se excluyen: las decisiones de las Administraciones Públicas que afecten a su potestad de autoorganización —salvo que repercutan en las condiciones de empleo de los funcionarios, lo que no deja de vaciar en gran medida tal previsión—; la regulación del ejercicio de los derechos de los ciudadanos y de los usuarios de los servicios públicos, así como el procedimiento de formación de los actos y disposiciones administrativas; la determinación de condiciones de trabajo del personal directivo; los poderes de dirección y control propios de la relación jerárquica; y la regulación y determinación concreta, en cada caso, de los sistemas, criterios, órganos y procedimientos de acceso al empleo público y la promoción profesional.

Positivamente, se incluyen en las materias que deberán ser objeto de negociación todas aquellas que afecten a las condiciones de trabajo de los funcionarios. Normalmente se trata de criterios generales (criterios generales en materia de acceso, carrera, provisión, sistemas de clasificación de puestos de trabajo, y planes e instrumentos de planificación; evaluación del desempeño; planes y fondos para formación y promoción; determinación de prestaciones sociales y pensiones de clases pasivas; acción social; ofertas de empleo público; planificación de recursos humanos en la medida en que afecte a condiciones de trabajo). Pero también se especifican materias concretas (aplicación del incremento de las retribuciones fijado en las Leyes respectivas de Presupuestos; la determinación y aplicación de las retribuciones complementarias de los funcionarios; el calendario laboral, horario, jornadas, vacaciones, permisos, movilidad funcional y geográfica).

En suma, el contenido de la negociación colectiva funcionarial viene regulado con unos contornos lo suficientemente imprecisos como para permitir incluir en ella prácticamente cualquier asunto o cuestión que —aun indirectamente— pueden afectar a las condiciones de empleo de los funcionarios, con el único limes infranqueable de la reserva de ley. Y aún ésta, a efectos formales, tampoco constituye un obstáculo insalvable, pues también se pueden negociar materias sometidas a reserva formal o material de ley, en la medida en que en tal caso la negociación colectiva funcionarial desembocaría en la obligación para el órgano de gobierno de presentar un proyecto de Ley conforme al Acuerdo concertado en la mesa de negociación.

La ausencia de negociación, cuando ésta es obligatoria, puede constituir un vicio invalidante de las decisiones singulares o de las disposiciones generales de la Administración adoptadas prescindiendo de aquella o de los elementos fundamentales del proceso negociador (SSTS 23-4-2014, 13-2-2018, 21-12-2022).

B) De la negociación colectiva resulta la adopción de unos instrumentos jurídicos negociados, que pueden ser Pactos o Acuerdos (38 TREBEP). Los **Pactos** se celebrarán sobre materias que se correspondan estrictamente con el ámbito competencial del *órgano administrativo* que lo suscriba y se aplicarán directamente al personal del ámbito correspondiente.

Los **Acuerdos**, por su parte, versarán sobre materias competencia de los *órganos de gobierno* de las Administraciones Públicas. Para su validez y eficacia será necesaria su aprobación expresa y formal por estos órganos. Por tanto, lo acordado en la Mesa negociadora precisa aún del cumplimiento de un requisito para su validez como acto jurídico.

En lo que respecta a su eficacia, es necesario distinguir dos situaciones. Cuando tales Acuerdos hayan sido ratificados y afecten a temas que pueden ser decididos de forma definitiva por los órganos de gobierno, el contenido de los mismos será directamente aplicable al personal incluido en su ámbito de aplicación, sin perjuicio de que a efectos formales se requiera la modificación o derogación, en su caso, de la normativa reglamentaria correspondiente.

Pero si los Acuerdos ratificados tratan sobre materias sometidas a reserva de ley que, en consecuencia, sólo pueden ser determinadas definitivamente por las Cortes Generales o las Asambleas legislativas de las Comunidades Autónomas, su contenido carecerá de eficacia directa. No obstante, en este supuesto, el órgano de gobierno respectivo que tenga iniciativa legislativa procederá a la elaboración, aprobación y remisión a las Cortes Generales o Asambleas legislativas de las Comunidades Autónomas del correspondiente proyecto de ley conforme al contenido del Acuerdo y en el plazo que se hubiera acordado. Si el Acuerdo concertado en la Mesa de negociación no es ratificado por el órgano de gobierno o éste se niega expresamente a incorporar lo acordado en el proyecto de ley correspondiente, se deberá iniciar la renegociación de las materias tratadas en el plazo de un mes, si así lo solicitara al menos la mayoría de una de las partes.

Pactos y Acuerdos son actos que producen efectos jurídicos vinculantes. Según su contenido, podrán ser invocados por los funcionarios ante la Administración y los Tribunales. Su cumplimiento es, pues, obligatorio, salvo cuando excepcionalmente y por causa grave de interés público derivada de una alteración sustancial de las circunstancias económicas, los órganos de gobierno de las Administraciones Públicas suspendan o modifiquen el cumplimiento de Pactos y Acuerdos ya firmados, en la medida estrictamente necesaria para salvaguardar el interés público (38.10 TREBEP).

3. *El derecho de huelga*

El Estatuto Básico del Empleado Público (art. 15) reconoce a los funcionarios el derecho al ejercicio de la huelga, con la garantía del mantenimiento de los servicios esenciales de la comunidad. La necesidad de ponderar este derecho con los intereses tanto públicos como generales de los ciudadanos se concreta en la determinación de unos ***servicios mínimos*** que garanticen la continuidad de la función, actividad o prestación pública en cuestión. Estos servicios mínimos, en primer lugar, serán establecidos por la autoridad pública (órganos políticos, imparciales y responsables ante los ciudadanos, no órganos de mera gestión: STC 58/2013, que niega la competencia para fijar los servicios mínimos al Director Gerente de un Servicio autonómico de Salud). Y, en segundo lugar, deberán ser proporcionales en su contenido y motivados en su formalización, sin que, respectivamente, sean admisibles servicios mínimos que impongan la normalidad completa de la actividad administrativa o su justificación no circunstanciada, según la situación concreta, mediante una motivación genérica e indeterminada.

Desde el punto de vista del funcionario que ejerce su derecho a la huelga, al amparo de ésta puede legalmente cesar en la prestación de servicios y, en contrapartida, deja de devengar y percibir las retribuciones correspondientes al trabajo no realizado (30.2 TREBEP). Además, se tipifica como falta disciplinaria muy grave el incumplimiento de la obligación de atender los servicios esenciales en caso de huelga [95.2 m) TREBEP].

III. OBLIGACIONES DE LOS FUNCIONARIOS

1. Deberes de los funcionarios

El Estatuto Básico del Empleado Público recoge un capítulo que intitula genéricamente «*Deberes de los empleados públicos. Código de Conducta*», en el que enumera —de forma agotadora— y sistematiza —confusamente— las obligaciones de los empleados públicos. Estas obligaciones se respaldan, en ciertos casos, con tipificaciones de faltas, de manera que su incumplimiento genera —como veremos— la responsabilidad disciplinaria del funcionario. En otros casos, en cambio, los deberes constituirían enunciaciones de principios y criterios que orientarían la conducta de los funcionarios, permitiendo valorarla desde un punto de vista jurídico —informando la interpretación y aplicación del régimen disciplinario—, pero también en un plano ético.

Esta dimensión ética de la conducta de los funcionarios no ha sido desarrollada ni orgánica ni procedimentalmente para articular un control deontológico flexible y eficaz, senda en la que están avanzando, en cambio, otros países —Estados Unidos, Unión Europea o Francia (AUBIN)—.

Conceptualizado el funcionario como la persona nombrada por la Administración para el desempeño de servicios profesionales retribuidos de carácter permanente, se entiende que su principal obligación sea «**desempeñar con diligencia las tareas que tengan asignadas**», obligación general que se articula en otras obligaciones específicas, como el cumplimiento de la jornada de trabajo —con su reverso disciplinario en forma de falta por abandono del servicio: 95.2 c) TREBEP—, la realización de las funciones esenciales del puesto de trabajo o de las funciones encomendadas —también tipificada su inobservancia como falta: 95.2 g) TREBEP— o el desempeño defectuoso o inhibitorio que trascienda la mera ineptitud o el escaso rendimiento.

Para la realización de su trabajo, los funcionarios obedecerán las instrucciones y órdenes profesionales de los superiores. Es el clásico ***deber de obediencia,*** que se topa con el insoluble problema de las «órdenes ilegales», para el que el Estatuto Básico arbitra el remedio procedimental de ponerlas inmediatamente en conocimiento de los órganos de inspección procedentes cuando aquellas constituyan una infracción manifiesta del ordenamiento jurídico (54.3 TREBEP).

En razón del contenido de las funciones públicas que ejercen, se impone al funcionario la obligación de guardar **secreto** de las materias clasificadas u otras cuya difusión esté prohibida legalmente, manteniendo igualmente la debida discreción sobre aquellos asuntos que conozcan por razón de su cargo, sin que puedan hacer uso de la información obtenida para beneficio propio o de terceros, o en perjuicio del interés público (53.12 TREBEP).

Tanto como el ejercicio de las funciones importa la manera en que el funcionario las realiza, de ahí que se establezcan un amplio elenco de deberes encaminados a proteger institucionalmente a la propia Administración, al servicio público que prestan o a los ciudadano: deber de respeto a la Constitución y al resto del Ordenamiento jurídico; observancia de la objetividad y neutralidad debidas; garantía de imparcialidad o de lealtad y buena fe con la Administración y con superiores, compañeros, subordinados o ciudadanos. Singular importancia reviste la obligación de evitar *conflictos de intereses*, absteniéndose de asuntos en los que tengan un interés personal y de actividades privadas o intereses que puedan colisionar con su puesto público, no contrayendo obligaciones económicas ni intervendrán en operaciones financieras, obligaciones patrimoniales o negocios jurídicos con personas o entidades cuando pueda suponer un conflicto de intereses con las obligaciones de su puesto público, ni aceptando ningún trato de favor o situación que implique privilegio o ventaja injustificada, por parte de personas físicas o entidades privadas.

2. *Incompatibilidades*

El Estatuto Básico exige a los funcionarios que ejerzan sus atribuciones según el principio de dedicación al servicio público, absteniéndose no solo de conductas contrarias al mismo, sino también de cualesquiera otras que comprometan la neutralidad en el ejercicio de los servicios públicos (53.11 TREBEP). Esta obligación de dedicación al servicio público se ha articulado, históricamente, a través del régimen de incompatibilidades, regulando la realización de otras actividades públicas o privadas (en la actualidad, Ley 53/1984).

El siempre polémico debate alrededor de las incompatibilidades de los funcionarios públicos se hace más complejo en la medida en que se mezclan perspectivas éticas y jurídicas en su configuración, así como finalidades políticas extrañas a la Función Pública (como el reparto del empleo) y reconocimientos tácitos de bajos niveles retributivos de los puestos superiores en las Administraciones Públicas, fruto de una demagógica presión dialéctica sobre los salarios públicos. Cuestionado, incluso, constitucionalmente, el régimen de las incompatibilidades es admitido en aras de la imparcialidad, objetividad y eficacia de la Administración y de sus funcionarios (STC 172/1996).

Partiendo de la incompatibilidad del desempeño de un puesto de trabajo público con cualquier cargo, empleo, profesión o actividad —ya sean públicos, ya privados—, se permite la ocupación y desempeño de otro puesto público, previa *autorización*, y se admite la realización de actividades privadas, mediante *reconocimiento.*

Además de ciertas actividades que la Ley permite libremente (como la administración del patrimonio personal o familiar; la producción y creación literaria, artística, científica o técnica; la participación ocasional en coloquios o programas en medios de comunicación social o en congresos, seminarios, conferencias o cursos de carácter profesional), el otorgamiento de autorizaciones o reconocimientos se sujeta a diferentes criterios.

En primer lugar, en razón de la *incompatibilidad funcional*, no se concederá autorización o reconocimiento si el puesto o actividad a realizar sitúa o puede situar al empleado público en una posición de conflicto de intereses o comprometer su independencia o imparcialidad en el ejercicio de sus funciones. En segundo lugar, habrá que tener en cuenta la posible incompatibilidad *horaria*, para que la segunda actividad que pretenda desempeñar el funcionario no afecte a su jornada de trabajo en su puesto público principal, menoscabando el estricto cumplimiento de sus deberes. Y, en tercer lugar, también se puede establecer una *incompatibilidad económica*, conforme a la cual, en principio, no se puede percibir más de una remuneración con cargo a los presupuestos públicos, salvo que la Ley así lo permita expresamente (v.gr. Médicos del Sistema de Salud que también imparten clases en la Universidad); en todo caso, determinados puestos de trabajo públicos cuantifican ciertos complementos retributivos para garantizar la dedicación exclusiva del funcionario que los ocupa.

Si el funcionario realiza una segunda actividad pública o privada sin la oportuna autorización o reconocimiento, cometerá una falta disciplinaria. Por otra parte, en el caso de un funcionario que accede a otro puesto de trabajo en el sector público, deberá optar entre el puesto anterior o el nuevo puesto; de no manifestarse al respecto, la Ley entiende que elige el nuevo puesto, quedando respecto al primero en excedencia voluntaria por prestación de servicios en el sector público —también denominada «excedencia por incompatibilidad»—.

IV. EVALUACIÓN DEL DESEMPEÑO

Una de las novedades más importantes que incluyó el Estatuto Básico del Empleado Público en 2007 fue la previsión de que las Administraciones Públicas sometieran a sus empleados a una evaluación de su desempeño. Sorprende que los funcionarios no se vean sometidos a semejante control, pero ello no constituye tanto una característica idiosincrática de su régimen jurídico como una anomalía —una más— del modelo estatutario español, como lo demuestran sus orígenes históricos —donde la evaluación era una manifestación de la potestad jerárquica del superior— y lo contrastan modelos comparados cercanos (Francia, Unión Europea).

Sea como fuere, el Estatuto Básico impone la evaluación de los empleados públicos. En efecto, de la regulación básica que establece el artículo 20 del TREBEP se deriva, en primer lugar, que la misma deberá ser implantada obligatoriamente por todas las Administraciones Públicas. Por tanto, y en segundo lugar, no hay una remisión a las Leyes de Función Pública que desarrollen el TREBEP, por lo que la evaluación del desempeño podrá ser regulada reglamentariamente por las distintas Administraciones, sin perjuicio de que aquellas Leyes puedan desarrollar y determinar, en el marco del TREBEP, la evaluación del desempeño en su ámbito competencial. Y en tercer lugar, que la evaluación del desempeño tiene el ámbito subjetivo delimitado por el concepto formal «empleados públicos», por lo que afectará por igual a funcionarios y laborales. Qué sea la «evaluación del desempeño» se puede aprehender por la definición que ofrece el propio EBEP: procedimiento mediante el cual se mide y valora la conducta profesional y el rendimiento o el logro de resultados. Así pues, «evaluación» entendida como medición y valoración, mientras que el objeto de la misma —el «desempeño»— haría referencia tanto a la conducta profesional como al rendimiento o al logro de resultados.

A la hora de configurar sus respectivos sistemas de evaluación del desempeño, las Administraciones Públicas deberán tener en cuenta los siguientes principios o criterios: transparencia, objetividad, imparcialidad, igualdad y respeto de los derechos de los empleados. Poco más dice el Estatuto Básico sobre el procedimiento de evaluación en sí, preocupándose mucho más —para dotar de credibilidad al mismo— de sus efectos. Y es que el EBEP anuda necesariamente efectos a la actividad de evaluación, por lo que se descarta que tenga una eficacia meramente indicativa. No obstante, no específica qué efectos concretos tendrá esa evaluación, dejando esta previsión a la Legislación de desarrollo del EBEP. Ahora bien, sí prevé una serie de ámbitos donde necesariamente la Legislación de desarrollo deberá prescribir qué efectos, favorables o desfavorables, produce la evaluación.

En lo que respecta a los efectos favorables, la evaluación del desempeño deberá repercutir positivamente en la carrera profesional horizontal, en la formación (v. gr. acceso a opciones formativas u obligatoriedad de las mismas), en la provisión de puestos de trabajo (especialmente en el concurso) y en la percepción de retribuciones complementarias.

Y, en lo concerniente a los efectos desfavorables de la evaluación del desempeño, el TREBEP señala que «la continuidad en un puesto de trabajo obtenido por concurso quedará vinculada a la evaluación de acuerdo con los sistemas de evaluación que cada Administración Pública determine, dándose audiencia al interesado, y por la correspondiente resolución motivada». La disposición tiene una gran trascendencia por su incidencia en el derecho al cargo y, en la medida en que la resolución es lesiva para el funcionario, se prevén las garantías de audiencia al interesado y el requisito de la motivación de la resolución.

En cualquier caso, el desarrollo normativo de la evaluación del desempeño deberá prever aspectos tan importantes, en este punto, como el número de evaluaciones negativas y el período de tiempo en que se realicen para que se produzca la remoción del funcionario. Otros aspectos generales que deberá acometer la normativa serán el órgano evaluador (el superior jerárquico u otro), la frecuencia de las evaluaciones (anuales, cada dos años, etc.), limitación de las posibilidades de evaluación para evitar que sean irreales o inflacionistas (v.gr. que se evalúe con la máxima puntuación o con la misma a todos los empleados de una unidad), mecanismos de garantía de la evaluación (refrendos, comités paritarios, etc.) y, por supuesto, procedimientos de impugnación propios que eviten aluviones de recursos administrativos y contenciosos.

V. RESPONSABILIDAD DE LOS FUNCIONARIOS

En el ejercicio de sus funciones, el funcionario puede realizar actos ilícitos que generen su responsabilidad por producir daños —responsabilidad civil o patrimonial— o por constituir conductas previstas en la norma como delitos — responsabilidad penal— o faltas disciplinarias —responsabilidad disciplinaria—. La primera tiene una finalidad eminentemente reparadora, mientras que las dos últimas se caracterizan por sujetar al funcionario a la potestad represiva de los Jueces penales o de la Administración.

1. *Responsabilidad patrimonial*

En el caso de que la conducta del funcionario cause daños a terceros, éstos no pueden dirigirse contra aquel, sino que exigirán directamente a la Administración Pública correspondiente las indemnizaciones por los daños y perjuicios causados por las autoridades y personal a su servicio en el ejercicio de sus funciones. Una vez indemnizados los lesionados, la Administración —de oficio y en vía administrativa— exigirá de sus autoridades y demás personal a su servicio la responsabilidad en que hubieran incurrido por dolo, o culpa o negligencia graves, previa instrucción del correspondiente procedimiento. La apreciación de tal responsabilidad y su eventual indemnización será ponderada por la Administración, teniendo en cuenta criterios como el resultado dañoso producido, el grado de culpabilidad, la responsabilidad profesional del personal al servicio de las Administraciones públicas y su relación con la producción del resultado dañoso (art. 36, apartados 1 y 2, de la Ley 40/2015 de Régimen Jurídico del Sector Público).

Cuando la conducta del funcionario, en cambio, produzca daños y perjuicios patrimoniales a los bienes o derechos de la Administración a la que sirve, ésta podrá declarar directamente la responsabilidad del funcionario y cuantificar la indemnización correspondiente, siempre que hubiera concurrido dolo, o culpa o negligencia graves.

2. *Responsabilidad penal*

El funcionario incurre en responsabilidad penal por la realización de conductas tipificadas como delitos en el Código Penal, quedando sujeto a la potestad represiva de carácter penal que ejercen los Jueces y Tribunales del Orden jurisdiccional penal. Esta potestad penal permite a tales Jueces y Tribunales declarar la responsabilidad penal del funcionario e imponer, mediante sentencia, la consecuente pena.

Hay que tener en cuenta que la Legislación penal maneja un concepto de «funcionario público» más amplio que el estricto utilizado por la normativa funcionarial (VIGNOLO), considerando tal «todo el que por disposición inmediata de la Ley o por elección o por nombramiento de autoridad competente participe en el ejercicio de funciones públicas» (art. 24.2 Código Penal).

El Código Penal tipifica un conjunto de delitos en los que tiene en cuenta la condición de funcionario para su autoría, protegiendo con ellos los derechos e intereses institucionales de la Administración, de la Función Pública y del servicio público (v.gr. prevaricación, cohecho, abandono de destino, desobediencia, violación de secretos). Además de esta categoría de delitos específicos, el funcionario puede incurrir en responsabilidad penal por la comisión de delitos comunes al resto de ciudadanos (v.gr. Asesinatos, delitos contra la libertad sexual, etc.). La distinción es importante, pues unos y otros pueden afectar, de forma diferente, a la responsabilidad disciplinaria del funcionario.

En efecto, en lo que respecta a las **relaciones entre la responsabilidad disciplinaria y la responsabilidad penal del funcionario**, esta última es siempre preferente y a veces excluyente de la primera.

La preferencia de la responsabilidad penal se observa en la regla que establece el Estatuto Básico para los casos en que la Administración sospeche que la conducta del funcionario —además de disciplinaria— pueda tener relevancia penal: deberá dar traslado de los hechos al Ministerio Fiscal (94.3 TREBEP), absteniéndose de incoar el procedimiento disciplinario o —de haberlo iniciado ya— suspenderlo, hasta que las actuaciones o el proceso penal concluyan, pudiendo entonces retomarlo. Por otra parte, hay que tener en cuenta que los hechos declarados probados por resoluciones judiciales firmes vinculan a la Administración.

La responsabilidad penal del funcionario puede, igualmente, excluir la disciplinaria cuando entre delito y falta disciplinaria exista identidad de sujeto, hechos y fundamento. Se trata del principio ***non bis in idem***. Si el delito ya reprime la conducta del funcionario con la misma finalidad con que lo hace la falta disciplinaria (v.gr. abandono de destino), la Administración no puede imponer una sanción disciplinaria posterior a la pena judicial. En cambio, si la finalidad de la previsión de la conducta como falta tiene un fundamento diferente a su tipificación como delito —por tanto, protegen distintos bienes jurídicos—, pena y sanción disciplinaria pueden imponerse sin vulnerar la garantía del *non bis in idem* (v.gr. profesor condenado por un delito contra la libertad sexual de menores y que es posteriormente separado o suspendido por atentar contra la dignidad de la función que ejerce).

3. Responsabilidad disciplinaria

La responsabilidad disciplinaria es la situación jurídica en la que se encuentra el funcionario al cometer una falta o infracción disciplinaria, quedando sujeto a la potestad disciplinaria de la Administración, mediante la cual ésta puede no sólo declarar tal responsabilidad, sino también imponer una sanción.

La potestad disciplinaria se atribuye a la Administración, pudiendo los Jueces y Tribunales únicamente controlar su ejercicio, pero no sustituir a aquella al revisar la legalidad de su actuación. Es la disciplinaria una potestad que comparte con la sancionadora la cualidad represiva que caracteriza a la sanción, si bien su fundamento se reconduce, directamente, a garantizar el control de los funcionarios e, indirectamente, a salvaguardar los fines y valores institucionales de la Función Pública.

Por ello, aunque la Ley de Régimen Jurídico del Sector Público señale que los principios de la potestad sancionadora serán extensivos, igualmente, al ejercicio por las Administraciones Públicas de su potestad disciplinaria respecto del personal a su servicio (art. 25.3 LRJSP), lo cierto es que el fundamento de la potestad disciplinaria —inherente a la potestad autoorganizatoria y tradicionalmente entendida como manifestación del principio jerárquico— y su finalidad —garantizar el orden interno de la Administración y los fines y valores de la Función Pública— determinan la singularidad del alcance de ciertos principios —como el de legalidad, permitiendo un mayor protagonismo al reglamento— y de los tipos sancionadores —descartándose, por inadecuadas, las sanciones pecuniarias y optándose por sanciones cuyo efecto es la privación de derechos propios de la relación funcionarial—. Aunque esta conceptualización de la potestad disciplinaria como especie de la general potestad sancionadora haya reforzado, sin duda, los elementos y técnicas garantistas de aquella, en la práctica ha hecho más complejo y dificultoso su ejercicio, deviniendo ineficiente y hasta ineficaz (PARADA, CASTILLO).

3.1 Principios

El Estatuto Básico del Empleado Público (art. 94.2) establece unos principios que informan el ejercicio de la potestad disciplinaria, los cuales, en realidad, no dejan de ser una proyección legislativa de las bases constitucionales del *ius puniendi* del Poder Público, según han sido interpretadas por la jurisprudencia. Estos principios de la potestad disciplinaria afectan no sólo a su configuración normativa por el Legislador y por la Administración, sino también a su ejercicio por ésta.

El **principio de legalidad** impone, en primer lugar, una garantía sustantiva (*principio de tipicidad*): predeterminación normativa, precisa y segura, de las conductas constitutivas de faltas disciplinarias que determinan la responsabilidad del funcionario y la posibilidad para la Administración de imponerle una sanción. Establece, en segundo lugar, una garantía formal en la medida en que la norma que establece faltas y sanciones debe ostentar rango de ley, garantía con un alcance absoluto respecto a éstas —por tanto, la Administración no puede "crear" o inventarse sanciones—, y con alcance relativo en lo que se refiere a las faltas, pues se admite una amplia intervención del reglamento a la hora de especificar las faltas tipificadas en la ley para la mejor identificación de las conductas, descomponiendo conductas genéricas en otras más concretas o precisando el sentido de conceptos jurídicos indeterminados utilizados al formular la infracción en sede legislativa.

También se afirma en materia disciplinaria el **principio de irretroactividad** de las disposiciones sancionadoras no favorables y de retroactividad de las favorables al presunto infractor. Por su parte, el **principio de proporcionalidad** resulta aplicable —señala el Estatuto Básico— tanto a la clasificación de las infracciones y sanciones como a su aplicación. También recoge el Estatuto Básico como principio el derecho constitucional a la **presunción de inocencia.**

El **principio de culpabilidad** exige adscribir la conducta —tipificada como falta— a una persona. Ello implica, por un lado, determinar jurídicamente su autoría y, por otro, considerar la voluntariedad de su realización y el conocimiento de las consecuencias sancionadoras que comporta. Respecto al primer aspecto, el Estatuto Básico establece —además de la responsabilidad por autoría— la responsabilidad disciplinaria por inducción a la realización de actos o conductas constitutivos de falta disciplinaria (93.2), así como por encubrimiento de faltas consumadas muy graves o graves —cuando de dichos actos se derive daño grave para la Administración o los ciudadanos (93.3)—.

3.2 Faltas y sanciones disciplinarias

A partir de las exigencias de los principios de legalidad y de proporcionalidad, el Legislador —y, en menor medida, la Administración— establece las conductas que se tipifican como **faltas disciplinarias**, clasificando éstas como muy graves, graves y leves.

El propio Estatuto Básico del Empleado Público recoge un lista de **faltas muy graves** que, al venir fijadas en la legislación básica funcionarial, son comunes a todas las Administraciones Públicas. Esta lista no es exhaustiva, pues puede ser ampliada por leyes de Cortes o de Asambleas legislativas autonómicas.

Entre las faltas tipificadas por el Estatuto Básico figuran, por ejemplo, el incumplimiento del deber de respeto a la Constitución y a los respectivos Estatutos de Autonomía, en el ejercicio de la función pública; actuaciones que supongan discriminación; el abandono del servicio o no hacerse cargo voluntariamente de las tareas o funciones encomendadas; adopción de acuerdos manifiestamente ilegales que causen perjuicio grave a la Administración o a los ciudadanos; publicación o utilización indebida de la documentación o información a que tengan o hayan tenido acceso por razón de su cargo o función; negligencia en la custodia de secretos oficiales, declarados así por Ley o clasificados como tales, que sea causa de su publicación o que provoque su difusión o conocimiento indebido; violación de la imparcialidad, utilizando las facultades atribuidas para influir en procesos electorales de cualquier naturaleza y ámbito; desobediencia abierta a las órdenes o instrucciones de un superior, salvo que constituyan infracción manifiesta del Ordenamiento jurídico; prevalencia de la condición de empleado público para obtener un beneficio indebido para sí o para otro; etc.

Las **faltas graves** serán establecidas por ley de las Cortes Generales o de la Asamblea legislativa de la correspondiente Comunidad Autónoma, atendiendo a las siguientes circunstancias: grado de vulneración de la legalidad; gravedad de los daños causados al interés público, patrimonio o bienes de la Administración o de los ciudadanos; así como el descrédito para la imagen pública de la Administración.

Tales circunstancias también serán tenidas en cuenta por las leyes de Función Pública que se dicten en desarrollo del Estatuto Básico para determinar el régimen aplicable a las **faltas leves**.

La finalidad de la potestad disciplinaria determina las clases de **sanciones disciplinarias** susceptibles de imponerse al funcionario que ha cometido una falta. Partiendo de la inadecuación de las consistentes en obligaciones pecuniarias —multas—, el sistema disciplinario establece medidas sancionadoras que privan a los funcionarios de derechos específicos de la relación funcionarial.

Teniendo en cuenta el alcance absoluto del principio de legalidad en relación con la predeterminación de las sanciones que puede imponer la Administración, el Estatuto Básico del Empleado Público prevé una tipología común a todas las Administraciones, sin perjuicio de otras sanciones previstas en otras leyes.

Son sanciones básicas (96 TREBEP):

a) **Separación del servicio** de los funcionarios de carrera. Es característicamente la medida disciplinaria más grave que se puede imponer, pues implica la expulsión de la propia organización a la que pertenece el sujeto responsable; por ello, sólo se puede imponer por la comisión de faltas muy graves. En el caso de los funcionarios, además, presenta una duración indefinida, pues impide volver a ingresar en la Función Pública [56.1 d) TREBEP].

Si se tratare de un funcionario interino, la sanción comportará la revocación de su nombramiento. Para el personal laboral, por su parte, la sanción más grave que se puede imponer exclusivamente por la comisión de faltas muy graves es el despido disciplinario, el cual comporta la inhabilitación para ser titular de un nuevo contrato de trabajo con funciones similares a las que desempeñaban.

b) **Suspensión firme de funciones**, o de empleo y sueldo en el caso del personal laboral, con una duración máxima de 6 años.

c) **Traslado forzoso**, con o sin cambio de localidad de residencia, por el período que en cada caso se establezca.

d) **Demérito**, que consistirá en la penalización a efectos de carrera, promoción o movilidad voluntaria. El contenido de esta previsión abstracta del Estatuto Básico dependerá no sólo de la concreta tipificación que recojan las leyes de Función Pública que lo desarrollen para cada Administración, sino también de las modalidades de carrera y de movilidad que configuren (v.gr. pérdida de grados personales consolidados, imposibilidad de participar en procedimientos de provisión durante un tiempo, etc.).

e) **Apercibimiento**.

La determinación concreta de la sanción la hace la Administración al resolver el procedimiento disciplinario, teniendo en cuenta el grado de intencionalidad, descuido o negligencia que se revele en la conducta, el daño al interés público, la reiteración o reincidencia, así como el grado de participación.

En lo que respecta a la **prescripción de infracciones y sanciones disciplinarias,** la prescripción —como es sabido— constituye una técnica que articula el principio de seguridad jurídica, impidiendo que el sujeto infractor se encuentre en una situación de incertidumbre temporalmente indeterminada ante la posible amenaza de sanción. La prescripción, en efecto, fija el plazo del que dispone la Administración para ejercer válidamente su potestad disciplinaria no sólo para declarar la responsabilidad del infractor y aprobar la consecuente sanción (prescripción de infracciones), sino también para ejecutar dicha sanción (prescripción de sanciones).

En lo que respecta a la prescripción de las faltas, el Estatuto Básico establece que las infracciones muy graves prescribirán a los tres años, las graves a los dos años y las leves a los seis meses. El plazo de prescripción de las faltas comenzará a contarse desde que se hubieran cometido, y desde el cese de su comisión cuando se trate de faltas continuadas —pluralidad de conductas que vulneran el mismo precepto en ejecución de un plan preconcebido o aprovechando idéntica ocasión (v.gr. funcionario que llega al trabajo con retraso de forma repetida)— o permanentes —faltas en las que la conducta típica se prolonga en el tiempo, creando un estado antijurídico cuya cesación depende de la voluntad de su autor y que normalmente responden a la omisión del cumplimiento de un deber legalmente establecido (v.gr. desarrollo de segundas actividades por un funcionario, sin la debida autorización o reconocimiento)—.

La prescripción de las sanciones impuestas, por su parte, se cifra en tres años por la comisión de faltas muy graves, en dos años cuando de de faltas graves se tratare y, finalmente, en un año si se impusieron por faltas leves. Este plazo comienza a contarse desde la firmeza de la resolución sancionadora.

3.3 Procedimiento disciplinario

El procedimiento administrativo previo es requisito esencial para la imposición de la sanción disciplinaria, del que no se prescinde ni siquiera cuando de sanciones por faltas leves se tratare, pues en este caso se advierte que éstas se imponen «por procedimiento sumario con audiencia al interesado» (98.1 TREBEP). La importancia del procedimiento disciplinario radica en su doble finalidad de garantizar tanto el acierto y corrección de la decisión —probando los hechos, su autoría y todas las circunstancias concurrentes— como los derechos de defensa de los funcionarios a los que se adscriben los hechos y se imputa la responsabilidad.

> El Estatuto Básico no regula un procedimiento disciplinario común a todas las Administraciones, dejando tal cometido a la normativa propia de cada Función Pública. Sí proclama, en cambio, una serie de principios que deben informar la configuración de estos distintos procedimientos disciplinarios: principios de eficacia, celeridad y economía procesal, respeto de los derechos y garantías de defensa del presunto responsable, así como la debida separación entre las fases instructora y sancionadora, encomendándose ambas a órganos distintos.

De los elementos del procedimiento disciplinario es necesario destacar algunos trámites y actuaciones. En primer lugar, las posibles actuaciones previas —también denominadas «información reservada»— son desarrolladas por la Administración antes de iniciar formalmente el procedimiento disciplinario. Se orientarán a determinar, con la mayor precisión posible, los hechos susceptibles de motivar la incoación del procedimiento, la identificación de la persona o personas que pudieran resultar responsables y las circunstancias relevantes que concurran en unos y otros. Estas actuaciones previas no forman parte del procedimiento sancionador, por lo que el alcance de los derechos fundamentales procedimentales depende de la ponderación entre la eficacia de estas actuaciones —por ejemplo, no necesidad de notificar su realización— y los derechos de defensa del funcionario investigado —derecho a no declarar contra sí mismo—

(STC 142/2009). En todo caso, se reconoce el derecho del funcionario a acceder al expediente de la información previa o reservada (STS 25-9-2023).

En segundo lugar, el procedimiento disciplinario se inicia siempre de oficio, designándose instructor que no puede ser funcionario interino. El procedimiento no puede, por tanto, iniciarse a instancia de interesado —sea un ciudadano, sea otro empleado público—, sin perjuicio de que pueda presentar *denuncia*, mediante la cual pongan en conocimiento de la Administración unos hechos que sean susceptibles de generar la responsabilidad disciplinaria del funcionario en cuestión. Pero la incoación del procedimiento es una decisión discrecional de la Administración, sin que el tercero denunciante tenga derecho a que se inicie e instruya un procedimiento, y mucho menos a que se sancione a un funcionario. Por tal razón, el denunciante no deviene parte interesada en el procedimiento disciplinario, que se sustancia exclusivamente entre la Administración que ejerce la potestad disciplinaria y el funcionario cuya responsabilidad se dirime en dicho procedimiento.

En tercer lugar, si la normativa lo prevé, la Administración podrá adoptar medidas de carácter provisional que aseguren la eficacia de la resolución final que pudiera recaer. Se trata de la suspensión provisional de funciones, medida cautelar que puede adoptarse por la Administración a partir del propio procedimiento disciplinario —su duración no podrá exceder de seis meses—, pero también puede derivarse de un procedimiento judicial, en cuyo caso se mantendrá por el tiempo a que se extienda la prisión provisional u otras medidas decretadas por el juez que determinen la imposibilidad de desempeñar el puesto de trabajo.

BIBLIOGRAFÍA: AUBIN, E., *La deontologie dans la fonction publique*, Gualino 2017; CASTILLO, F., *Función Pública y Poder disciplinario del Estado*, Civitas 1992; CASTILLO, F., *El sistema retributivo en la Función Pública española*, Marcial Pons 2002; CASTILLO, F.: "La potestad disciplinaria de la Administración penitenciaria" en *Documentación Administrativa*, nº 282-283, 2009; FORTES GONZÁLEZ, A. I., *La responsabilidad patrimonial de las autoridades y personal al servicio de las administraciones públicas*, INAP 2014; GALLARDO CASTILLO, M. J., *Régimen disciplinario de los funcionarios públicos*, Thomson Reuters Aranzadi 2015; MARINA JALVO, B., *El régimen disciplinario de los empleados públicos*, Aranzadi 2015; RASTROLLO, J. J., *Evaluación del desempeño en la administración: hacia un cambio de paradigma en el sistema español de empleo público*, Tirant lo Blanch 2018 y *Crisis reacción y evolución: el teletrabajo en el sector público*, Aranzadi 2021; VIGNOLO, O.: "Derecho penal y administrativo. El funcionario público y la lucha por la armonía dogmática" en *Revista de Derecho Público: teoría y método*, n. 15, 2022, pp. 7-36.

Capítulo 10

LA RESPONSABILIDAD PATRIMONIAL DE LA ADMINISTRACIÓN

RAMÓN PAIS RODRÍGUEZ

SUMARIO:

RESUMEN: En este Capítulo se estudia el régimen de la responsabilidad de la Administración

PALABRAS CLAVE: Responsabilidad, lesión, imputación del daño, indemnización

I. EL RECONOCIMIENTO DE LA RESPONSABILIDAD ADMINISTRATIVA: EVOLUCIÓN HISTÓRICA

La responsabilidad administrativa y la expropiación forzosa integran la garantía patrimonial del administrado frente a intervenciones lesivas de sus derechos por parte de la Administración. La responsabilidad administrativa está regulada por el art. 106.2 de la Constitución, pero, al contrario que la expropiación forzosa, que, debido a su vinculación íntima con el derecho de propiedad, aparece ya en la Declaración de derechos del hombre y el ciudadano de 1789 y es regulada desde entonces por constituciones y leyes, el reconocimiento de la responsabilidad administrativa ha sido muy tardío, tanto en España como en los demás ordenamientos jurídicos occidentales. La razón de este retraso en la regulación de la institución radica en la idea de que la soberanía era incompatible con la responsabilidad y en la pervivencia de la regla del derecho anglosajón, aplicada también aquí, según la cual el rey no puede cometer ilícitos ("*the king can do no wrong*"), de manera que no es concebible que tenga que indemnizar a alguien si le causa daño alguno. En ese caso, o bien se negaba la responsabilidad o se hacía responsable directo al agente causante del daño, no al rey o al Estado. A mediados del siglo XX, el crecimiento de la Administración y de la intervención del Estado en la sociedad, tanto en intensidad como en cantidad, condujeron al reconocimiento de la responsabilidad administrativa, pues, al multiplicarse las intervenciones, también lo hicieron los casos de daños a terceros. Era necesario asegurar que la Administración pudiese actuar sin temor a paralizarse para evitar la producción de daños y, al mismo tiempo, evitar que el peso de las cargas públicas o de los riesgos creados por esa actividad creciente recayese injustamente en unos pocos en beneficio de los demás. La solución pasó por el reconocimiento y la extensión del principio de responsabilidad de la Administración.

En Francia es donde primero se rompe el dogma de la irresponsabilidad del Estado con el *Arrèt Blanco* de 1873, a partir de ahí y progresivamente, el Consejo de Estado construirá su doctrina sobre la responsabilidad administrativa para extenderla a un número cada vez mayor de supuestos. Esa doctrina se levanta desde la distinción entre "faltas personales", imputables al funcionario, que es quien debe responder ante la jurisdicción civil, y "faltas del servicio", de las que responde la Administración. Pero esa rígida distinción se ha ido atemperando mediante diversas técnicas, como la "acumulación de faltas", cuando concurren una falta personal y una falta del servicio, y la "acumulación de responsabilidades", cuando se comete una falta personal con ocasión del servicio o fuera del servicio, pero con alguna conexión con éste, permitiendo en estos casos demandar a la Administración. Además, se han incorporado supuestos de responsabilidad objetiva: la responsabilidad por riesgo, basada en el deber que a veces tiene la Administración de utilizar medios que incrementan los riesgos para terceros: y la responsabilidad por violación del principio de igualdad ante las cargas públicas.

En Alemania, la responsabilidad por acciones ilegítimas de la Administración también se construyó sobre la responsabilidad personal de los funcionarios, regulada por el art. 839 del Código Civil de 1900, que no reconoce responsabilidad alguna de los poderes públicos. Pero los estados regularon esa responsabilidad del funcionario y se la trasladaron al Estado. En 1910 se aprobó la Ley de Responsabilidad del Imperio Alemán, siendo este modelo asumido por la Constitución de Weimar (art. 131) y luego por la Ley Fundamental de 1949 (art. 34). En Gran Bretaña el dogma de la irresponsablidad se rompe con la *Crown Proceedings Act* de 1947 y en los Estados Unidos con la *Federal Tort Claims Act* de 1946. En Italia, el principio de responsabilidad se incorporó a la Constitución de 1947 (art. 28).

En España, al margen de algunas normas especiales, como la ley de 9 de abril de 1842 sobre indemnizaciones por daños materiales causados en las propiedades por la primera guerra carlista, la primera regulación general de la responsabilidad administrativa se encuentra en el Código Civil de 1889 que, después de regular la responsabilidad extracontractual en el art. 1902 (*"el que por acción u omisión causa daño a otro, interviniendo culpa o negligencia, está obligado a reparar el daño causado"*), reguló en el art. 1903 la responsabilidad por hecho de tercero en los casos de actos u omisiones de personas de quienes se debe responder. En el párrafo 5° dispuso: *"El Estado es responsable en este concepto cuando obra por mediación de un agente especial; pero no cuando el daño hubiese sido causado por el funcionario a quien propiamente corresponda la gestión practicada, en cuyo caso será aplicable lo dispuesto en el artículo anterior"*. Esta redacción, vigente hasta 1991, aunque admitía una interpretación conducente a la responsabilidad administrativa aplicando la teoría del órgano, fue interpretada por el Tribunal Supremo literalmente, en el sentido de que el Estado solo respondía cuando actuaba mediante agente especial (primera parte del párrafo 5° del art. 1903) y que cuando el daño era causado por el funcionario era éste quien debía responder. Este sistema quedó reforzado más tarde con la Ley Maura, de 5 de abril de 1904, de responsabilidad de los funcionarios públicos, que permitió a los particulares ejercer acción de responsabilidad contra los funcionarios que en el ejercicio de sus cargos infringiesen con actos u omisiones algún precepto cuya observancia les hubiese sido reclamada por escrito. El resultado fue la irresponsabilidad de la Administración.

La constitución de 1931 previó en su art. 41 la responsabilidad subsidiaria del Estado o la corporación a quien sirviese el funcionario que, en el ejercicio de su cargo, infringiese sus deberes en perjuicio de tercero. Pero este artículo solo llegó a desarrollarse parcialmente en la ley municipal de 31 de octubre 1935, que estableció el principio de responsabilidad civil de las entidades municipales, con carácter directo o subsidiario, según los casos (art. 200), y que prácticamente no llegó a aplicarse debido a las circunstancias de la república y a la guerra civil.

Con precedentes en la Ley de bases de régimen Local de 17 de julio de 1945 (base 62) y. en la Ley de Régimen Local (texto articulado aprobado por Decreto de 16 de diciembre de 1950), que estableció la responsabilidad directa de la corporación "*cuando los daños hayan sido producidos con ocasión de lo servicios públicos o del ejercicio de las atribuciones de la Entidad local, sin culpa o negligencia graves imputables a sus Autoridades, funcionarios o agentes*" (art. 406. 2°) y la responsabilidad subsidiaria "*cuando los daños hayan sido causados por culpa o negligencia graves imputables personalmente a su as Autoridades, funcionarios o agentes, en el ejercicio de su* cargo" (art. 409.1)", el régimen general de la responsabilidad administrativa se establece en España mediante la Ley de expropiación forzosa de 1954, que la regula en los arts. 121 y 122 en términos muy similares a la regulación vigente en la actualidad, con carácter directo y objetivo. Esa regulación pasará a la Ley de 20 de julio de 1957, sobre Régimen Jurídico de la Administración del Estado (art. 32 y siguientes) y de ahí a la Constitución de 1978, cuyo art. 106.2 prácticamente transcribe la fórmula vigente cuando se aprobó, con los únicos matices de eliminar la referencia al carácter normal o anormal del funcionamiento de los servicios públicos y a la adopción de medidas no fiscalizables en vía contenciosa: "*Los particulares, en los términos establecidos por la ley, tendrán derecho a ser indemnizados por toda lesión que sufran en cualquiera de sus bienes y derechos, salvo en los casos de fuerza mayor, siempre que la lesión sea consecuencia del funcionamiento de los servicios públicos*" (art. 106.2 CE). La Ley 30/1992, de 26 de noviembre, de Régimen Jurídico de las Administraciones Públicas y del Procedimiento Administrativo Común (LAP) la reguló en los arts. 139 y siguientes, volviendo a incorporar la mención al funcionamiento normal o anormal de los servicios públicos. Y hoy en día está regulada en la sección 1ª del Capítulo IV de la Ley 40/2015, de 23 de diciembre, de Régimen Jurídico del Sector Público (LRJSP).

II. FUNDAMENTO Y CARACTERÍSTICAS DE LA RESPONSABILIDAD PATRIMONIAL DE LA ADMINISTRACIÓN

La responsabilidad patrimonial de la Administración se caracteriza en la actualidad por ser directa, objetiva, unitaria y perseguir la reparación integral. Estas características son consecuencia de su fundamento, que es distinto del de la responsabilidad civil extracontractual. Ya hemos visto que la responsabilidad administrativa tardó en abrirse paso en nuestro ordenamiento y que su reconocimiento en los amplios términos generales que ahora la caracteriza hubo de esperar a la segunda mitad del siglo XX en la mayor parte de las democracias occidentales. La desviación de la responsabilidad hacia el funcionario causante del daño no planteaba grandes problemas en el marco del Estado liberal, con una Administración de tamaño reducido y que intervenía poco en la sociedad, pero el crecimiento de la Administración y de su actividad multiplicaron los casos de daños a terceros, que en muchos casos quedaban sin indemnizar al ser insuficiente el patrimonio del funcionario para responder, y eso llevó a la reforma la extensión y del régimen de responsabilidad.

El fundamento de la responsabilidad está en la protección del patrimonio de la víctima frente a daños no queridos por el ordenamiento jurídico y se sustenta sobre: el **principio de igualdad ante las cargas pública**s, que cuando se imponen con carácter general a todos los ciudadanos no dan derecho a obtener indemnización alguna, pero sí en los casos en que afectan de manera específica y singular a unos ciudadanos y no a los demás; un **principio de reparto del riesgo socia**l, que permite evitar la paralización de los servicios públicos repartiendo los riesgos que su actividad crea en los casos en que producen daños a terceros, mediante el pago de la correspondiente indemnización.

El régimen de responsabilidad administrativo establecido por la Constitución y la LRJSP es un régimen de responsabilidad **directa,** en el que las Administraciones responden directamente y no con carácter subsidiario de la posible responsabilidad de los funcionarios, autoridades o agentes de los que se vale la Administración. Este carácter directo es fruto de una evolución que, partiendo del sistema del Código Civil en que la Administración no respondía y lo hacían los funcionarios, ha desembocado en otro en que ya ni siquiera es posible exigir responsabilidades a los funcionarios, tal y como preveía la ley Maura. Aunque siguiendo la estela de la LEF, la LRJAE de 1957 consagró el carácter directo de la responsabilidad administrativa, dejó abierta también la posibilidad de que los particulares exigieran responsabilidad a las autoridades, funcionarios y agentes en los casos de culpa o negligencia grave, si así lo deseaban (art. 35). Esta vía desapareció con la Ley 30/1992 y ahora solo es posible ejercer la acción de responsabilidad contra la Administración.

Es una **responsabilidad objetiva,** en la que se prescinde completamente de la culpa o negligencia en la causación del daño. La responsabilidad extracontractual en el ámbito civil tiene su centro de gravedad en los elementos subjetivos de la culpa o la negligencia del autor del daño. En la responsabilidad administrativa esos elementos subjetivos son irrelevantes y se sustituyen por el concepto de lesión, entendido como daño que el perjudicado no tiene el deber jurídico de soportar.

Es un **régimen general y unitario**. Es un régimen general porque se aplica a todas las Administraciones públicas (territoriales e institucionales). Se aplica también a los daños producidos por la actividad del poder legislativo, incluyendo tanto los producidos por las leyes, en los términos que veremos, como los producidos por su actividad interna, como un daño causado por un bedel en el Congreso. Y también a los daños causados por la actividad de los órganos judiciales.

Es un régimen unitario, que rige tanto para las relaciones de derecho público de la Administración como para las de derecho privado. Esta última característica es relativamente reciente. Al regular la responsabilidad, la LRJAE distinguió entre las relaciones de derecho público y las de derecho privado, remitiendo en el segundo caso a los Tribunales ordinarios para exigirla y la LAP mantuvo esta dualidad de regímenes hasta su reforma por la ley 4/1999. La LRJSP afirma ahora el carácter unitario de la responsabilidad en el art. 35 (Responsabilidad de derecho Privado): "*Cuando las Administraciones Públicas actúen, directamente o a través de una entidad de derecho privado, en relaciones de esta naturaleza, su responsabilidad se exigirá de conformidad con lo previsto en los artículos 32 y siguientes, incluso cuando concurra con sujetos de derecho privado o la responsabilidad se exija directamente a la entidad de derecho privado a través de la cual actúe la Administración o a la entidad que cubra su responsabilidad.*"

Persigue una **reparación integral** del daño. El art. 106.2 CE reconoce el derecho a ser indemnizado por toda lesión que los particulares sufran en cualquiera de sus bienes y derechos, lo que significa que ningún daño queda excluido y que la indemnización debe perseguir la reparación integral del daño causado.

III. LOS REQUISITOS DE LA RESPONSABILIDAD

El art. 32.1 LRJSP establece el principio general de la responsabilidad: "*Los particulares tendrán derecho a ser indemnizados por las Administraciones Públicas correspondientes, de toda lesión que sufran en cualquiera de sus bienes y derechos, siempre que la lesión sea consecuencia del funcionamiento normal o anormal de los servicios públicos salvo en los casos de fuerza mayor o de daños que el particular tenga el deber jurídico de soportar de acuerdo con la Ley*".

La STS de 13 de febrero de 1987 resume la doctrina sobre los requisitos de la responsabilidad patrimonial de la Administración: "*Es notoria la doctrina de que la responsabilidad patrimonial de las Administraciones Públicas de nuestro sistema queda configurada mediante el acreditamiento de la efectiva realidad del daño o perjuicio evaluable económicamente e individualizado en relación con una persona o grupo de personas; debiendo el daño o lesión patrimonial ser consecuencia del funcionamiento normal o anormal de los Servicios Públicos en relación directa de causa a efecto sin la intervención de elementos ajenos que pudieran alterar el nexo causal, no debiendo de haberse producido el daño por causa de fuerza mayor; en definitiva, si se da una actividad administrativa (por acción u omisión) de la que deriva un resultado dañoso no justificado y hay relación de causa a efecto entre la acción y el daño, hay responsabilidad de la Administración —Sentencias de esta Sala de 11 de Abril de 1986, 25 de Septiembre de 1984, 16 de Septiembre y 14 de Diciembre de 1983, 2 de Febrero de etc.—.*"

En suma, para que se produzca la responsabilidad administrativa es necesario que exista una lesión, que ésta sea consecuencia del funcionamiento de los servicios públicos y que no concurra un caso de fuerza mayor, y estos son, por tanto, los requisitos: la lesión, la imputación del daño al funcionamiento de los servicios públicos, y la ausencia de fuerza mayor.

IV. LA LESIÓN

A diferencia del Código Civil, que refiere la responsabilidad al "daño causado mediando culpa o negligencia", la Constitución y la LRJSP, al igual que hacía la LEF, utilizan el término "lesión", que es un concepto diferente del de daño. La lesión es un daño cualificado, un daño que el particular no tiene el deber jurídico de soportar, un **daño antijurídico**. Es importante señalar que el daño no es antijurídico porque la actuación de la Administración sea ilícita o contraria a Derecho, sino porque quien lo padece no tiene el deber jurídico de soportarlo ya que no existe causa alguna por la que deba hacerlo. Lo relevante para determinar la antijuridicidad del daño no es el carácter antijurídico de la actuación administrativa, sino la antijuridicidad del resultado. La antijuridicidad desaparece cuando concurre algún título que impone al ciudadano la obligación de soportar el daño. La LRJSP recoge explícitamente este concepto de lesión, sobre el que gira el carácter objetivo de nuestro sistema de responsabilidad administrativa: en el art. 32, al contemplar como excepción al derecho a ser indemnizado el que se trate de "*daños que el particular tenga el deber jurídico de soportar de acuerdo con la Ley*"; y en el primer párrafo del art. 34.: "*Sólo serán indemnizables las lesiones producidas al particular provenientes de daños que éste no tenga el deber jurídico de soportar de acuerdo con la Ley.*"

La STS de 23 de marzo de 2009 expone la posición del Tribunal supremo sobre el carácter antijurídico del daño: "*Un daño es de tales características cuando el afectado no tiene el deber jurídico de soportarlo de acuerdo con la ley. Así lo expresa con claridad el artículo 141.1, apartado 1, de la Ley 30/1992. Este requisito subraya el talante objetivo de la responsabilidad de las organizaciones públicas, pues el perjuicio jurídicamente no tolerable se independiza de la índole de la actividad administrativa, normal o anormal, correcta o incorrecta, para vincularlo con la posición que el administrado ocupa frente al ordenamiento jurídico, en la que no influyen las características de aquella actividad, a la que se imputa el desenlace, su «normalidad» o su «anormalidad»*". Se trataba de los daños provocados, en concepto de disminución de beneficios, por las obras del metro en la puerta de un hotel, obras totalmente legales, realizadas conforme al proyecto y sin irregularidad alguna, pero que se prolongaron durante un año, y que el Tribunal Supremo resuelve indemnizar al considerar que habían constituido una carga excesiva que el Hotel no estaba obligado a soportar.

Existen muchos supuestos en que los ciudadanos sufren daños como consecuencia de la actividad administrativa sin que este daño constituya título habilitante para ejercer la acción de responsabilidad frente a la Administración: el pago de un impuesto; el pago de una multa; la incautación de un objeto en una aduana; la obligación de someterse a la ejecución de una orden de derribo de un inmueble; las prohibiciones de realizar mejoras en un inmueble fuera de ordenación. En todos estos casos se produce un daño, pero se trata de daños lícitos, daños que el particular tiene el deber jurídico de soportar.

El daño en que consiste la lesión tiene que ser antijurídico, pero esto no es suficiente para que sea resarcible. La ley exige además que sea efectivo, individualizado con relación a una persona o grupo de personas y evaluable económicamente (art. 32.2 LRJSP).

Efectividad del daño. El requisito de la efectividad del daño se refiere a su realidad y tiene por finalidad excluir los daños posibles o potenciales. Esto supone que se excluyen los daños futuros, aunque se admite el lucro cesante si se prueba su existencia.

Individualización del daño. El daño debe ser individualizado con relación a una persona o grupo de personas. Este requisito significa que debe tratarse de un daño concreto que afecta al reclamante y que excede las cargas comunes que todos deben soportar. Es un requisito que hay que apreciar caso por caso, sin que sea posible un criterio general más preciso que el establecido por la ley, que tiene por objeto habilitar los supuestos de responsabilidad en que los damnificados son una pluralidad de personas y excluir aquéllos derivados de medidas generales o que afectan a colectivos o a un número de personas tan grande que no es posible indemnizarles, por lo que deben considerarse cargas comunes. No sería indemnizable, con arreglo a este criterio, por ejemplo, la peatonalización de una calle o la prohibición de abrir las tiendas por cambios en el calendario de días festivos, pero sí lo es la obligación impuesta a los distribuidores de petróleo de vender a pérdidas como consecuencia del establecimiento de un precio máximo por un período prolongado de tiempo (Sentencia de la audiencia Nacional de 16 de abril de 2014, confirmada por la STS de 30 de enero de 2017).

Evaluabilidad económica del daño. Este requisito es consecuencia del funcionamiento de la responsabilidad. El daño tiene que ser evaluable económicamente porque la responsabilidad se concreta en el deber de reparar el daño mediante el pago de una indemnización, de manera que si no es posible valorar el daño tampoco lo sería establecer la indemnización correspondiente. En principio, esto restringiría la responsabilidad a los daños materiales, que, con mayor o menor dificultad, siempre son valorables, y llevaría a la exclusión de los daños personales y morales. Durante muchos años la jurisprudencia aplicó con rigor este requisito. Pero es evidente que los daños morales son precisamente los que inciden con mayor crueldad en la víctima y por eso, a pesar de que su valoración tiene un carácter subjetivo, la jurisprudencia admite ahora que son indemnizables, bastando para su acreditación la prueba de los hechos básicos en que se concreta la perdida de salud o el daño fisiológico o moral. Por ejemplo, la STSJ de Navarra 12/2022, de 2 de febrero, condena a la Administración por los daños morales causados por un intercambio de bebés.

V. LA IMPUTACIÓN DEL DAÑO

El segundo requisito de la responsabilidad administrativa es que la lesión sea imputable a la Administración mediante una relación de causalidad. La ley expresa esto exigiendo que la "*lesión sea consecuencia del funcionamiento normal o anormal de los servicios públicos*".

La imputación plantea los siguientes problemas: el concepto de servicio público, quiénes son sus sujetos y a qué actividades se refiere; la distinción entre el funcionamiento normal y anormal; y la relación de causalidad entre la lesión y el funcionamiento de los servicios público.

Examinaremos en primer lugar el concepto de servicio público y luego los criterios de imputación del daño, que son: la integración en la organización administrativa, el funcionamiento normal y anormal del servicio público, y la relación de causalidad.

1. El servicio público

El concepto de servicio público empleado por la Constitución y la LRJSP a los efectos de determinar la responsabilidad administrativa no tiene nada que ver con la clasificación tradicional de la actividad administrativa en actividades de fomento, de policía y de servicio público. En el ámbito de la responsabilidad patrimonial de las Administraciones públicas se utiliza un **concepto amplio de servicio público** que comprende toda la actividad administrativa, identificándolo la jurisprudencia con cualquier hecho o acto derivado del giro o tráfico administrativo o de la gestión pública (STS de 23 de mayo de 1995).

La actividad puede ser **por acción o por omisión**. En los casos de responsabilidad por omisión es necesario que exista un deber jurídico de actuar previo, cuyo incumplimiento por la Administración causa daños a terceros. Dice la STS de 27 de marzo de 1998 que "*el funcionamiento de los servicios públicos puede partir, no solamente de actos positivos que en su ejecución generan la existencia de un daño a terceros, sino también y a la inversa, por el incumplimiento de una obligación de hacer o la omisión de un deber de vigilancia, por mucho que los mismos no sean dolosos y siempre que pueda decirse que la Administración tenía el concreto deber de obrar o comportarse de un modo determinado*". Y así sucede, por ejemplo, en los casos de incumplimiento de los deberes de inspección y policía urbanística, en los casos de accidentes por falta de señalización o deficiente mantenimiento de las carreteras, ante la inacción de la policía que permite invadir una concesión marisquera (STS de 16 de septiembre de 1983), o por haber omitido la implantación de los equipos de rastreo y detección de explosivos que habrían evitado la explosión de un paquete bomba que dañó a un funcionario en un centro público (STS de 27 de marzo de 1998).

En principio, los **daños derivados de retrasos** en la resolución de expedientes no son indemnizables. Pero la jurisprudencia ha admitido la responsabilidad en casos en que se ha probado que el retraso ha causado un daño real: como en el de un hotel que se construyó incumpliendo una servidumbre aeronáutica y luego tuvo que ser demolido, siendo la Administración responsable por el retraso de los servicios de inspección (STS de 25 de enero de 1974).

La **actividad** que da lugar a la responsabilidad puede ser **material o jurídica**, como sería en el caso de responsabilidad derivada de la aplicación de un acto administrativo o de un reglamento. El segundo párrafo del art. 32 LRJSP dispone que "*la anulación en vía administrativa o por el orden jurisdiccional contencioso administrativo de los actos o disposiciones administrativas no presupone, por sí misma, derecho a la indemnización*" porque lo relevante no es si la actividad jurídica es conforme o no a derecho, sino si el particular tiene del deber jurídico de soportar sus efectos adversos, de acuerdo con el concepto de lesión como daño antijurídico antes visto.

2. La integración en la organización administrativa

Para que se produzca la responsabilidad administrativa es necesario que el daño provenga de una Administración pública. Los sujetos son, en consecuencia, las Administraciones públicas. Pero esta consideración lleva el problema a la determinación de en qué casos una actividad es imputable a una Administración pública. La actuación de un funcionario o de una autoridad no plantea dudas sobre la imputación de su actividad a la Administración en la que prestan servicios, pero ¿qué ocurre en el caso del concesionario de un servicio público, o en el de un contratista que ejecuta una obra pública? La respuesta la encontramos en el **criterio de la integración en la organización administrativa**. Si el responsable del daño está integrado en la organización administrativa, el daño es imputable a la Administración, sin importar el título (funcionario de carrera, trabajador en régimen de Derecho laboral, autoridad, ...) o el carácter permanente o temporal con el que se integra en la Administración. Por el contrario, si no está integrado en la organización administrativa y realiza una colaboración externa el daño no sería imputable a la Administración. Este último sería el caso de los profesionales que ejercen funciones públicas (notarios, registradores de la propiedad, ...), los contratistas públicos, y los concesionarios de servicios públicos.

La legislación contempla una excepción a la regla general de irresponsabilidad de la Administración por actos de los contratistas y los concesionarios de servicios públicos. La Administración es responsable si el daño es consecuencia inmediata y directa de una orden de la Administración, de vicios del proyecto en el contrato de obras (art. 196 de la Ley de Contratos del Sector Público) o de causas imputables a la Administración en los contratos de concesión de servicio público (art. 288.c LCSP, y art. 121.2 LEF, que imputa a la Administración la responsabilidad por los daños que tengan origen en alguna cláusula impuesta por la Administración al concesionario y que sea de ineludible cumplimiento para éste).

La actividad estrictamente privada de funcionarios, empleados públicos y autoridades no sería imputable a la Administración por no estar integrada en la organización administrativa. Pero en algunos casos, como el de los daños causados por miembros de los cuerpos de seguridad, que pueden portar su arma siempre porque deben estar disponibles para el servicio en cualquier momento, se ha considerado que la Administración era responsable porque sí existía esa vinculación con el servicio.

La naturaleza pública o privada de las relaciones de las Administraciones Públicas causantes del daño, o el que su actuación sea directa o a través de una entidad de derecho privado, no afecta al régimen jurídico de la responsabilidad, que se rige en todos los casos por los arts. 32 y siguientes de la LRJSP. Así lo dispone el art. 35 LRJSP que, mantiene la unificación del régimen jurídico de la responsabilidad patrimonial de las Administraciones públicas establecida por la LAP, especialmente tras la reforma operada por la Ley 4/1999, que superó la dualidad de regímenes impuesta por la LRJAE de 1957.

3. El funcionamiento normal o anormal del servicio público

La Constitución no distingue entre el funcionamiento normal o anormal del servicio y la jurisprudencia tampoco lo hace. En realidad, ni la LRJSP (art. 32.1) ni sus predecesoras (LAP, art. 139.1; LRJAE, art. 32.1; LEF, art. 121.1) distinguen entre el uno y el otro, se limitan a mencionar ambos supuestos sin establecer un régimen jurídico diferente para cada uno de ellos. Pero es habitual por parte de la doctrina exponer la distinción entre las dos modalidades de funcionamiento, probablemente debido a que, como hemos visto, en los países de nuestro entorno la responsabilidad administrativa se construyó precisamente sobre esa base.

El **funcionamiento anormal** se correspondería con los supuestos de funcionamiento con falta del derecho francés (falta personal del funcionario y falta del servicio), es decir, cuando en la actuación de la Administración concurre dolo, culpa o negligencia, cuando la actividad administrativa dañosa es ilegal e incluso cuando la actuación ha sido técnicamente incorrecta. El funcionamiento normal se referiría a los demás supuestos, que se corresponden con: la **responsabilidad**

por riesgo, en los que, aunque nada haya fallado, la Administración debe responder por el simple hecho de que su existencia y la actividad que realiza han creado un riesgo que el particular no tiene el deber jurídico de soportar, como ocurre en los casos de daños causados por miembros de los cuerpos de seguridad del Estado que hacen uso de sus armas estando fuera de servicio porque el funcionamiento global del servicio así lo exige (STS de 22 de noviembre de 2012).; y los supuestos de **responsabilidad por enriquecimiento ilícito**, cuando la administración obtiene un beneficio como consecuencia de un perjuicio producido a un tercero, caso, por ejemplo, de la condena al Gobierno de Canarias a pagar a Transmediterránea los déficits de explotación de las líneas de transporte marítimo interinsulares derivados del decreto que establece las obligaciones de servicio público a que se someten determinadas líneas de cabotaje (STSJ de Canarias, de 1 de abril de 2011, confirmada por la STS de 1 de julio de 2013).

Hay que recordar, no obstante, que a pesar del evidente interés que tiene la distinción para explicar los mecanismos de imputación de la responsabilidad a la Administración, los tribunales españoles la ignoran, sin deducir ninguna consecuencia de ella, invocando el carácter objetivo de la responsabilidad administrativa. Así, dice el Tribunal Supremo "*que la responsabilidad patrimonial de la Administración, contemplada por los artículos 106.2 de la Constitución, 40 de la Ley de Régimen Jurídico de la Administración del Estado de 1957 y 121 y 122 de la Ley de Expropiación Forzosa, se configura como una responsabilidad objetiva o por el resultado en la que es indiferente que la actuación administrativa haya sido normal o anormal, bastando para declararla que como consecuencia directa de aquélla, se haya producido un daño efectivo, evaluable económicamente e individualizado*" y que ese carácter objetivo "*impone que no sólo no es menester demostrar para exigir aquella responsabilidad que los titulares o gestores de la actividad administrativa que ha generado un daño han actuado con dolo o culpa, sino que ni siquiera es necesario probar que el servicio público se ha desenvuelto de manera anómala, pues los preceptos constitucionales y legales que componen el régimen jurídico aplicable extienden la obligación de indemnizar a los casos de funcionamiento normal de los servicios públicos. Debe, pues, concluirse que para que el daño concreto producido por el funcionamiento del servicio a uno o varios particulares sea antijurídico basta con que el riesgo inherente a su utilización haya rebasado los límites impuestos por los estándares de seguridad exigibles conforme a la conciencia social. No existirá entonces deber alguno del perjudicado de soportar el menoscabo y, consiguientemente, la obligación de resarcir el daño o perjuicio causado por la actividad administrativa será a ella imputable.*" (STS de 5 de diciembre de 1997).

4. La relación de causalidad

Para completar la imputación del daño a la Administración responsable es necesario que exista una relación de causalidad entre el funcionamiento del servicio público y la lesión. Normalmente en la producción de un daño intervienen múltiples factores. Las teorías de la causalidad, que se han desarrollado en el derecho penal, permiten elegir los factores determinantes del daño para averiguar si cabe imputar la producción del daño a un sujeto o no. Las teorías más importantes son la de la equivalencia de condiciones y la de la causalidad adecuada.

La teoría de la **equivalencia de condiciones** considera que todos los factores que han intervenido en la producción de un daño son igualmente relevantes y, por tanto, la obligación de indemnizar alcanza a todos los actores que hayan participado en la producción del daño. Esta teoría tiende a extender el ámbito de la responsabilidad en exceso, pues hay factores que, aunque necesarios en la producción del daño en un caso concreto, en circunstancias ordinarias no habrían contribuido a éste, por lo que cabe plantearse si es justo hacer responsable a quien solo circunstancialmente ha contribuido a la producción del daño.

La teoría de la **causalidad adecuada**, por el contrario, selecciona, entre todos los factores que han contribuido a la producción del daño, el que de ordinario constituye una causa idónea para producir el daño, lo que permite eliminar factores imprevisibles o extraordinarios.

Durante muchos años los Tribunales aplicaron en España una teoría más restrictiva, la de la **causa exclusiva**, exigiendo que la relación de causalidad entre la acción de la Administración y el daño fuese directa y exclusiva, lo que conducía a la desestimación de muchas reclamaciones. Con el tiempo esa teoría fue abandonada y en la actualidad aplican mayoritariamente la de la causalidad adecuada, aunque en ocasiones también aplican la de la equivalencia de condiciones, sobre todo cuando concurre el hecho de un tercero.

La relación de causalidad puede romperse o verse afectada cuando se produce un **concurso de causas**, lo que ocurre cuando interviene el hecho de un tercero, la víctima contribuye a la producción del daño, o se produce la responsabilidad concurrente de varias administraciones.

El **hecho de un tercero** llevaba a la negación de la responsabilidad administrativa cuando se aplicaba la teoría de la causa exclusiva, pero la jurisprudencia ha evolucionado y considera ahora que el hecho de un tercero no excluye necesariamente la responsabilidad. Así ocurre, en los casos en que la Administración ha infringido un deber de vigilancia cuyo cumplimiento podría haber evitado que el tercero causase el daño, como sucedió con la invasión de una concesión marisquera en la que, aunque los causantes directos del daño fueron quienes entraron en la concesión, se condenó a la Administración por no haberlo impedido ((STS de 16 de septiembre de 1983), y en muchos otros supuestos, como el de la indemnización a unos empresarios por los daños producidos por unas medidas adoptadas por el gobierno de Guinea Ecuatorial en represalia a la publicación de ciertas noticias en la prensa española (STS de 5 de noviembre de 1974).

La **culpa de la víctima** puede romper el nexo causal, pero también en este caso la jurisprudencia admite varias soluciones. Al principio, los tribunales excluían la responsabilidad administrativa cuando la conducta de la víctima había contribuido a la producción el daño (STS 15 de mayo de 1984, que considera que la velocidad excesiva del conductor rompe la relación de causalidad del accidente provocado por un bache de gran profundidad). Pero también hay sentencias que rechazan que la intervención de la víctima afecte al nexo causal (STS de 28 de enero 1986, que declara la responsabilidad del Estado por la herida de bala causada por un disparo al aire de un guardia civil para dispersar a unos manifestantes que estaban arrojando piedras, objetos e incluso cócteles molotov). Es habitual que cuando haya existido alguna negligencia por parte del administrado tenga lugar una concurrencia de culpas determinante de una **moderación equitativa de la responsabilidad administrativa**, una compensación de culpas, que lleva a disminuir la indemnización de la Administración en proporción a la influencia que la conducta del damnificado ha tenido en la producción del daño (STS de 4 de octubre de 1995, que reparte por mitades los mayores gastos derivados de la desviación no prevista de un colector municipal porque el Ayuntamiento no lo advirtió y el promotor de la edificación afectada no actuó con la diligencia normal y exigible ni al redactar el proyecto ni al iniciar la construcción). La **negligencia grave o la intencionalidad de la víctima** excluiría la responsabilidad de la Administración, cayendo sobre la Administración la carga de la prueba de las circunstancias que rompen el nexo causal, debido al carácter objetivo de la responsabilidad patrimonial de la Administración (STS de 5 de diciembre de 1997).

La **responsabilidad concurrente de las administraciones públicas** es el único supuesto regulado por la ley. El art. 33 LRJSP distingue dos supuestos: 1. Responsabilidad derivada de la gestión dimanante de fórmulas conjuntas de actuación entre varias Administraciones públicas. En este caso la responsabilidad es solidaria, aunque el instrumento jurídico regulador de la actuación conjunto puede determinar la distribución de la responsabilidad entre las diferentes Administraciones. 2. Otros supuestos de concurrencia de varias Administraciones en la producción del daño. En estos casos la responsabilidad se fijará para cada Administración atendiendo a los criterios de competencia, interés público tutelado e intensidad de la intervención. La responsabilidad será solidaria cuando no sea posible dicha determinación. La Administración competente para incoar, instruir y resolver el expediente será la que determinen los Estatutos o reglas de la organización colegiada, en el primer supuesto, o la que tenga mayor participación en la financiación del servicio.

VI. LA INEXISTENCIA DE. FUERZA MAYOR

Cuando concurren los requisitos que determinan la responsabilidad patrimonial de la Administración, la Constitución solo contempla una circunstancia que la excluye: la fuerza mayor.

La fuerza mayor es una circunstancia externa, imprevisible, inevitable si hubiera podido preverse e irresistible. El Tribunal Supremo la ha definido como «*aquellos hechos que, aun siendo previsibles, sean sin embargo inevitables, insuperables e irresistibles, siempre que la causa que los motiva sea independiente y extraña a la voluntad del sujeto obligado*» (Sentencias de 2 de febrero de 1980, 4 de marzo de 1981, y 25 de junio de 1982). El carácter externo al servicio es importante porque es lo que permite distinguir la fuerza mayor del caso fortuito, que se caracteriza por la indeterminación o desconocimiento de la causa del daño y por la interioridad del evento que causa el daño, que está íntimamente relacionado con el funcionamiento del servicio público (STS de 31 de mayo de 1999). El caso fortuito no excluye la responsabilidad de la Administración.

Corresponde a la Administración la carga de la prueba de la existencia de la fuerza mayor cuando se alegue como causa de exoneración de la responsabilidad (sentencias de 2 de febrero 1980, 16 de septiembre 1983, 25 de septiembre 1984, 1 de abril 1985).

El art. 34.1 LRJSP contiene una definición específica y ampliada de la fuerza mayor en el ámbito de la responsabilidad administrativa: "*No serán indemnizables los daños que se deriven de hechos o circunstancias que no se hubiesen podido prever o evitar según el estado de los conocimientos de la ciencia o de la técnica existentes en el momento de producción de aquéllos, todo ello sin perjuicio de las prestaciones asistenciales o económicas que las leyes puedan establecer para estos casos*". Esta definición amplía el concepto tradicional de fuerza mayor al incluir en éste la referencia al estado de los conocimientos de la ciencia o de la técnica existentes en el momento de la producción de los daños, lo que permite exonerar a la Administración en muchos casos que, de aplicarse el concepto tradicional, darían lugar a la declaración de la responsabilidad administrativa.

El nuevo concepto se introdujo por la Ley 4/1999, de 13 de enero, de modificación de la Ley 30/1992, de 26 de noviembre, de Régimen Jurídico de las Administraciones Públicas y del Procedimiento Administrativo Común, en respuesta y como reacción al problema que una interpretación excesivamente generosa y poco acertada del carácter objetivo de la responsabilidad administrativa planteó en algunos casos concretos de responsabilidad por daños médicos, en los que se declaró la responsabilidad de la Administración (el INSALUD) sin que se hubiese producido error alguno en las intervenciones o tratamientos, cosa que no habría ocurrido si en vez de haberse tratado el paciente en las sanidad pública lo hubiese hecho en la privada. La doctrina se hizo eco del tema y los tribunales reaccionaron aplicando el criterio de la *lex artis* como delimitador de la antijuridicidad del daño en el ámbito sanitario, de manera que "*para que la Administración tenga que indemnizar es necesario que no se haya actuado conforme a lo que exige la buena praxis sanitaria*" (STS de 11 de abril de 2014). La definición ampliada de la fuerza mayor incorpora a la ley la doctrina jurisprudencial.

VII. LA INDEMNIZACIÓN

De acuerdo con el **principio de reparación integral del daño**, establecido por el art. 106.2 de la Constitución, deben indemnizarse todos los daños que los particulares sufran en cualquiera de sus bienes y derechos. Los tribunales afirman y aplican sistemáticamente este principio, como recuerda la Sentencia de la Sala Especial del Tribunal Supremo de 12 de marzo de 1991: "*en nuestro sistema, uno de los más progresivos del mundo, rige el principio de reparación integral del daño sufrido por quien no tenía el deber de soportarlo, en función de otro principio implícito, el de la solidaridad social. Estos criterios, con una raíz profunda, han sido formulados explícitamente por este Tribunal Supremo hasta consolidarse en «doctrina legal», pero con el valor normativo complementario que le asigna el Código Civil dentro de las fuentes del Derecho (art. 1º 6). En efecto, un conjunto muy numeroso de nuestras sentencias ha proclamado, sin desmayo alguno, que la indemnización debe cubrir todos los daños y perjuicios sufridos, hasta conseguir la reparación integral de los mismos y con ello la indemnidad del derecho subjetivo o del interés lesionado [sentencias de 9-4-1979 y 2-2-1980, como más significativas]. Sólo así se cumple la exigencia constitucional de que la tutela judicial sea efectiva y, por lo tanto, completa*".

En consecuencia, la indemnización debe comprender tanto el **daño emergente** como el lucro cesante. El daño emergente no presenta problemas. Se admite también el **lucro cesante**, es decir, los beneficios dejados de percibir como consecuencia del hecho dañoso, invocando a este respecto los tribunales el art. 1106 del Código Civil, exigiéndole que cumpla los mismos requisitos de ser efectivo, individualizable y evaluable económicamente, y una prueba rigurosa de su existencia (STS de 15 de octubre de 1986). Si se acreditan, se indemnizan incluso las rentas dejadas de percibir en el caso de indemnización por causa de muerte (STS de 28 de enero de 1986).

La LRJAE de 1957 no reguló ningún **criterio de valoración** para determinar la indemnización, sin que esto supusiese problema alguno, pues la valoración es un problema de prueba, pudiendo acreditarse el alcance y el valor de los daños a través de cualquier medio de prueba válido en derecho. La LRJSP sí regula la indemnización, disponiendo en el art. 34.2 que "*la indemnización se calculará con arreglo a los criterios de valoración establecidos en la legislación fiscal, de expropiación forzosa y demás normas aplicables, ponderándose, en su caso, las valoraciones predominan-*

tes en el mercado." La referencia a las valoraciones predominantes en el mercado permite utilizar cualquier criterio encaminado a la obtención del valor real del daño, de manera parecida a lo que hace el art. 54 de la LEF. Por otra parte, el art. 34.2 concluye estableciendo que "*en los casos de muerte o lesiones corporales se podrá tomar como referencia la valoración incluida en los baremos de la normativa vigente en materia de Seguros obligatorios y de la Seguridad Social*" y es habitual que los tribunales apliquen casi automáticamente esos baremos, a pesar de que la norma no lo impone.

La fecha de referencia para el cálculo de la indemnización es el día en que la lesión efectivamente se produjo, sin perjuicio de su actualización a la fecha en que se ponga fin al procedimiento de responsabilidad con arreglo al Índice de Garantía de la Competitividad, fijado por el Instituto Nacional de Estadística, y de los intereses que procedan por demora en el pago de la indemnización fijada (art. 34.2 LRJSP).

Lo normal es que la indemnización se concrete en una cantidad de dinero que cubra todos los conceptos. El art. 34.4 LRJSP permite, además, que se sustituya por una compensación en especie o que se abone mediante pagos periódicos, cuando resulte más adecuado para lograr la reparación debida y convenga al interés público. Estas últimas modalidades de sustitución o pago periódico de la indemnización requieren el acuerdo con el interesado.

VII. LA ACCIÓN DE RESPONSABILIDAD: PLAZO DE RECLAMACIÓN Y PROCEDIMIENTO

El procedimiento para ejercer la acción de reclamación de la responsabilidad patrimonial de la Administración está regulado por la Ley 39/2015, de 1 de octubre, del Procedimiento Administrativo Común de las Administraciones Públicas (LPAC), en diversos artículos que regulan las especialidades aplicables con relación al procedimiento general.

1. Plazo de reclamación

El plazo de prescripción de la acción para reclamar la responsabilidad patrimonial es de un año. La ley prevé varias posibilidades para determinar el ***dies a quo*** (art. 67.1 LPAC). El punto de partida es que el plazo debe computarse desde la fecha en que se produjo el hecho o el acto que motive la indemnización. Pero es posible que los efectos del hecho dañino no se manifiesten hasta pasado un tiempo desde su producción, incluso pasado un año desde ésta, lo que podría hacer imposible su reclamación debido a la prescripción. En estos casos el plazo se computa a partir del momento en que el hecho o el acto causante manifieste su efecto lesivo. Si se trata de daños de carácter físico o psíquico a las personas, el plazo empezará a computarse desde la curación o la determinación del alcance de las secuelas.

La responsabilidad también puede tener su origen en la anulación por vía administrativa o contencioso-administrativa de un acto o disposición de carácter general. En estos casos el derecho a reclamar prescribirá al año de haberse notificado la resolución administrativa o la sentencia definitiva. Si se trata de responsabilidad por aplicación de una norma declarada inconstitucional, o consecuencia de la aplicación de una norma declarada contraria al Derecho de la Unión Europea, el plazo se contará desde su publicación en el Boletín Oficial del Estado o en el Diario Oficial de la Unión Europea, según el caso.

2. Inicio del procedimiento

El procedimiento puede iniciarse de oficio o como consecuencia de reclamación formulada por el interesado. Para que la Administración pueda **iniciar de oficio** un procedimiento de responsabilidad patrimonial es necesario que no haya prescrito el derecho de reclamación del interesado. En el caso de procedimientos iniciados por petición razonada de otro órgano, la petición, que no vincula al órgano competente para iniciar el procedimiento, deberá individualizar la lesión producida en una persona o grupo de personas, su relación de causalidad con el funcionamiento del servicio público, su evaluación económica si fuera posible, y el momento en que la lesión efectivamente se produjo (art. 61.4 LPAC). El acuerdo de iniciación del procedimiento se notificará a los particulares presuntamente lesionados, concediéndoles un plazo de diez días para que aporten cuantas alegaciones, documentos o información estimen conveniente a su derecho y propongan cuantas pruebas sean pertinentes para el reconocimiento del mismo. El procedimiento iniciado se instruirá, aunque los particulares presuntamente lesionados no se personen en el plazo establecido (art. 65.2 LPAC).

Además de los requisitos generales exigidos por el art. 66 LPAC, las solicitudes de iniciación en los procedimientos de responsabilidad patrimonial deberán especificar las lesiones producidas, la presunta relación de causalidad entre éstas y el funcionamiento del servicio público, la evaluación económica de la responsabilidad patrimonial, si fuera posible, y el momento en que la lesión efectivamente se produjo, e irán acompañadas de cuantas alegaciones, documentos e informaciones se estimen oportunos y de la proposición de prueba, concretando los medios de que pretenda valerse el reclamante. (art. 67 LPAC).

3. Instrucción y tramitación

Iniciado el procedimiento, es preceptivo solicitar **informe al servicio** cuyo funcionamiento haya ocasionado la presunta lesión indemnizable, que lo deberá emitir en el plazo de diez días. Si las indemnizaciones reclamadas son de cuantía igual o superior a 50.000 euros o a la que establezca la legislación autonómica es preceptivo, además, solicitar **dictamen al Consejo de Estado** o, en su caso, al órgano consultivo de la Comunidad autónoma. También es necesario el dictamen del Consejo de Estado en el caso de Reclamaciones que se formalicen como consecuencia del ejercicio de la protección diplomática y las cuestiones de Estado que revistan el carácter de controversia jurídica internacional (art. 21.6 de la Ley Orgánica 3/1980, de 22 de abril, del Consejo de Estado).

La disposición derogatoria de la LRJSP ha derogado expresamente el Real Decreto 429/1993, de 26 de marzo, que aprobó el Reglamento de los procedimientos de las Administraciones públicas en materia de responsabilidad patrimonial, sin que se haya dictado todavía una norma que lo sustituya. La LPAC regula el procedimiento general y las peculiaridades de los procedimientos de responsabilidad patrimonial. El órgano instructor practicará los actos de instrucción necesarios para la determinación, conocimiento y comprobación de los hechos determinantes de la resolución, pudiendo los interesados formular alegaciones, aportar documentos y proponer pruebas. El trámite de audiencia será preceptivo o no, de acuerdo con la regla general del art. 82. LPAC, pero en los procedimientos de responsabilidad patrimonial por daños y perjuicios causados a terceros durante la ejecución de contratos a consecuencia de una orden inmediata y directa de la Administración o de los vicios del proyecto elaborado por la Administración será necesario en todo caso dar audiencia al contratista, notificándole cuantas actuaciones se realicen en el procedimiento, al efecto de que se persone en el mismo, exponga lo que a su derecho convenga y proponga cuantos medios de prueba estime necesarios (art. 82.5 LPAC).

4. Resolución

La LPAC admite la **terminación convencional** de los procedimientos de responsabilidad patrimonial, exigiendo que el acuerdo alcanzado entre las partes fije la cuantía y modo de indemnización, que deberá establecerse de acuerdo con los criterios de cálculo y abono establecidos por el art. 34 LRSJP (art. 86.5 LPAC).

Recibido, en su caso, el dictamen y finalizado el trámite de audiencia, el órgano competente resolverá o someterá la propuesta de acuerdo para su formalización por el interesado y el órgano competente para resolverlo. La **resolución** deberá pronunciarse sobre la existencia o no de la relación de causalidad entre el funcionamiento del servicio público y la lesión producida y, en su caso, sobre la valoración del daño causado, la cuantía y el modo de la indemnización, cuando proceda, de acuerdo con los criterios de cálculo y abono establecidos por el artículo 34 LRJSP. Rige el **silencio negativo**, transcurridos seis meses desde que se inició el procedimiento sin que haya recaído y se notifique resolución expresa o, en su caso, se haya formalizado el acuerdo, podrá entenderse que la resolución es contraria a la indemnización del particular.

5. Competencia

La competencia para resolver corresponde, en el ámbito de la Administración del Estado, al Ministro respectivo o al Consejo de Ministros en los casos de responsabilidad del Estado legislador. En el ámbito autonómico y local resuelven los órganos correspondientes de las Comunidades Autónomas o de las Entidades que integran la Administración Local.

En el caso de las Entidades de Derecho público, la LPAC permite que las normas que determinan su régimen jurídico establezcan los órganos a los que corresponde resolver los procedimientos de responsabilidad patrimonial. Si no lo hacen, la ley remite a las normas previstas en el mismo art. 92 LPAC, de lo que se deduce que en ese caso será competente el Ministro o el órgano de gobierno de la Comunidad Autónoma o de la Administración Local de la que dependan.

6. Procedimiento simplificado

La tramitación simplificada regulada por el art. 96 de la LPAC puede aplicarse a los procedimientos de responsabilidad patrimonial si, una vez iniciado el procedimiento administrativo, el órgano competente para su tramitación considera inequívoca la relación de causalidad entre el funcionamiento del servicio público y la lesión, así como la valoración del daño y el cálculo de la cuantía de la indemnización. En ese caso, el órgano acordará de oficio la suspensión del procedimiento general y la iniciación de un procedimiento simplificado, que deberá ser resuelto en el plazo de treinta días y constará únicamente de los trámites previstos por el art. 96.6 LPAC.

IX. LA RESPONSABILIDAD PATRIMONIAL DE LAS AUTORIDADES Y PERSONAL AL SERVICIO DE LAS ADMINISTRACIONES PÚBLICAS

Hasta la LEF de 1954 la responsabilidad patrimonial de las administraciones públicas era prácticamente inexistente, siendo responsables sus funcionarios y agentes de acuerdo con el art. 1903 CC y con la Ley Maura, que permitía exigir directamente la responsabilidad al funcionario causante del daño, tras requerirle el cumplimiento de la norma que hubiese infringido. La LRJAE de 1957, estableció un régimen dual pues, aunque reguló la responsabilidad patrimonial de la Administración en términos muy similares a los actuales, incluyendo la posibilidad de repetir contra el funcionario causante del daño la indemnización satisfecha al particular, mantuvo el derecho de los particulares a exigir directamente a los funcionarios y autoridades, cualquiera que fuese su clase y categoría, el resarcimiento de los daños y perjuicios que a sus bienes y derechos hubiesen irrogado por culpa o negligencia graves en el ejercicio de su cargo (art. 35). En consecuencia, si el daño se había causado por culpa o negligencia grave, los particulares podían optar entre reclamar a la Administración o reclamar al funcionario o autoridad responsable. El carácter objetivo de la responsabilidad patrimonial de la Administración hacía más práctico reclamarle a ella que a los funcionarios, al no tener que probar la culpa o la negligencia, pero la inicial resistencia de los Tribunales a aplicar ese carácter objetivo allanaba las diferencias entre ambos regímenes. Más allá de la posibilidad de abrir una vía adicional para reparar los daños causados a un particular, la razón de ser de esta acción directa contra los funcionarios y autoridades era preventiva, en la medida en que funcionaba como incentivo para que ejerciesen diligentemente sus funciones a fin de evitar responder personalmente por su mala praxis. Este régimen cambió radicalmente con la LAP de 1992, que eliminó la posibilidad de exigir directamente la responsabilidad a las autoridades y personal al servicio de las Administraciones Públicas.

En la actualidad esa responsabilidad está regulada por el art. 36 de la LRJ-SP, que solo permite a los particulares ejercer acción directa de responsabilidad contra la Administración ("*para hacer efectiva la responsabilidad patrimonial a que se refiere esta Ley, los particulares exigirán directamente a la Administración Pública correspondiente las indemnizaciones por los daños y perjuicios causados por las autoridades y personal a su servicio*" dice el art. 36.1) y contempla dos supuestos de responsabilidad de las autoridades y personal al servicio de las Administraciones públicas: la vía de regreso y la responsabilidad directa frente a la Administración.

La **vía de regreso** permite a la Administración resarcirse contra el empleado o autoridad causante del daño por el que ha tenido que indemnizar a un particular mediando dolo, culpa o negligencia graves, previa instrucción del correspondiente procedimiento. Desde la reforma introducida por la Ley 4/1999, el ejercicio de vía de regreso no es una opción, estando obligadas a ejercerla las Administraciones cuando las autoridades y demás personal a su servicio hubieran incurrido en dolo, o culpa o negligencia graves. Pero el carácter objetivo de la responsabilidad administrativa hace innecesario que la Administración y los Tribunales se pronuncien sobre estos elementos subjetivos que, salvadas las excepciones que hemos visto, no son necesarios ni para resolver sobre la procedencia de indemnizar al particular ni para determinación de la cuantía de la indemnización. Así que lo normal es que esta obligación de ejercer la vía de regreso se quede vacía al faltar uno de los presupuestos de su aplicación.

La **responsabilidad directa frente a la Administración** tiene lugar en los casos e que la autoridad o empleado público ha causado daños a la Administración, y también se resuelve mediante un expediente administrativo.

X. COMPETENCIA DE LA JURISDICCIÓN CONTENCIOSO-ADMINISTRATIVA

La LEF de 1954 atribuyó a la jurisdicción contencioso-administrativa la competencia en todos los casos en que la Administración estuviera obligada a indemnizar daños y perjuicios (art. 128). La Ley reguladora de la Jurisdicción contencioso-administrativa de 1956 mantuvo esa competencia exclusiva (art. 3.b). Pero la LRJAE de 1957 estableció una dualidad jurisdiccional, al atribuir a los Tribunales ordinarios la competencia par exigir la responsabilidad del Estado cuanto actuaba en relaciones de derecho privado (art. 33).

La vigente Ley 29/1988, de 13 de julio, reguladora de la Jurisdicción Contencioso-administrativa (LJCA) volvió a atribuir a ésta la competencia exclusiva de "*las cuestiones que se susciten en relación con la responsabilidad patrimonial de las Administraciones públicas, cualquiera que sea la naturaleza o el tipo de relación de que se derive, no pudiendo ser demandas por este motivo ante los órdenes jurisdiccionales civil o social, aun cuando en la producción del daño concurran con particulares o cuenten con un seguro de responsabilidad*" (art. 2.e).

Pero esta unificación de la competencia jurisdiccional tenía un caballo de Troya en el Código Penal, cuyo art. 121 establece lo siguiente: "*El Estado, la Comunidad Autónoma, la provincia,* la *isla, el municipio y demás entes públicos, según los casos, responden subsidiariamente de los daños causados por los penalmente responsables de los delitos dolosos o culposos, cuando éstos sean autoridad, agentes y contratados de la misma o funcionarios públicos en el ejercicio de sus cargos o funciones siempre que la lesión sea consecuencia directa del funcionamiento de los servicios públicos que les estuvieren confiados, sin perjuicio de la responsabilidad patrimonial derivada del funcionamiento normal o anormal de dichos servicios exigible conforme a las normas de procedimiento administrativo, y sin que, en ningún caso, pueda darse una duplicidad indemnizatoria.*

Si se exigiera en el proceso penal la responsabilidad civil de la autoridad, agentes y contratados de la misma o funcionarios públicos, la pretensión deberá dirigirse simultáneamente contra la Administración o ente público presuntamente responsable civil subsidiario."

En consecuencia, y a pesar de lo dispuesto por la LJCA, en los casos de daños derivados de delitos cometidos por autoridades, agentes o empleados públicos, la Administración puede ser obligada a responder patrimonialmente en concepto de responsable civil subsidiaria.

La LRJSP no ha resuelto el problema, al contrario, su art. 37 regula la responsabilidad penal estableciendo: 1 Que la responsabilidad penal del personal civil al servicio de las Administraciones Púbicas y la responsabilidad civil se exigirán de acuerdo con lo previsto en la legislación correspondiente. Es decir, remitiendo a lo dispuesto por el Código Penal y manteniendo la dualidad jurisdiccional en estos supuestos. 2. Que la exigencia de responsabilidad penal del personal al servicio de las Administraciones Públicas no suspenderá los procedimientos de reconocimiento de responsabilidad patrimonial que se instruyan, salvo que la determinación de los hechos en el orden jurisdiccional penal sea necesaria para la fijación de la responsabilidad patrimonial.

La existencia de dos jurisdicciones que pueden declarar la responsabilidad en estos casos y la ausencia de suspensión del procedimiento de responsabilidad patrimonial por la instrucción del proceso penal pueden dar lugar a indefensión tanto del damnificado como del procesado penalmente. En el caso del damnificado víctima del delito es fácil que prescriba el plazo de ejercicio de la acción de responsabilidad patrimonial si el plazo de prescripción del delito es superior y se ha optado por esta vía para exigir la responsabilidad patrimonial. En el caso del empleado público o autoridad procesado por un delito, los tribunales pueden verse presionados o tentados a forzar la condena para evitar dejar sin indemnización a la víctima si ésta no ha ejercido la acción de responsabilidad patrimonial ante la Administración.

XI. RESPONSABILIDAD POR EL FUNCIONAMIENTO DE LA ADMINISTRACIÓN DE JUSTICIA

La garantía patrimonial de los ciudadanos frente a intervenciones de los poderes público en España es una garantía total. La Constitución garantiza la responsabilidad de los poderes públicos (art. 9.3) y por eso prevé también la responsabilidad frente a actos de la Administración de Justicia y del Poder Legislativo. El art. 121 CE dispone que "*los daños causados por error judicial, así como los que sean consecuencia del funcionamiento anormal de la Administración de Justicia, darán derecho a una indemnización a cargo del Estado, conforme a la ley*"

El art. 32.7 LRJSP remite a la Ley Orgánica del Poder Judicial la regulación del régimen jurídico de la responsabilidad patrimonial por el funcionamiento de la administración de justicia. La LOPJ la regula en el Título V del Libro IV. A diferencia de la responsabilidad patrimonial de la Administración, la responsabilidad patrimonial de la Administración de justicia no tiene carácter objetivo, siendo necesario que concurra un error judicial o un funcionamiento anormal. La ley prevé tres supuestos: responsabilidad por error judicial, responsabilidad por funcionamiento anormal de la Administración de Justicia y responsabilidad por prisiones indebidas.

Al igual que en el ámbito de la responsabilidad patrimonial de la Administración, el daño alegado habrá de ser efectivo, evaluable económicamente e individualizado con relación a una persona o grupo de personas, y la fuerza mayor excluye la responsabilidad, así como cuando el error judicial o el anormal funcionamiento de los servicios tuviera por causa la conducta dolosa o culposa del perjudicado (art. 295 LOPJ). Asimismo, la mera revocación o anulación de las resoluciones judiciales no presupone por sí sola el derecho a indemnización.

1. *Responsabilidad por error judicial*

La reclamación de indemnización por error judicial requiere que previamente una decisión judicial haya reconocido el error. Esta decisión previa puede resultar directamente de un recurso de revisión o de una acción judicial ejercida para su reconocimiento.

El plazo para ejercer la **acción de reconocimiento del error** es de tres meses, a partir del día en que pudo ejercitarse. Es necesario haber agotado previamente los recursos previstos en el ordenamiento. La pretensión se deduce ante la Sala del Tribunal Supremo correspondiente al mismo orden jurisdiccional que el órgano al que se impute el error y, si éste se atribuyese a una Sala o Sección del Tribunal Supremo, ante la Sala especial regulada por el art. 61. El procedimiento es el propio del recurso de revisión civil, siendo partes en todo caso el Ministerio Fiscal y la Administración del Estado. El Tribunal dictará sentencia, previo informe del órgano jurisdiccional a quien se atribuye el error, en el plazo de quince días.

Declarado el error, el interesado debe promover la **acción de responsabilidad** ante el Ministerio de Justicia, que se tramita con arreglo a las normas reguladoras de la responsabilidad patrimonial del Estado.

2. *Responsabilidad por funcionamiento anormal*

El supuesto de responsabilidad por funcionamiento anormal de la Administración de Justicia está previsto por el art. 292.1 LOPJ. Su reclamación no requiere trámite previo alguno, exigiéndose directamente mediante petición indemnizatoria al Ministerio de Justicia, que se tramita conforme a las normas reguladoras de la responsabilidad patrimonial del Estado (art. 293.2 LOPJ). Dice la STS de 2 de junio de 2016: "*No cabe duda que el funcionamiento anormal de la Administración de Justicia está sujeto en nuestro Ordenamiento Jurídico a un tratamiento diferenciado respecto del error judicial. Mientras la indemnización por causa de error debe ir precedida de una decisión judicial que expresamente lo reconozca, a tenor del artículo 293.1 de la Ley Orgánica del Poder Judicial, la reclamación por los daños causados como consecuencia del funcionamiento anormal de la Administración de Justicia no exige una previa declaración judicial, sino que se formula directamente ante el Ministerio de Justicia, en los términos prevenidos en el artículo 292 de la Ley Orgánica del Poder Judicial*".

El funcionamiento anormal comprende cualquier defecto en la actuación de los juzgados y tribunales, concebidos como complejo orgánico en el que se integran diversas personas, servicios, medios y actividades (STS de 2 de junio de 2016. Los supuestos más habituales de funcionamiento anormal son las dilaciones indebidas (STS de 15 de marzo de 2006), las notificaciones defectuosas (STS de 14 de diciembre de 2000), o la infracción del deber de custodia (STS de 27 de enero de 2003). Pero caben otros muchos supuestos, como errores en la identificación de personas, errores al trabar embargos, emplazamiento por error a una persona no demandada, etc.

En la tramitación de estas reclamaciones es preceptivo el informe del Consejo General del Poder Judicial, que será evacuado en el plazo máximo de dos meses (art. 81.3 LPAC).

3. Responsabilidad por prisión preventiva indebida

La responsabilidad por prisión preventiva indebida está regulada por el art. 294 de la LOPJ, que reconoce el derecho a indemnización de quienes, después de haber sufrido prisión preventiva, sean absueltos por inexistencia del hecho imputado o por esta misma causa haya sido dictado auto de sobreseimiento libre, siempre que se le hayan irrogado perjuicios. Es decir, de acuerdo con el tenor literal de la ley, solo procedería la indemnización en los supuestos de absolución o sobreseimiento libre por inexistencia del hecho imputado, pero no por otras causas, como la absolución por prescripción, por la concurrencia de una causa eximente, por no haberse quebrantado la presunción de inocencia por insuficiencia de pruebas, etc. Y así lo han entendido los Tribunales, que han denegado la indemnización en muchos casos debido a este motivo.

La Sentencia 85/2019 del Tribunal Constitucional, de 19 de junio, ha declarado inconstitucionales los incisos "*por inexistencia del hecho imputado*" y "*por esta misma causa*" del ar. 294.1 LOPJ, porque "*circunscribir el ámbito aplicativo del art. 294 LOPJ a la inexistencia objetiva del hecho establece una diferencia de trato injustificada y desproporcionada respecto a los inocentes absueltos por no ser autores del hecho al tiempo que menoscaba el derecho a la presunción de inocencia al excluir al absuelto por falta de prueba de la existencia objetiva del hecho*". En consecuencia, bastan ahora la absolución o el libre sobreseimiento, independientemente de motivo que lleva a esa resolución, para poder reclamar la indemnización por prisiones indebidas.

La indemnización se calcula en función del tiempo de privación de libertad y de las circunstancias familiares y personales que se hayan producido, tramitándose la petición indemnizatoria con arreglo al mismo procedimiento que los demás supuestos de reclamación por el funcionamiento de la Administración de justicia.

4. *Responsabilidad patrimonial de Estado por el funcionamiento anormal del Tribunal Constitucional*

Aunque en rigor el Tribunal Constitucional no pertenece al poder judicial, no queremos dejar de mencionar la responsabilidad patrimonial del Estado por el funcionamiento de la justicia constitucional, que el art. 32.8 LRJSP contempla en el único supuesto de existencia de un funcionamiento anormal en la tramitación de los recursos de amparo o de las cuestiones de inconstitucionalidad.

La reclamación se tramita por el Ministro de Justicia y se resuelve por el Consejo de Ministros, con audiencia del Consejo de Estado.

XII. RESPONSABILIDAD DEL ESTADO LEGISLADOR

La actividad del legislador también puede producir daños y perjuicios a los ciudadanos. El art. 9.3 de la Constitución establece la responsabilidad de todos los poderes públicos, que incluye al legislativo, pero el reconocimiento y la regulación de la responsabilidad de Estado legislador plantea muchos más problemas que la responsabilidad derivada de actos de los otros poderes.

Hemos visto que, entre otros, son requisitos comunes a la responsabilidad patrimonial de la Administración y de la Administración de justicia la individualización del daño y su carácter antijurídico. Estos requisitos están ligados al fundamento de la responsabilidad en los principios de igualdad ante las cargas públicas y de reparto del riesgo social. En el caso de la responsabilidad del legislador, las características de las leyes hacen difícil que se cumpla ninguno de estos dos requisitos. El concepto clásico de ley, como norma general adoptada por el poder legislativo, choca tanto con el requisito de individualización del daño como con el de su carácter antijurídico. La generalidad de la ley tiende a repartir los daños que inflige, en su caso, entre toda la sociedad y, en el supuesto de que la ley establezca regímenes diferentes para distintos grupos de destinatarios que permitan individualizar el daño, es difícil calificarlo como antijurídico porque es precisamente la ley la que establece esas diferencias e impone el deber jurídico de soportar el daño a sus destinatarios. Además, el concepto clásico de ley ha sido superado por la práctica del legislador con nuevos tipos de leyes capaces de incidir de manera individualizada en los bienes y derechos de los ciudadanos, como las leyes singulares, caso de las leyes de declaración de un parque natural, o las leyes-acto, caso del decreto-ley de expropiación de RUMASA. En estos casos, aunque sea una ley la que imponga el deber jurídico de soportar el daño, podría verse quebrantado el principio de igualdad, garantizado por el art. 14 CE. Y, sobre todo, hay que tener en cuenta, además, el art. 33.3 CE, que regula la garantía expropiatoria, que protege también frente al legislador, y del que resulta que si una ley tiene contenido expropiatorio sin prever la correspondiente indemnización sea inconstitucional.

Para no incurrir en inconstitucionalidad por infracción del art. 33.3 CE, la Ley 29/1985, de 8 de agosto, de aguas, que demanializó las aguas continentales y los acuíferos subterráneos, permitió a los titulares de aprovechamientos privados de aguas que no optasen por transformarlos en derechos de aprovechamiento temporal de aguas privadas mantener la titularidad de sus derechos privados (disposiciones transitorias segunda y tercera). Y algo parecido hizo la Ley 22/1988, de 28 de julio, de Costas, que, al establecer una nueva definición de la zona marítimo terrestre y de las playas, demanializó muchos terrenos que antes eran de propiedad particular, y transformó esas propiedades privadas en derechos de ocupación y aprovechamiento del dominio público, que funcionaron como remedo de indemnización expropiatoria, validada en su momento por el Tribunal Constitucional (disposición transitoria primera).

Inasequible a las dificultades, la Ley 30/1992, se atrevió a regular la responsabilidad del legislador, regulación que LRJSP ha recogido en el primer párrafo del apartado 3 del art. 32 y a la que añadido dos supuestos nuevos en los apartados 4 y 5 del mismo artículo. El apartado 3 establece el principio general por el que se rige y los distintos supuestos que caben:

> *"Asimismo, los particulares tendrán derecho a ser indemnizados por las Administraciones Públicas de toda lesión que sufran en sus bienes y derechos como consecuencia de la aplicación de actos legislativos de naturaleza no expropiatoria de derechos que no tengan el deber jurídico de soportar cuando así se establezca en los propios actos legislativos y en los términos que en ellos se especifiquen.*
>
> La responsabilidad del Estado legislador podrá surgir también en los siguientes supuestos, siempre que concurran los requisitos previstos en los apartados anteriores:
>
> a) Cuando los daños deriven de la aplicación de una norma con rango de ley declarada inconstitucional, siempre que concurran los requisitos del apartado 4.
>
> *b) Cuando los daños deriven de la aplicación de una norma contraria al Derecho de la Unión Europea, de acuerdo con lo dispuesto en el apartado 5."*

El primer párrafo del art. 32.3 LRJSP establece una regla general que en realidad carece de contenido normativo, porque si el acto legislativo tiene naturaleza expropiatoria de derechos queda sujeto a la garantía del art. 33.3 CE y, o es inconstitucional, o debe prever la correspondiente indemnización para no serlo. Estaríamos además ante un caso de expropiación forzosa y no de responsabilidad patrimonial. En el supuesto de que el acto legislativo no tenga naturaleza expropiatoria el 32.3 LRJSP limita el derecho a la indemnización a lo que establezcan los propios actos legislativos y en los términos que en ellos se especifique, que es lo mismo que no decir nada, o que decir que el legislador decidirá lo que le venga en gana.

Los supuestos previstos en el segundo párrafo y desarrollados en los apartados 4 y 5 están mejor construidos. Son la responsabilidad por daños derivados de la aplicación de una ley declarada inconstitucional y la responsabilidad por daños derivados de la aplicación de una norma contraria al Derecho de la Unión Europea.

Si la **lesión** es **consecuencia de la aplicación de una norma con rango de ley declarada inconstitucion**al, procederá su indemnización cuando el particular haya obtenido, en cualquier instancia, sentencia firme desestimatoria de un recurso contra la actuación administrativa que ocasionó el daño, siempre que se hubiera alegado la inconstitucionalidad posteriormente declarada (32.4 LRJSP). El supuesto está claro, pero es criticable que se exija que se haya alegado la inconstitucionalidad posteriormente declarada, porque lo importante debería ser que la ley sea inconstitucional y no los argumentos de las partes.

Si la lesión es consecuencia de la aplicación de una **norma declarada contraria al Derecho de la Unión Europea**, se exige el mismo requisito de haber obtenido, en cualquier instancia, sentencia firme desestimatoria de un recurso contra la actuación administrativa que ocasionó el daño, habiendo alegado en este caso la infracción del Derecho de la Unión Europea posteriormente declarada. Y se añaden, además, los requisitos siguientes (art. 32.5 LRJSP): a) La norma ha de tener por objeto conferir derechos a los particulares. b) El incumplimiento ha de estar suficientemente caracterizado. c) Ha de existir una relación de causalidad directa entre el incumplimiento de la obligación impuesta a la Administración responsable por el Derecho de la Unión Europea y el daño sufrido por los particulares. Cabe formular la misma crítica respecto del requisito de alegación de la infracción en el recurso.

El apartado 6 del art. 32 LRJSP limita aún mas el ámbito de aplicación de la responsabilidad del estado legislador al disponer que la sentencia que declare la inconstitucionalidad de la norma con rango de ley o declare el carácter de norma contraria al Derecho de la Unión Europea producirá efectos desde la fecha de su publicación en el «Boletín Oficial del Estado» o en el «Diario Oficial de la Unión Europea», según el caso, salvo que en ella se establezca otra cosa.

BIBLIOGRAFÍA: BARNÉS, J., (Coordinador), *Propiedad, expropiación y responsabilidad,* TECNOS, 1999; COBO PERALTA, T. y COBO OLIVERA, T., *El procedimiento para la exigencia de responsabilidad patrimonial a las administraciones pública,* ed. Bosch, 2022; GARCÍA RUBIO F. y FUENTES I GASÓ, J. R., *La responsabilidad patrimonial de las administraciones públicas tras la nueva ley de régimen jurídico del sector público,* ed. Atelier, 2017; GARCÍA DE ENTERRÍA E. y FERNANDEZ RODRÍGUEZ, T.-R., *Curso de derecho administrativo II,* Civitas, 17ª ed. 2022; GARCÍA GÓMEZ DE MERCADO, F., *Responsabilidad patrimonial de la Administración,* Comares, 2020; GONZÁLEZ PÉREZ, J., *Responsabilidad patrimonial de las administraciones públicas,* 8ª ed., Civitas, 2016; GONZÁLEZ-VARAS IBÁÑEZ, S., *Responsabilidad patrimonial de la Administración,* Aranzadi, 2022, PAVEL, E. V., *El procedimiento administrativo de responsabilidad patrimonial,* Tecnos, 2021; PARADA VÁZQUEZ, R., *Derecho administrativo II,* Dykinson, 24ª Edición; RIVERO YSERN, E., *El daño en el Derecho administrativo,* ed. Jurúa, 2018; RUIZ DE PALACIOS VILLAVERDE, J. I., *Memento responsabilidad patrimonial de la administración, 2018-2019,* Ed. Francis Lefebvrre, 2017.